KB218352

존엄한 죽음을 위한
존엄한 삶

『정토삼부경』독송 | 정토로 가는 신행

일러두기

1. 독자의 편의를 위하여 부록의 '정토삼부경(淨土三部經) 해제(解題)'에서 경전에 대한 내용을 간추려 설명하였습니다.

2. 정토삼부경을 모두 독송하여야 하지만, 초심자들이 그 내용이 길어서 모두 읽고 수행하기 어려울 경우, 가장 짧은 〈아미타경〉과 '정토삼부경 해제'를 먼저 읽고, 마음의 여유가 있을 때 〈관무량수경〉과 〈무량수경〉을 독송하는 것도 좋은 방편이 될 것입니다.

3. 경전에 등장하는 주요 인물들과 어려운 불교 용어는 *표로 표시하여, 하단에 풀이하였습니다.

4. 2장에서 5장까지 수록된 '정토에 관한 열 가지 문답', '선사들의 염불법문', '극락왕생발원문', '사후세계를 맞이하는 기도'는 틈나는대로 읽고 그 뜻을 음미한다면, 죽음의 문제를 긍정적으로 성찰하고 극락왕생을 위한 존엄한 삶을 발심하는데 큰 도움이 될것입니다.

5. 6장의 '임종(臨終)을 위한 준비'는 나와 내 주변에서 맞이해야 할 삶의 마지막 순간을 미리 염두에 두고 준비하는데 참고로 활용될 수 있을 것입니다.

존엄한 죽음을 위한 존엄한 삶

『정토삼부경』독송 | 정토로 가는 신행

한영출판사

머 리 말

정토신앙의 목적은 아미타부처님의 본원력(本願力)에 의지하여 서방정토 극락세계에 왕생하는 것입니다. 아미타부처님을 중심으로 한 정토신앙은 1,700년의 장구한 한국불교의 역사 속에서 불자들에게 가장 큰 힘이 되고 의지처가 되었습니다. 특히 원효스님(617~686)이 염불선(念佛禪)을 강조한 이래로 정토신앙과 염불은 가장 대중적 신행으로 자리를 잡았습니다.

정토란 '예토(穢土, 괴로움으로 가득 찬 속세)'의 반대 개념으로, 어떤 번뇌와 괴로움도 없이 평안한 세상을 말합니다. 본래 '정토(淨土)'라고 하는 용어는 아미타불의 극락정토에 한정하여 쓰이는 말이 아니라 시방삼세(十方三世)의 모든 불국토를 가리키는 말이었습니다. 〈화엄경〉에서는 "진여일심(眞如一心)에서 바라본 법계가 그대로 정토"라고 설하고 있고, 〈유마경〉에서는 "중생들이 사는 곳이 곧 정토인데 다만 중생들의 어리석은 마음에 의해 보이지 않을 뿐"이라고 설하기도 합니다.

이렇듯 정토신앙은 다양한 지향과 사상으로 발전하였지만, 민중들은 정토사상에 대한 여러 교학보다는 염불을 통한 극락왕생에 비중을 두었고, 그 결과 아미타부처님의 정토로 향하는 관음신앙과 지장신앙이 성행하게 되었습니다.

정토사상을 설하는 근본경전은 정토삼부경(淨土三部經)으로, 〈아미타경(阿彌陀經)〉·〈관무량수경(觀無量壽經)〉·〈무량수경(無量壽經)〉의 세 가지 경전입니다. 이들 경전에서는 서방 극락정토의 주불인 아미타부처님을 지극히 염불(念佛)하고 관(觀)함으로써 극락세계에 태어나는 방법을 교설하고 있습니다.

정토삼부경에서는 아미타부처님의 서방 극락정토가 다른 세계의 부처님들이 건립한 정토에 비해 보다 구체적으로 설명되고 있습니다. 특히 〈무량수경〉에서는 극락정토를 세우게 된 배경, 사바세계의 중생들이 짓는 죄악에 대한 과보, 그리고 정토에 태어나는 방법 등을 상세히 설하고 있습니다. 또 〈관무량수경〉에는 석가모니부처님 당시의 역사적 사실이었던 '왕사성의 비극', 즉 아사세태자가 숙세의 원한으로 부왕을 시해하고 왕위를 찬탈한 사건을 배경으로 정토와 극락세계에 태어나는 방법을 사실적으로 가르치고 있습니다.

무엇보다도 아미타부처님의 극락정토는 현세 사람들의 임종과 관련이 있는 세계입니다. 원래 정토신앙은 사후세계만을 위한 신앙은 아닙니다. 〈정토삼부경〉 이외의 대승경전에서 설하는 대개의 정토신앙은 중생들이 저마다의 불성을 발견하여 번뇌를 타파하고 열반을 이루는 것을 목적으로 합니다. 그에 비해 아미타부처님이 장엄한 극락정토는 죽음을 맞이하는 중생들에게 현세에서의 모든 업장(業障)을 소멸시키고 극락세계에 태어나 깨달음을 얻을 수 있다는 기회와 희망을 부여합니다.

이렇듯 극락에 왕생하기 위한 '아미타불' 염불수행은 스스로 터득하는 자력신앙(自力信仰)과 비교하여 볼 때 부처님의 본원력에 의지하는 타력신앙(他力信仰)입니다. 즉, 중생들의 극락왕생은 아미타부처님의 본원에서 비롯되는 것입니다. 아미타부처님이 서원하신 동체대비(同體大悲)의 사십팔대원(四十八大願)이 중생에게 회향되는 것이 바로 극락왕생인 것입니다.

이 책의 1장에서는 아미타부처님이 세운 서방정토에 대한 제반 법문을 망라하고 있는 정토삼부경(淨土三部經), 즉 〈아미타경〉·〈관무량수경〉·〈무량수경〉을 실었습니다. 경전에 대한 이해를 돕기 위해 본문의 하단에 등장하는 이들의 내력, 그리고 불교의 주요 교리와 용어들을 설명해 두었습니다.

2장에서는 '정토에 대한 열 가지 문답'으로 잘 알려진 〈정토십의론(淨土十疑論)〉을 실었습니다. 〈정토십의론〉은 중국에서 천태종을 세운 천태지자(天台智者)대사의 대표적인 논저로서 명나라 말기 지욱(智旭)대사가 선정한 정토십요(淨土十要)의 네 번째이며, 논장 중에서는 제일로 꼽힐 정도로 그 가치가 매우 높은 문헌입니다. 다른 어떠한 논저보다 정토와 염불에 관한 모든 의문점을 망라하여 풀이하고 있어 대중들로 하여금 의심을 끊게 하고 신심을 일깨우고 있기 때문입니다. 이 〈정토십의론〉은 천태지자대사의 여러 업적과 더불어 큰 빛을 발하는 대표적인 논서라고 할 수 있습니다.

3장에서는 생사해탈(生死解脫)의 요긴한 방법인 염불수행과 염불수행의 뛰어난 공덕을 강조한 선사들의 법문을 모아 수록하였고, 4장에서는 누구나 피할 수 없는 죽음 앞에서 삶의 본질을 깨달아 극락세계에 태어날 것을 발원하였던 선사들의 문헌과 우리나라 불교 가사들을 모아서 실었습니다.

5장에서는 영가를 위한 많은 기도문 중에서 우리나라 스님들과 불자들이 천도의식에서 널리 독송하고 있는 문헌들을 중심으로 구성하였고 티베트의 기도문도 소개하였습니다.

6장에서는 불자들이 임종을 맞이하여 준비해야 할 임종예법, 또 임종을 준비할 때의 의식인 임종염불, 임종인의 극락왕생을 도와주는 조념염불, 그리고 자신의 죽음을 미리 성찰하기 위한 유서작성에 필요한 내용들을 모아 수록하였습니다.

누구나 언젠가는 죽을 것이라 생각하고 있지만, 오늘 죽지 않을 것이라는 어리석은 마음을 죽기 직전까지 갖고 있습니다. 이에 대해서 티베트의 문헌에서는 "절벽에서 떨어질 때 하늘을 난다고 기뻐하지 말지어다."라고 역설하고 있습니다. 우리가 죽음에 대해 각성한다면, 남은 인생을 어떻게 존엄하게 살아야 할 것인지에 대한 바른 통찰이 시작될 수 있을 것입니다.

불기 2563년(2019년) 5월 엮은이 무유(無有) 범철(梵喆) 합장

차례

2장　정토에 관한 열 가지 문답 [淨土十疑論]

3장　선사들의 염불법문

4장 극락왕생 발원문

5장 사후세계를 맞이하는 기도

6장 임종(臨終)을 위한 준비

부록 / 정토삼부경 해제 및 염불수행

제 1 장
정토삼부경
淨土三部經

불설 아미타경 (佛說 阿彌陀經)

불설 관무량수경 (佛說 觀無量壽經)

불설 무량수경 (佛說 無量壽經)

불설 아미타경(佛說 阿彌陀經)

요진구자(姚秦龜玆)삼장 구마라집(鳩摩羅什) 한역

1. 영산법회의 대중들

이와 같이 나는 들었다.

어느 때 부처님께서 왕사성(舍衛國)의 기수급고독원(祇樹給孤獨園)에서 1,250명의 대비구들과 함께 계셨다.

장로 사리불·마하목건련·마하가섭·마하가전연·마하구치라·이바다·주리반타가·난타·아난다·라후라·교범바제·빈두로파라타·가류타이·마하겁빈나·박구라·아누루타 등 그들은 모두 대중들에게 알려진 대아라한(大阿羅漢)*들이었다.

이들과 더불어 보살마하살인 문수사리 법왕자·아일다보살·건타하제보살·상정진보살과 같은 모든 대보

---

*아라한(阿羅漢) : 초기불교에서 불교의 수행자들 중에서 최고의 경지. 사성제의 이치를 깨달아 온갖 번뇌를 끊고 다시 태어나고자 하는 집착을 버린 성자를 말한다. 사람들의 존경을 받을 만한 공덕을 갖춘 성자. 응공(應供)·불생(不生)이라 번역된다.

살들, 그리고 석제환인(釋提桓因)* 등과 한량없는 모든 천인(天人) 대중들이 함께 자리했다.

2. 극락세계를 설하다

그때 부처님께서 사리불 장로에게 말씀하셨다.

"여기에서 서쪽으로 십만억 불국토를 지나면 극락(極樂)이라고 하는 세계가 있는데, 그 땅에 계신 부처님 이름은 '아미타(阿彌陀)'이시며, 지금도 설법하고 계신다."

3. 극락국토의 장엄

"사리불이여, 그 땅을 어찌하여 극락(極樂)이라고 이르는지 아느냐? 그 땅의 중생은 어떠한 괴로움도 없으며, 다만 모든 즐거움만 있으므로 극락이라 한다.

사리불이여, 극락세계에는 난간이 일곱 겹이며, 보배 그물이 일곱 겹이며, 줄지어 선 나무가 일곱 겹인데, 모두 네 가지 보배로 둘러 장식하고 있다. 그러므로 그 땅을 극락이라고 한다.

사리불이여, 극락국토에는 칠보로 된 연못이 있는데, 팔공덕수(八功德水)가 그 안에 가득 차 있다. 연못 바닥에는 금모래가 깔려 있고, 사방의 계단은 금·은·유리(琉璃)·파리(頗梨, 수정)로 이루어져 있다. 또 그 위에는 누각이 있는데, 역시 금·은·유리·파리·차거(車渠, 조개껍질)·적주(赤珠)·마노(馬瑙)와 같은 보석들로 장엄하게 꾸며져 있다.

연못 가운데에는 연꽃이 피어 있는데, 그 크기가 수레 바퀴만 하며, 푸른색에서는 푸른 광채가 나고, 황색에서는 황색 광채가 나고, 붉은색에는 붉은 광채 나고, 흰색에서는 흰 광채가 나며, 맑고도 미묘한 향기가 난다. 사리불이여, 극락국토는 이와 같은 공덕(功德)과 장엄(莊嚴)을 이루고 있다."

4. 천인의 공양을 받다

"사리불이여, 저 불국토에는 항상 하늘의 음악 소리가 나고, 황금으로 땅이 되어 있으며, 밤과 낮 여섯 번 하늘에서 만다라화(曼陀羅華)* 꽃비가 내린다.

그 나라의 중생은 항상 새벽에는 각각 꽃바구니에 갖가지 묘한 꽃을 넣어 다른 세계에 계신 십만억 부처님께 공양하고서 밥 먹을 때가 되면 곧 자기 나라로 돌아와 밥을 먹고 산책한다. 사리불이여, 극락세계는 이러한 공덕 장엄으로 이루어졌다."

---

* 석제환인(釋提桓因) : 석제환인은 도리천의 주인이며 사천왕을 거느리고 불법과 불제자를 보호하는 신으로 '제석천(帝釋天)', 또는 '인드라(Indra)'라고도 한다. 도리천은 '삼십삼천'이라고도 하는데 세계의 중심인 수미산(須彌山:Sumeru)의 정상에 있으며 사방에 봉우리마다 8천이 있기 때문에 제석천과 합하여 33천이 된다. 석제환인은 온 우주를 엮는 인연의 그물을 가지고 있는 신으로 유명하다. 세상 모든 존재가 홀로 있지 않고 첩첩이 겹쳐진 가운데 서로 얽히고 맞끼워져 함께 존재함을 설명하는 중중무진법계(重重無盡法界)의 진리에 비유된다.

* 만다라화(曼茶羅華) : 천상계의 꽃 이름. 이 꽃의 빛깔은 적색과 비슷하고 지상의 어떤 꽃보다 아름답다고 하는데, 여러 부처님들의 깨달음이나 설법할 때에 이를 기뻐하는 신들의 뜻에 따라서 스스로 공중에 피어서 내려온다고 한다.

5. 새가 나무에서 설법하다

"사리불이여, 저 나라에는 언제나 온갖 기묘한 여러 가지 색의 새들이 있는데, 흰 고니와 공작과 앵무와 사리조(舍利鳥)와 가릉빈가(迦陵頻伽)*와 공명조(共命鳥)*와 같은 여러 새들이 밤낮 화평하고 맑은 소리를 낸다. 그 소리로 오근(五根)·오력(五力)·칠보리분(七菩提分)·팔성도분(八聖道分)*과 같은 법들을 설하므로, 그 나라의 중생들이 이 소리를 듣고는 모두 부처님을 생각하고 가르침을 생각하고 스님들을 생각한다.

사리불이여, 너는 이 새들이 정말 죄업으로 생긴 것이라고 생각하지 말라. 왜냐하면 저 불국토에는 삼악도가 없기 때문이다. 사리불이여, 저 불국토에는 삼악도라는 이름조차 없는데, 어찌 실제로 있겠느냐? 이 새들은 모두 아미타불께서 법문을 펴기 위하여 화현으로 만든 것이다.

---

*가릉빈가(迦陵頻伽) : 사람의 머리에 새의 몸을 하고 있다. 아름답고 묘한 울음소리를 내는 새. 인도 사람들은 가릉빈가를 음악신 또는 음악의 창시자로 믿고 있는데, 인도 음악의 기원 전설과 밀접하게 연관되어 있다. 히말라야산과 극락정토에 산다고 한다.

*공명조(共命鳥) : 설산히말라야 산에 사는 몸 하나에 머리가 둘인 새. 하나가 죽으면, 다른 하나도 따라 죽는 공동체의 생명이므로, 이로부터 얻은 이름이다.

*오근(五根) : 번뇌에서 떠나 깨달음으로 나아가게 하는 다섯 가지의 좋은 방법. 곧 신근(信根)·정진근(精進根)·염근(念根)·정근(定根)·혜근(慧根)을 말한다.

*오력(五力) : 불법(佛法)의 실천에 필요한 다섯 가지 힘. 곧 신력(信力)·진력(進力)·염력(念力)·정력(定力)·혜력(慧力)을 말한다.

*칠보리분(七菩提分) : 열반에 이르는 일곱 도행(道行)으로 칠각지(七覺支)라고도 한다. ①가르침을 명심하여 마음 챙김 하는 염각지(念覺支). ②지혜로써 바른 가르침만을 선택하고 그릇된 가르침은 버리는 택법각지(擇法覺支). ③바른 가르침을 사유하면서 수행하는 정진각지(精進覺支). ④정진하는 수행자에게 평온한 기쁨이 생기는 희각지(喜覺支). ⑤평온한 기쁨이 생긴 수

사리불이여, 저 불국토에 미풍이 불면, 보배 나무들과 보배 그물들에서 미묘한 소리를 내니, 마치 백천 가지 음악 소리가 동시에 함께 나는 것과 같다. 이 소리를 들으면 모두가 부처님을 생각하고 가르침을 생각하고 스님들을 생각해야겠다는 마음이 저절로 우러난다.

사리불이여, 저 부처님 나라는 이러한 공덕과 장엄으로 이루어졌다."

6. 부처님의 무량한 덕을 설하다

"사리불이여, 그대 생각에는 어떠한가? 저 부처님을 왜 아미타불(阿彌陀佛)이라고 부르겠느냐? 사리불이여, 저 부처님의 광명이 한량이 없어, 시방세계를 두루 비추어도 조금도 걸림이 없으므로 아미타라 한다. 사리불이여, 저 부처님의 목숨과 그 나라 백성들 목숨이 한량없고 가이없는 아승기겁(阿僧祇劫)*이므로 아미타불이라고 이른다.

행자의 몸과 마음이 경쾌해지는 경안각지(輕安覺支). ⑥몸이 경쾌한 수행자가 정신을 집중·통일시키는 정각지(定覺支). ⑦집중·통일된 마음을 평등하게 잘 응시하는 사각지(捨覺支).

* 팔성도분(八聖道分) : 팔정도(八正道)의 다른 말이다. 불교 수행에서의 극단적 고행과 안락을 벗어난 중도의 올바른 방법을 말한다. 부처님이 말씀하신 인연법을 아는 바른 견해(正見), 바른 생각(正思惟), 바른 말(正語), 바른 행위(正業), 바른 생활(正命), 바른 정진(正精進), 바른 마음챙김(正念), 바른 선정(正定)의 여덟 가지이다.

* 겁(劫) : 찰나의 반대로 무한히 긴 시간을 말한다. 둘레 사방 40리 되는 바위 위에 백 년마다 한 번씩 선녀가 내려와 그 위에서 춤을 추는데, 그때 선녀의 얇은 옷으로 스쳐서 그 바위가 다 닳아 없어져도 1겁이 안 된다고 한다. 또는 사방 40리나 되는 성안에 겨자씨를 가득 채우고, 100년마다 하늘새가 날아와서 그 씨앗을 한 알씩 물고 하늘로 올라가서 그 겨자씨가 다 없어져도 1겁이 안 된다고 한다.

* 아승기겁(阿僧祇劫) : 어떤 시간의 단위로도 계산하거나 표현할 수 없는 무한히 긴 시간을 말하며 무량겁(無量劫)이라고도 한다. 갠지스강 모래 수의 만 배가 되는 수(10^{56}), 또는 억 배가 되는 수(10^{104})를 이르는 말이다.

사리불이여, 아미타불께서 성불하신 이래로 지금까지 십 겁이나 지났다. 사리불이여, 저 부처님께서는 한량 없고 끝없는 성문(聲聞)* 제자들이 있으니 모두 아라한 이며, 어떠한 수학으로도 그 수를 알 수 없으며 보살 대 중들도 또한 그러하다. 사리불이여, 저 부처님 나라는 이러한 공덕장엄으로 이루어졌다."

7. 극락에 왕생하기를 발원하다

"사리불이여, 극락국토의 중생으로 태어나는 사람들 은 모두 성불이 결정되어 보리심에서 물러서지 않는 이 들이며, 그중 대부분이 최고 경지인 일생보처(一生補 處)*의 보살이다. 그 수가 매우 많아 숫자로 셈하여 헤 아릴 수 없고, 다만 한량없고 끝없는 아승기겁 동안 말 해야만 가능할 것이다.

사리불이여, 이 말을 들은 중생들은 마땅히 서원을 세 워 저 나라에 태어나기를 발원해야 할 것이다. 왜냐하 면 이처럼 으뜸가는 훌륭한 사람들이 모두 함께 한곳에 모여 살 수 있기 때문이다."

8. 올바른 신행을 명하다

"사리불이여, 작은 선근(善根)과 복덕의 인연으로는 저 나라에 가서 태어날 수 없다. 사리불이여, 만일 어떤 선남자나 선여인이 아미타불에 대한 설법을 듣고 그 명호를 마음에 굳게 지녀 부르되, 하루나 이틀, 사흘, 나흘, 닷새, 엿새, 이레 동안 일심으로 흐트러지지 않는다면, 그 사람이 목숨을 마치려 할 때 아미타불이 여러 성중(聖衆)과 함께 그 앞에 나타날 것이며, 그 사람의 목숨이 끊어질 때 마음이 뒤바뀌지 않고 곧 아미타불의 극락세계에 가서 태어날 것이다.

사리불이여, 나는 이러한 이로움이 있는 줄 알기에 이런 말을 하는 것이니, 어떤 중생이든 이 말을 듣는다면, 마땅히 저 나라에 태어날 것을 발원하여야 할 것이다."

9. 아미타불을 찬탄하며 믿음을 권하다

"사리불이여, 내가 지금 아미타불의 불가사의한 공덕을 찬탄한 것처럼 동방에서도 역시 아촉비불, 수미상불, 대수미불, 수미광불, 묘음불 등 갠지스강의 모래와 같이 많은 부처님께서 각기 그 나라에서 넓고 긴 혀로써 삼천대천세계에 두루 미치도록 참되고 진실한 말씀으로 '너희 중생들은 마땅히 이 불가사의한 공덕을 칭찬하는 모든 부처님께서 마음에 품고 계시는 이 경(經)을 믿어야 한다.'라고 하신다.

---

* 성문(聲聞) : 부처님의 설법을 듣고 사성제(四聖諦)의 이치를 깨달아 아라한이 된 불제자. 부처님의 말씀을 듣고 깨닫는 것을 지칭하는 개념이다.

* 일생보처(一生補處) : 한 생만 지내면 부처님의 지위에 오른다는 뜻이다. 예를 들어 미륵보살의 경우 석가모니부처님보다 먼저 입멸하여 도솔천에 나서 수행 중인데, 그 생을 마치면 인간으로 태어나 성불하여 중생들을 제도한다.

사리불이여, 남방 세계에서도 일월등불, 명문광불, 대염견불, 수미등불, 무량정진불 등 갠지스강의 모래같이 많은 부처님께서 각기 그 나라에서 넓고 긴 혀로써 삼천대천세계에 두루 미치시어 참되고 진실한 말씀으로 '너희 중생들은 마땅히 이 불가사의한 공덕을 칭찬하는 모든 부처님께서 마음에 품고 계시는 이 경을 믿어야 한다.' 라고 하신다.

사리불이여, 서방 세계에서도 무량수불, 무량상불, 무량당불, 대광불, 대명불, 보상불, 정광불 등 갠지스강의 모래같이 많은 부처님께서 각기 그 나라에서 넓고 긴 혀로써 삼천대천세계에 두루 미치시어 참되고 진실한 말씀으로 '너희 중생들은 마땅히 이 불가사의한 공덕을 칭찬하는 모든 부처님께서 마음에 품고 계시는 이 경을 믿어야 한다.' 라고 하신다.

사리불이여, 북방 세계에서도 염견불, 최승음불, 난저불, 일생불, 망명불 등 갠지스강의 모래와 같이 많은 부처님께서 각기 그 나라에서 넓고 긴 혀로써 삼천대천세계에 두루 미치시어 참되고 진실한 말씀으로 '너희 중생들은 마땅히 이 불가사의한 공덕을 칭찬하는 모든 부처님께서 마음에 품고 계시는 이 경을 믿어야 한다.' 라고 하신다.

사리불이여, 하방(下方) 세계에서도 사자불, 명문불, 명광불, 달마불, 법당불, 지법불 등 갠지스강의 모래와 같이 많은 부처님께서 각기 그 나라에서 넓고 긴 혀로써 삼천대천세계에 두루 미치시어 참되고 진실한 말씀으로 '너희 중생들은 마땅히 이 불가사의한 공덕을 칭찬하는 모든 부처님께서 마음에 품고 계시는 이 경을 믿어야 한다.'라고 하신다.

사리불이여, 상방(上方) 세계에서도 범음불, 숙왕불, 향상불, 향광불, 대염견불, 잡색보화엄신불, 바라수왕불, 보화덕불, 견일체의불, 여수미산불 등 갠지스강의 모래와 같이 많은 부처님께서 각기 그 나라에서 넓고 긴 혀로써 삼천대천세계에 두루 미치시어 참되고 진실한 말씀으로 '너희 중생들은 마땅히 이 불가사의한 공덕을 칭찬하는 모든 부처님께서 마음에 품고계시는 이 경을 믿어야 한다.'라고 하신다."

10. 법을 듣고 받아지니다

"사리불이여, 어찌하여 이 경을 모든 부처님께서 마음에 품고 계시는 경이라고 하였겠느냐?

사리불이여, 만일 어떤 선남자나 선여인이 이 경을 듣고 지니고 수호하거나 모든 부처님의 명호를 듣는다면, 이 선남자나 선여인은 모든 부처님께서 보호하고 염려하시므로 모두 무상정등각(無上正等覺)*에서 물러나지 않게 되기

---

* 무상정등각(無上正等覺) : 부처님의 깨달음은 무상(無上)하고 바르고(正) 평등(等)한 깨달음(覺)이란 의미이다. "아뇩다라삼먁삼보리"를 번역한 말로서 '아뇩다라'는 '무상(無上)', '삼먁삼보리'는 '정등각(正等覺)'의 뜻이므로 '무상정등각(無上正等覺)'이라 번역된다. 부처님 이외에도 깨달음은 있을 수 있으나 무상정등각은 부처님의 깨달음만을 의미한다.

때문이다. 그러므로 사리불이여, 너희들은 모두 나의 말과 모든 부처님께서 하신 말씀을 받아 믿을지니라.

사리불이여, 어느 누구든 아미타불의 극락세계에 왕생하기를 이미 발원하였거나 지금 발원하거나 혹은 장차 발원한다면 이 모든 사람들은 누구나 위없는 바른 깨달음에서 절대로 물러나지 않게 되며 저 극락세계에 이미 왕생하였거나 지금 왕생하고 있거나 장차 왕생할 것이다.

그러므로 사리불이여, 나의 가르침을 믿는 신심이 있는 모든 선남자 선여인들은 마땅히 저 극락세계에 왕생하기를 발원해야 할 것이다."

11. 모든 부처님이 세존을 찬탄하다

"사리불이여, 내가 지금 모든 부처님의 불가사의한 공덕을 칭찬한 것처럼, 저 모든 부처님들께서도 역시 나의 불가사의한 공덕을 칭찬하시기를, '석가모니불이 능히 매우 어렵고 희유한 일을 하신다. 사바국토(娑婆國土)의 겁탁(劫濁)과 견탁(見濁)과 번뇌탁(煩惱濁)과 중생탁(衆生濁)과 명탁(命濁)의 오탁악세(五濁惡世)*에서 능히 위없는 바른 깨달음을 얻고, 중생들을 위하여 세상 사람들이 믿기 어려운 법을 말씀하셨다.'라고 하신다.

사리불이여, 마땅히 알아야 할 것이다. 내가 이 오탁악세에서 이 어려운 일을 행하여 위없는 바른 깨달음을

얻고, 모든 세간을 위하여 믿기 어려운 법을 설하였으
니, 이는 매우 어려운 일이다."

12. 경전을 유통하여 중생을 제도하다

부처님께서 이 경을 말씀하시자, 사리불과 모든 비구
들과 모든 세간의 천인(天人)*과 아수라(阿修羅)* 등이
부처님께서 하신 말씀을 듣고 환희하며 믿고 받아서 예
배드리고 물러갔다.

---

* 오탁악세(五濁惡世) : 다섯 가지의 더러움이 가득 차 있는 세상. 다섯 가지의 더러움은
①겁탁(劫濁) : 시대의 더러움. ②견탁(見濁) : 사상과 견해가 사악한 것. ③번뇌탁(煩惱濁) :
탐·진·치로 마음이 더러운 것. ④중생탁(衆生濁) : 함께 사는 이들의 심신이 더러움. ⑤명
탁(命濁) : 인간의 수명이 짧아지는 것을 말한다.

* 천인(天人) : 비천(飛天), 낙천(樂天)이라고 번역함. 천상의 유정(有情)들로서 허공을 날아다
니며, 음악을 하고 하늘 꽃을 흩기도 하며 항상 즐거운 경계에 있지만, 그 복이 다하면 5쇠
(衰)의 괴로움이 생긴다고 한다.

* 아수라(阿修羅) : 전쟁이 끊이지 않는 아수라도에 머무는 귀신들의 왕으로 싸우기를 좋아하
는 신이다. 악신(惡神)이었으나 불법을 수호하는 팔부신중(八部神衆)에 속하게 되었다. 보통
세 개의 얼굴과 여섯 개의 팔을 지닌 삼면육비(三面六臂)의 모습이지만, 여덟 개나 네 개의
팔을 지닌 삼면팔비(三面八臂)나 삼면사비(三面四臂)의 모습으로 묘사되는 경우도 있다.

불설 관무량수불경(佛說 觀無量壽佛經)

송(宋) 서역삼장(西域三藏) 강량야사(畺良耶舍) 한역

1. 아사세가 부모를 가두다

이와 같이 나는 들었다.

어느 때 부처님께서 왕사성(舍衛國)의 기사굴산(耆闍堀山)에서 1,250명의 큰 비구들과 3만 2천의 보살들과 함께 계셨는데, 그중에서 문수사리법왕자가 가장 수제자였다. 이즈음 라자가하의 아사세태자*가 나쁜 친구 데바닷타의 꾐에 빠져 부왕(父王)인 빔비사라왕*을 잡아 일곱 겹으로 된 감옥에 감금하고, 신하들에게 명령하여 한 사람도 그곳에 얼씬거리지 못하게 하였다.

왕을 공경하던 왕비 위제희부인*은 깨끗이 목욕을 하고 나서 꿀에 밀가루와 우유를 반죽하여 몸에 바르고 갖가지 영락 구슬 속에 포도즙을 넣어 몰래 왕에게 올렸다. 왕은 꿀 반죽을 먹고 포도즙을 마신 뒤, 물로 입 안을 씻은 후 멀리 기사굴산을 향하여 공경히 합장하고 세존께 예배하고서 말하였다.

"덕이 높은 마하목건련존자는 나의 오랜 친구입니다. 부디 자비를 베푸시어 저에게 팔계(八戒)를 일러 주옵소서."

그러자 곧 목건련존자는 독수리처럼 재빨리 왕이 있는 곳으로 날아왔다. 그는 날마다 이렇게 해서 왕에게 팔계를 설해주었다. 그리고 부처님은 부루나존자를 보내어 왕을 위하여 설법하게 하셨다.

이렇게 삼주일이 지났다. 왕은 꿀 반죽을 먹고 설법을 들은 까닭에 갇혀 있는 몸이지만 안색이 온화하고 기쁨으로 충만해 있었다. 이때 아사세가 문지기에게 물었다.

"부왕이 아직도 살아 있느냐?"

---

*빔비사라왕 : 고대 인도의 십육 대국 중의 하나인 마가다국(摩揭陀國)의 왕(기원전 580년경～기원전 550년경). 빔비사라왕은 부처님이 깨달음을 얻기 전에 만난 적이 있었고 후에 부처님의 제자가 되었다. 왕사성(王舍城) 부근에 불교교단 최초의 사찰인 죽림정사(竹林精舍)를 지어 부처님께 바쳤다. 만년에 그의 아들 아사세에 의해 감옥에 갇혀 죽었다.

*위제희부인 : 석존이 살아 계실 때, 마가다국 빔비사라왕의 왕비였고 아사세왕의 어머니이다. 아사세가 빔비사라 왕을 유폐해서 아사시키려고 했을 때, 몰래 볶은 쌀가루를 꿀에다 반죽하여 몸에 바르고 패물 속에 포도주를 담아 왕에게 바쳤다. 이것이 발각되어 자신도 유폐되었다. 감옥 안에서 부처님께 지극히 기도했고, 그녀의 기도에 응답하여 부처님이 나타나서 이 세상에 절망해서 아미타불의 정토를 기원하는 비(妃)에게 아미타불이나 그 정토를 관상하는 방법을 가르쳤는데 이 가르침이 〈관무량수경(觀無量壽經)〉이다.

*아사세태자 : 원래 이름은 아자타삿투이다. 중인도 마가다국의 왕으로 빔비사라왕을 아버지로 위제희부인을 어머니로 태어났다. 빔비사라 왕이 늙도록 아들이 없음을 걱정하여 신(神)에게 기원하였는데, 어떤 관상쟁이가 말하기를 "비부라 산에 있는 선인이 죽으면 태어난다."라고 하여, 왕은 그 선인이 죽기를 기다리지 않고 선인을 죽이니 부인이 곧 아이를 배었다. 이 아이는 나기 전부터 원한을 품었다는 뜻으로 미생원(未生怨)이라 하였다. 아이가 원한을 품었다는 관상쟁이의 말을 듣고 높은 누각을 지어 아이를 떨어뜨렸으나 한 손가락만 꺾였다고 한다. 장성한 태자는 부처님을 배반하고 새로 교단을 조직하려는 데바닷타의 꼬임을 받아 부왕인 빔비사라를 죽이고 어머니를 가두는 등 역적죄를 감행하면서 왕위에 올랐다. 이런 악행은 '왕사성의 비극'으로 〈관무량수경(觀無量壽經)〉의 배경이 되었다. 후에 부처님께 귀의하여 교단의 외호자가 되어 제1차 경전결집의 대사업을 완성하는 데 기여하게 된다.

문지기가 대답했다.

"대왕이시여, 위제희 부인께서 몸에 꿀 반죽을 바르고, 영락 안에 포도즙을 넣어 왕께 드리고 있습니다. 그리고 목건련과 부루나 두 스님이 공중으로 날아와 왕을 위해서 설법을 해 줍니다. 그러니 저로서는 어떻게 막을 수가 없었습니다."

아사세가 이 말을 듣고 나서 크게 화를 내면서 자신의 어머니에게 대들었다.

"어머니는 적과 어울렸기 때문에 역적입니다. 스님들은 사람을 홀리는 주문으로 이 나쁜 임금을 여러 날 죽지 않게 했기 때문에 악당입니다."

그러면서 곧 날카로운 칼을 들고 어머니를 죽이려 하였다. 이때 월광(月光)이라는 한 신하가 있었는데, 총명하고 지혜로운 사람이었다. 그는 명의(名醫)인 기바(耆婆)와 함께 왕에게 예를 올리고 말하였다.

"대왕이시여, 신(臣)들이 듣건대 베다 성전의 말씀을 들으니, 세상이 생긴 이래로 많은 악한 왕이 국위(國位)를 탐내어 그 아버지를 죽였으니, 그런 자가 1만 8천 명이었다고 합니다. 그러나 아직 어머니를 죽일 만큼 무도한 자가 있다는 소리는 듣지 못하였습니다. 왕께서 만약 어머니를 살해하신다면 왕족의 이름을 더럽히는 것입니다. 저희는 차마 보고 있을 수가 없습니다. 이런 일은 전다라(栴陀羅)*와 같은 천민이나 할 수 있는 일입니다. 저희는 더는 이곳에 머물지 않겠습니다."

이렇게 말하고는 두 신하가 물러나려 하였다. 이때 아사세가 깜짝 놀라고 두려워 기바에게 물었다.

"그대는 나를 도와주지 않겠는가?"

기바가 대답했다.

"대왕이시여, 어머니를 살해해서는 안 됩니다."

왕이 이 말을 듣고 참회하고 도움을 청하였다. 그는 곧 칼을 버리고 어머니를 해치려던 일을 멈추고 내관(內官)에게 명하여 깊은 감옥에 가두어 다시는 나오지 못하게 하였다.

2. 위제희가 법문을 청하다

깊은 감옥에 감금된 위제희는 근심과 걱정으로 초췌해졌다. 그리하여 멀리 기사굴산을 향하여 부처님께 예배하고 이렇게 말했다.

"세존이시여, 그전에는 항상 아난다존자를 보내시어 저를 위로하셨습니다. 지금 제가 근심에 싸였으니, 세존의 거룩하신 모습을 뵈올 길이 없습니다. 원하옵건대 목

---

*전다라 : 인도어로 '찬달라'라고 하며, 고대인도 카스트 사회에서 4성(四姓) 이외의 천민계급을 일컫는 호칭으로서 불가촉천민(不可觸賤民)으로 번역된다. 고대 인도에서 현대까지 이르는 카스트 사회에서 4성제도가 확립됨에 따라 서로 다른 계급 사이의 결혼으로 생겨난 사람을 말한다. 외래 또는 지방부족을 일반적으로 잡종계급이라 하여 멸시하는 풍습이 있는데 그 가장 하등계급이 찬달라로서 〈마누의 법전〉에 이미 규정되어 있다. 직업으로서는 도살업이나 죄인의 사형집행을 맡고 있고, 사회적 지위는 극단적으로 낮아서 모멸적 대우를 받는다.

건련존자와 아난다존자를 보내시어 제가 뵐 수 있도록 하여 주소서."

이러한 말씀을 드리고 나서 비 오듯 눈물을 흘리고 슬피 울며 멀리 부처님 계신 곳을 향하여 예배하였다. 위제희 부인이 머리를 들기도 전에 세존께서는 기사굴산에서 위제희가 마음속으로 생각하는 바를 아셨다.

그래서 곧 마하목건련과 아난다에게 일러 잠깐 사이에 공중으로 날아가도록 하였고, 부처님께서도 기사굴산에서 자취를 감추어 왕궁에 나타나셨다. 이때 위제희가 예배를 마치고 머리를 들어 석가모니부처님을 뵈니, 몸은 자금색(紫金色)이고 백 가지 보배로 장식된 연꽃에 앉아 계시는 것이었다.

목건련이 왼쪽에 앉아 있고 아난다가 오른쪽에 자리하였고 제석천(帝釋天)과 범천(梵天)*, 그리고 호세 사천왕(護世 四天王)*과 모든 천인(天人)이 허공에서 널리 하늘꽃을 비 내리듯 뿌려 부처님께 공양하였다. 이때 위제희는 부처님을 뵙자, 제 손으로 영락 목걸이를 끊어 버리고 온몸을 땅에 던져 흐느껴 울면서 부처님께 아뢰었다.

"세존이시여, 제가 전생에 무슨 죄를 지었기에 이렇게 악한 자식을 낳았습니까? 세존께서는 또 무슨 인연으로 데바닷타와 같은 이를 친족으로 두게 된 것입니까? 오직 원하오니 세존께서 저를 위하여 근심과 고뇌가 없는 세상을 말씀하여 주소서. 저는 그곳에 태어나 더럽고 악한 이 세상에 더는 살고 싶지 않습니다. 이처럼 악하고 탁한 세상에는 지옥과 아귀와 축생이 가득 차 있고 악한 무리들이 너무나 많습니다. 이 다음 세상에서는 악한 소리를 듣지 않고, 악인들과 만나고 싶지도 않습니다. 저는 이제 세존께 오체투지하고, 참회하며 간절히 바라옵니다. 원하옵나니, 태양과 같은 부처님이시여, 저에게 청정한 업으로 이루어진 세계를 보여 주소서."

3. 극락세계에 태어나는 청정한 업연(業緣)

그때 부처님은 미간(眉間)에서 광명을 내셨다. 황금색 광채가 시방의 무량한 세계를 두루 비추고, 부처님의 정수리로 다시 돌아와 수미산(須彌山)과 같은 금색의 좌대로 변했다. 그리고 시방세계 모든 부처님들의 청정하고도 미묘한 불국토가 모두 그 안에 나타났다. 어떤 국토는 전부 칠보로 이루어졌고, 또 다른 국토는 연꽃으로 이루어져 있었다. 또 어떤 국토는 대자재천(大自在天)*의 궁

---

*범천(梵天) : 제석천과 함께 부처님을 양옆에서 모시는 불법의 수호신이다. 인도 고대 신화에 나오는 만유의 근원인 브라마를 신격화한 창조신으로서 비슈누·시바와 함께 3대신으로 불린다. 석가모니부처님이 깨달음을 얻은 후 설법을 청하였고, 항상 설법의 자리서 법을 듣는다. 제석천과 범천은 제왕이나 보살의 모습으로 장엄하게 화관과 영락으로 치장하고 있다.

*호세 사천왕(護世 四天王) : 지국천왕·증장천왕·광목천왕·다문천왕으로 항상 수미세계에 딸린 4주(洲)를 수호하는 신이다. 우리나라의 경우 절을 지을 때 입구의 천왕문에 모신다.

*대자재천(大自在天) : 인도 신화에 등장하는 파괴의 신 시바(Shiva)가 부처님께 귀의하여 얻은 이름이다. 불교에서는 신중탱화에 다른 신과 함께 등장하는데, 29위나 33위·104위 등 대부분의 신중탱화에서 중심이 된다. 하얀 얼굴에 눈이 3개라는 점이 큰 특징이다. 8개의 팔을 가진 모습으로도 표현되며, 각 팔에는 해·달·연꽃·무기 등을 들고 있는 경우가 많다.

전과 같은 불국토가 있는가 하면, 수정 거울과 같은 불국토도 있었다. 이와 같은 시방세계의 불국토가 모두 그 가운데 나타났고, 위제희로 하여금 한량없이 많은 불국토가 분명하게 보일 수 있게 하셨다.

이때 위제희가 부처님께 아뢰었다.

"세존이시여, 이 모든 불국토가 비록 청정하고 모두 빛으로 충만합니다. 저는 지금 아미타불(阿彌陀佛)이 계신 극락세계에 태어나기를 바랍니다. 오직 원하오니, 세존이시여, 저에게 그 길을 가르쳐 주소서. 저에게 마음의 평화를 가르쳐 주소서."

이때 세존께서 곧 미소를 지으시니, 오색 광명이 부처님의 입에서 나와 낱낱의 광명이 빔비사라왕의 정수리를 비추었다. 대왕은 비록 옥중에 감금되어 있었으나, 마음의 눈이 열려 걸림이 없었으므로 멀리 계시는 세존을 뵙고 머리 숙여 예배하였다. 그러자 왕의 지혜가 저절로 늘어나 욕계에 다시 돌아오지 않는 아나함과(阿那含果, 不還果)를 이루었다.

이때 세존께서 위제희에게 말씀하셨다.

"그대는 알고 있는가? 아미타불은 이곳에서 멀지 않은 곳에 계신다. 생각을 집중하여 청정한 업으로 이루어진 저 국토를 자세히 관(觀)하여라. 내가 지금 그대를 위하여 많은 비유로써 자세히 말해 주겠다. 또한 미래세상의 모든 범부로 하여금 청정한 업을 닦아 서방의 극락국토에 태어날 수 있도록 하겠다. 저 국토에 태어나고 싶으면 마땅히 세 가지 복(福)을 닦아야 한다.

첫째는 효도하여 부모를 봉양하고, 스승을 받들어 모시며, 자비로운 마음으로 살생하지 않고, 십선업(十善業)*을 닦는 것이다. 둘째는 삼보에 귀의하며 갖가지 계(戒)를 다 갖추고 위의(威儀)를 범하지 않는 것이다. 셋째는 보리심을 내어 인과(因果)의 도리를 믿고 대승경전을 독송하며, 나아가 다른 수행자들에게 행하도록 권하는 것이다. 이 세 가지를 청정한 업이라고 한다. 그대는 알고 있는가? 이 세 가지 업이 바로 과거·현재·미래 삼세(三世)의 모든 부처님의 청정한 업이다."

4. 극락세계를 보다

부처님께서 아난다와 위제희에게 말씀하셨다.

"그대들은 잘 듣고 깊이 생각하여라. 여래는 번뇌의 침해를 받아 괴로워할 미래세의 일체중생을 위해 청정한 업을 말하리라. 장하다, 위제희여. 이 일에 대하여 참으로 좋은 질문을 하였다.

아난다여, 그대는 마땅히 잘 듣고 기억해두었다가 널리 많은 중생들을 위하여 이 법문을 널리 전해 주어라.

---

*십선업(十善業) : 십악(十惡)의 반대로 십선도(十善道) 또는 십선계(十善戒)라고도 한다. 몸(動作)·입(言語)·뜻(意念)으로 열 가지 악을 범하지 않는 불살생(不殺牲)·불투도(不偸盜)·불사음(不邪淫)·불망어(不妄語)·불양설(不兩舌)·불악구(不惡口)·불기어(不綺語)·불탐심(不貪心)·불진심(不瞋心)·불치심(不癡心)의 열 가지 제계(制戒)를 말한다.

나는 지금 위제희와 미래 세상의 일체 중생에게 서방의 극락세계를 관(觀)하는 법을 가르쳐 주겠노라.

그대들은 여래의 위신력으로 인하여 마땅히 저 청정한 국토를 보게 되리라. 이는 마치 맑은 거울로 자신의 얼굴을 비춰 보는 것과 같으리라. 저 국토의 지극히 미묘하고 즐거운 일을 보고, 환희하는 마음으로 그 자리에서 무생법인(無生法忍)*을 얻을 것이다."

부처님께서 다시 위제희에게 말씀하셨다.

"그대는 죽음을 면할 수 없는 평범한 인간에 지나지 않는다. 마음은 여려 자칫 상하기 쉽고, 아직 지혜의 눈을 뜨지 못했으므로 멀리 볼 수도 없다. 그러나 모든 부처님은 신비한 방편으로 그대가 멀리 보게 할 수 있다."

위제희가 부처님께 아뢰었다.

"세존이시여, 저는 지금 부처님의 신력으로 저 국토를 볼 수 있겠지만, 부처님께서 열반하신 후에 이 세상에 태어날 중생들은 혼탁하고 악하고 착하지 못하여 다섯 가지 고통에 시달릴 것입니다. 그러한 이들은 어떻게 해야 아미타불의 극락세계를 볼 수 있겠습니까?"

5. 열여섯 가지의 관법(觀法)

1) 해를 생각하는 관(觀)

부처님께서 위제희에게 말씀하셨다.

"그대와 그리고 중생들은 마땅히 오로지 생각을 한 곳

에 집중하여 서방(西方)의 극락정토를 생각하여라. 어떻게 생각하는가 하면, 모든 중생들은 태어나면서부터 장님이 아닌 이상 눈이 있는 사람들은 모두 해가 지는 것을 보고 상념(想念)을 일으킬 수 있다.

서쪽을 향하여 바르게 앉아서 지는 해를 자세히 관(觀)하여라. 마음을 굳게 머물게 하여 오로지 생각을 흩어지지 않게 하고 해가 지려 하는 것이 마치 매달아 놓은 북[鼓]과 같은 모습임을 보아라. 해를 보고 나서는 눈을 감거나 뜨거나 그것이 명료하게 되도록 하여라.

이것이 해를 생각하는 첫 번째 관이며, 이를 초관(初觀)이라고 이름한다. 이와 같이 관하는 것을 정관(正觀)이라고 하고, 이와 다르게 관하는 것을 사관(邪觀)이라고 한다."

2) 물을 생각하는 관(觀)

부처님께서 아난다와 위제희에게 말씀하셨다.

"초관을 이루었으면 다음에는 물을 생각하여라.

서방 전체가 큰 물이라 생각하고, 그 물이 맑고 깨끗한 것을 보되, 또한 명료하게 하여 생각이 흩어지지 않도록 하여라. 이미 물을 보았으면 다음에는 얼음을 생각하여라. 얼음이 투명하게 비치는 것을 보고 다음에는 유리(琉璃)를 생각하여라.

---

* 무생법인(無生法忍) : 일체의 모든 것이 불생불멸(不生不滅)임을 인정하는 것. 무생의 법을 인정한다는 말로 모든 사물에 불성이 있음을 의미한다.

이러한 생각이 이루어졌으면, 다음에는 유리로 된 땅의 안팎이 투명하게 비치는 모습을 보아라. 아래로는 금강과 칠보와 황금으로 된 깃대가 있어 유리로 된 땅을 받치고 있으며, 그 깃대는 여덟 면이므로 팔각형을 이루고 있다. 각각의 면마다 온갖 보배로 이루어져 있고, 그 보배에서는 천 가지의 광명이 나오고, 그 광명마다 팔만 사천 개의 색으로 빛나는데, 그 빛이 유리로 된 땅을 비추는 것이 마치 억천 개의 해와 같아 눈부셔 모두를 다 볼 수가 없다. 유리로 된 땅 위에는 황금 줄을 얼기설기 서로 엮어서 칠보로 된 경계가 분명히 구분되어 있다. 낱낱의 보배 속에서는 오백 가지 광채가 빛나는데, 그 빛은 꽃처럼 보이기도 하고 또한 별이나 달과 같기도 하다.

그 광채가 허공에 걸려 광명대(光明臺)를 이루고, 그 위에는 온갖 보석으로 된 천만 개의 누각이 있으며, 광명대의 양쪽은 각각 백억 송이의 꽃으로 꾸며진 당번(幢幡)과 무수한 악기(樂器)로 장식되어 있다.

여덟 가지 청량한 바람이 찬란한 광명 속에서 불어 이 악기들을 연주하면, 곧 고(苦)와 공(空)과 무상(無常)과 무아(無我)의 음(音)을 연주한다. 이것이 물을 생각하는 수상관(水想觀)이며, 제2관이라고 이름한다."

3) 땅을 생각하는 관(觀)

"이러한 생각이 이루어지면, 그 낱낱을 관할 때마다 지극히 분명하게 해야 한다. 눈을 감았을 때나 떴을 때 그 영상이 흩어지지 않게 해야 하며, 오직 먹을 때를 제외하고는 항상 이것을 생각하여라.

이와 같은 생각에 이르면 극락세계를 대강 보았다고 할 수 있겠지만, 한 걸음 나아가 삼매를 얻을 때 비로소 저 불국토를 분명히 보게 될 것이다. 이것이 땅을 생각하는 지상관(地想觀)이며, 제3관이라고 이름한다.”

부처님께서 아난다에게 말씀하셨다.

“그대는 내 말을 잘 기억하였다가 미래세의 대중들이 고통에서 해탈하고자 할 때, 이 ‘땅을 관하는 법’을 말해 주어라. 누구든지 땅을 관하는 사람이 있으면, 그는 팔십억 겁 생사의 중죄가 소멸되고, 죽은 뒤에 다른 세상에 태어날 때 반드시 정토에 태어날 것이니, 마음속으로 의심하지 말아야 한다. 이와 같이 관하는 것을 정관(正觀)이라고 하고, 이와 다르게 관하는 것을 사관(邪觀)이라고 한다.”

4) 나무를 생각하는 관(觀)

부처님께서 아난다와 위제희에게 말씀하셨다.

“땅을 상상하는 것을 이루고 나면, 다음에는 보배 나무를 관하여라.

하나하나 관하되 일곱 겹으로 줄지어 있는 칠보의 나무를 관하라. 나무 하나하나의 높이가 팔천 유순(由旬)*이

---

* 유순(由旬) : 고대 인도에서 거리를 잰 단위. 소달구지로 하루에 갈 수 있는 거리를 1유순이라 하며 약 11km~15km라는 설이 있다.

나 된다. 그 보배 나무들은 모두 칠보로 된 꽃과 잎을 갖추지 않은 것이 없으며, 하나하나의 꽃과 잎은 각기 다른 보배의 색깔을 띠고 있다.

청옥에서 금빛 광채가 비치고, 수정에서는 붉은 광채가 비치고, 마노(馬腦)에서는 차거(車渠) 광채가 비치고, 차거에서는 초록진주 광채가 비치니, 산호(珊瑚)나 호박(琥珀)이나 그밖에 일체의 보배들이 이렇게 비치며 장식되어 있다. 나무 위에는 아름다운 진주 그물이 덮고 있고, 한 그루 한 그루의 나무 위마다 일곱 겹의 그물이 있다. 그리고 하나하나의 그물 사이에는 오백억의 아름답고도 화려한 궁전이 있는데, 그것은 범천왕궁(梵天王宮)과도 같다. 그 안에는 하늘 동자(童子)들이 천연스럽게 노닐고 있으며, 동자마다 오백억이나 되는 여의주의 보배로써 영락(瓔珞) 구슬을 걸고 있다.

그 구슬의 광명이 백 유순을 비추니, 마치 백억 개의 달과 해를 합한 것과 같아서 이루 다 말할 수 없다. 이런 보배들이 섞여 있어 색 중에서 가장 훌륭한 색이 되어 어디에도 견줄 수 없다. 이 모든 보배 나무의 행렬과 서로 조화를 이루어 서서 잎과 잎이 서로 차례로 이어져 있다.

그 많은 잎들 사이에는 갖가지 미묘한 꽃이 피어 있고, 꽃 위에는 저절로 칠보의 열매가 열려 있다. 하나하나의 나뭇잎의 길이와 너비가 다 같이 이십오 유순이고, 그 잎에는 일천 가지 색에 일백 가지 그림이 있으니, 마치 천인들의 화려한 치장과도 같다.

온갖 아름다운 꽃들이 염부단금(閻浮檀金)*과 같은 금색을 띠고 불바퀴처럼 잎새에 돌고 있다. 그리고 잎 사이에서는 온갖 과일이 솟아 나오니, 원하는 것은 무엇이든 나오는 제석천의 병(瓶)과도 같다. 큰 광명은 무수한 당번(幢幡)을 단 보석 일산으로 변해, 이 일산 속에는 삼천대천세계의 모든 부처님 하시는 일들이 비치어 나타나니, 시방의 불국토 또한 그 가운데 나타난다. 이와 같이 보배 나무를 관(觀)하고 나서는 다시 차례대로 나무의 밑동과 가지와 잎과 꽃과 열매를 관하되, 모두 그 영상을 분명하게 해 두어라.

이것이 나무를 생각하는 수상관(樹想觀)이며 제4관이라고 이름한다. 이렇게 관하는 것을 정관(正觀)이라 하고, 이와 다르게 관하는 것을 사관(邪觀)이라고 한다.”

5) 연못에 있는 물을 생각하는 관(觀)

부처님께서 아난과 위제희에게 말씀하셨다.

“나무를 생각하는 것을 이루고 나면 다음에는 연못에 있는 물을 생각하여라. 물을 생각하고자 하면 이렇게 하라.

극락세계에는 팔공덕수(八功德水)*가 있는데, 각각의

---

* 염부단금(閻浮檀金) : 염부나무 숲 사이로 흐르는 강에서 나는 사금(砂金)으로, 적황색에 자줏빛의 윤이 난다고 한다.

* 팔공덕수(八功德水) : 여덟 가지의 공덕이 갖춰진 물을 말한다. 여덟 가지의 공덕은 맑으며, 차며, 달며, 보드라우며, 흡족하며, 편안하며, 먹을 때 배고픔과 목마름과 일체의 근심 걱정이 다 없으며, 먹은 뒤에 몸이 충실해진다.

연못 물은 모두 칠보로 이루어져 있다. 그 보배는 부드럽고 보석 중에 왕이며, 모든 소원을 들어준다는 여의주에서 나온 것으로, 열네 줄기로 나누어져 있다.

하나하나의 줄기마다 칠보색을 띠고 황금의 개울을 이루는데, 그 개울의 바닥에는 여러 가지 색의 금강석이 깔려 있고, 물 가운데에는 육십억 송이의 칠보로 된 연꽃이 있는데, 하나하나의 연꽃마다 둥글고 탐스럽고 그 크기가 십이 유순이다. 그 여의주에서 나오는 물이 연꽃 사이로 흘러들어 보배 나무를 따라 오르내리는데, 그 소리가 미묘하게 고(苦)와 무상(無常)과 무아(無我)*와 공(空)*을 연설하고, 모든 보살의 바라밀(波羅蜜)*을 연설하고, 또 모든 부처님의 훌륭하신 상호(相好)를 찬탄하기도 한다. 모든 보배의 왕이며, 온갖 소원을 들어준다는 여의보주에서 금색의 미묘한 광명이 솟아 나오고, 그 빛이 백 가지 보배 빛깔의 극락새로 변하여 아름답게 지저귀는데, 항상 불법승(佛法僧) 삼보를 생각하는 것을 찬탄한다.

이것이 팔공덕수를 생각하는 팔공덕수상관(八功德水想)이며, 제5관이라고 이름한다. 이렇게 관하는 것을 정관이라 하고, 이와 다르게 관하는 것을 사관이라고 한다."

6) 누각을 생각하는 관(觀)

부처님께서 아난과 위제희에게 말씀하셨다.

"온갖 보석으로 장식된 국토의 각각의 경계 위에는 오백억 개의 보배 누각이 있고, 그 누각 안에서 무수한 천인들이 천상의 음악을 연주한다. 그 악기들은 천상의 보배 깃발과 같이 허공에 매달려 있으며, 두드리지 않아도 저절로 울린다. 이 여러 가지 음악은 모두 불법승(佛法僧) 삼보를 생각할 것을 설하고 있다.

이 관(觀)에 도달하면, 극락세계의 보배 나무와 보배 땅과 보배 연못을 대강 보았다고 할 것이다. 이것이 총체적으로 관하여 생각하는 총관상관(總觀想觀)이며, 제6관이라고 이름한다. 이것을 관하는 사람은 무량억겁 동안 지은 지극히 무거운 악업이 소멸되며, 목숨을 마친 후에는 반드시 저 불국토에 태어날 것이다. 이렇게 관하는 것을 정관(正觀)이라 하고, 이와 다르게 관하는 것을 사관(邪觀)이라고 한다."

*고(苦)·무상(無常)·무아(無我) : 이 세 가지는 부처님 가르침의 가장 큰 특징이며, 삼법인(三法印)의 내용이다. 무상(無常)은 모든 것이 덧없이 변화하므로 영원한 것은 없다는 뜻이고, 고(苦)는 모든 것이 끊임없이 변화하는 불안정한 것임에도 그것을 인정하지 않는 것이 괴로움이라는 의미이며, 무아(無我)는 모든 것이 조건에 의해 일시적으로 성립될 뿐이므로 영원한 개체나 자아는 없다는 의미이다. 부처님 경전에서는 세계와 인간존재의 본질이 "무상·고·공·무아"라고 누누이 설하고 있다.

*공(空) : 공은 범어 '수냐(sunya)'의 한역(韓譯)으로 '비어 있음'을 뜻하는 말이다. 인도 수학에서 '수냐'는 '0-zero'를 의미하는 말로 비어 있는 수이다. 비어 있으므로 무한한 수이다. 불교에서는 실체성(實體性)이 없다는 의미이다. 모든 존재는 인연에 의해서 생겨난 것이므로 거기에는 본체(本體), 혹은 실체(實體)라 할 만한 것이 없다. 대승불교(大乘佛敎)에서 반야사상(般若思想)의 중심이론이 된 말로, 모든 존재는 인연에 의하여 생겨난 것이므로 고정된 실체는 없으며, 연기(緣起)에 의하여 일시적으로 존재하는 것에 불과하다는 것을 뜻한다. 이런 사상은 소극적인 허무주의가 아니라 절대적인 존재방식을 의미한다.

*바라밀(波羅蜜) : 파라미타(Paramita)의 음사로 바라밀다와 같은 말이다. 완전·구극(究極)·최고의 상태·도피안(到彼岸)의 뜻으로, 생사고해에서 헤매는 현실의 괴로운 세계에서 번뇌와 고통이 없는 열반의 극락세계로 건너간다는 말이라는 의미이다. 대승불교에서는 열반(涅槃)에 이르고자 하는 보살(菩薩)의 수행 방법으로 육바라밀을 말한다. 보시(布施)·지계(持戒)·인욕(忍辱)·정진(精進)·선정(禪定)·지혜(智慧)를 육바라밀이라고 한다.

7) 연화대를 생각하는 관(觀)

부처님께서 아난다와 위제희에게 말씀하셨다.

"자세히 들어라. 자세히 듣고 잘 생각하여라. 내가 너희를 위하여 고뇌를 없애는 법을 분별하여 해설하리라. 너희는 이를 기억하였다가 널리 대중들을 위해 분별하여 해설해 주어라."

석가모니부처님께서 이러한 말씀을 하실 때 무량수부처님이 공중에 머물러 계셨고, 관세음보살과 대세지보살 두 분이 좌우에서 무량수부처님을 모시고 있었다. 그런데 그 광명이 눈부시게 빛나서 이루 다 볼 수 없었다. 그것은 백천의 염부단금(閻浮檀金)을 가지고도 비교할 수 없었다.

이때 위제희가 무량수부처님을 뵙고 나서 두 손을 무량수부처님의 발에 대고 예배드리고 나서 석가모니부처님께 아뢰었다.

"세존이시여, 저는 지금 부처님의 위신력으로 인하여 무량수부처님과 두 분의 보살님을 친견하였습니다. 그런데 미래의 중생은 어떻게 해야 무량수부처님과 두 보살님을 친견할 수 있겠습니까?"

부처님께서 위제희에게 말씀하셨다.

"저 부처님을 뵙고자 하는 사람들은 마땅히 생각하는 마음을 일으켜야 할 것이다. 칠보로 된 땅 위에 연꽃이 있다는 생각을 하고, 그 연꽃의 하나하나의 꽃잎마다 백 가지 보석의 광채가 있다고 생각하라.

그 잎에는 팔만 사천의 엽맥(葉脈)이 있는데 마치 천상의 그림과도 같고, 엽맥마다 팔만 사천의 광채가 있어서 이런 것을 또렷하고 분명하게 하여 그 모두를 볼 수 있도록 하여라. 작은 꽃잎이라도 그 길이와 너비가 이백오십 유순이나 되며, 이러한 연꽃이 팔만 사천 개가 있다.

연잎 하나하나 사이마다 백억의 여의주가 찬란하게 장식되어 있다. 낱낱의 여의주에서 일천 가지의 광명을 내고, 그 빛이 일산(日傘)과 같은데, 칠보로 되어 널리 땅 위를 뒤덮고 있다.

그리고 여의주가 그 받침이 되어 있는 연화대가 있는데, 이 연화대는 팔만 개의 금강석(金剛石)과 견숙가보(甄叔迦寶)와 범마니보(梵摩尼寶)와 묘진주망(妙眞珠網)이 서로 엇갈아 장식되어 있다.

그 연화대 위에는 자연히 네 개의 기둥인 보배의 당번이 세워져 있는데, 하나하나의 보배 당번이 마치 백천만억 개의 수미산과 같고, 보배 당번의 위에 있는 보배 휘장은 마치 야마천궁(夜摩天宮)*과 같으며, 오백억의 미

---

* 야마천궁(夜摩天宮) : 야마천은 염마천(焰魔天)이라고도 한다. 염마는 산스크리트 야마(Yama)를 음역한 것으로, '쌍(雙)'을 뜻하므로 쌍왕(雙王)이라고도 불린다. 염마는 염라대왕으로 최초의 인간이자 최초로 죽은 자이며, 죽음의 세계인 명계(冥界)의 우두머리가 되었다. 불교에서 염마왕은 욕계의 제3천인 염마천에도 거주하고 명계(冥界)의 세계인 지옥에도 머문다. 염마천은 불교의 천계(天界)를 이루는 28천(天) 중 하나로 제석천이 머무는 도리천 위에 있는 하늘이다. 욕계(慾界)의 첫 번째 하늘인 사천왕천(四天王天)은 수미산 중턱에 위치하고, 두 번째 하늘인 도리천은 수미산 정상에 위치하는데 야마천부터는 하늘에 위치하기 때문에 공거천(空居天)이라고도 한다. 야마천의 하루는 인간 세계의 2백 년에 해당하고 신들의 수명은 2천 살이라고 한다. 명계(冥界)의 야마는 흔히 염라대왕으로 불리는데, 죽은 사람이 살아 있던 동안에 지은 죄를 심판한다. 야마천궁은 욕계의 제3천인 염마천에 있는 궁궐이다.

묘한 보배 구슬로 찬란하게 장식되어 있다.

그 낱낱의 보배 구슬마다 팔만사천 빛이 나고, 낱낱의 광명마다 팔만사천 개의 금빛을 띠고 있다. 하나하나의 금빛이 그 국토를 널리 비추어 곳곳마다 변화시켜 각각 다른 모습이 되게 한다. 어떤 것은 금강대(金剛臺)가 되기도 하고, 어떤 것은 진주망(眞珠網)이 되기도 하고, 어떤 것은 갖가지 꽃구름이 되기도 하여 시방의 각각에서 뜻하는 대로 변하여 나타나 불사(佛事)를 이루고 있다. 이것이 연화대를 생각하는 화좌상관(花座想觀)이며, 제 7관이라고 이름한다."

부처님께서 아난다에게 말씀하셨다.

"이와 같이 묘한 꽃은 본래 법장비구의 원력(願力)으로 이루어진 것이다. 만일 저 부처님을 생각하고자 한다면, 우선 이 미묘한 꽃으로 된 연화대를 생각하여라.

이러한 생각을 할 때는 다른 번잡한 관(觀)을 하지 말고 마땅히 하나씩 모두 관하라. 낱낱의 잎새와 낱낱의 구슬, 낱낱의 광명, 낱낱의 연화대, 낱낱의 당번을 생각하되, 거울 속에 비친 자신의 얼굴을 보듯이 그 영상이 뚜렷해지도록 해야 한다.

이 생각을 성취하는 사람은 오만억 겁 동안 받을 생사의 죄를 소멸하고 반드시 극락세계에 태어날 것이다. 이렇게 관하는 것을 정관(正觀)이라 하고, 이와 다르게 관하는 것을 사관(邪觀)이라고 한다."

8) 금색상의 부처님 형상을 생각하는 관(觀)

부처님께서 아난다와 위제희에게 말씀하셨다.

"이와 같이 관하였다면 그다음으로 부처님을 생각하여라. 왜냐하면 모든 부처님들은 존재하는 모든 것을 몸으로 삼는 법계신(法界身)이시므로 일체중생의 마음속에 계시기 때문이다. 그러므로 너희들이 마음으로 부처님을 생각할 때 그 마음이 곧 부처님의 삼십이상(三十二相)*과 팔십종호(八十種好)*이다.

이 마음으로 부처를 이루고, 또한 이 마음이 바로 부처이다. 모든 부처님의 지혜는 마음에서 생기는 것이므로 마땅히 한마음으로 생각을 집중하여 저 부처님·여래(如來)·응공(應供)·정변지(正遍知)를 관해야 한다.

저 부처님을 생각하는 사람은 마땅히 먼저 형상을 관해야 한다. 눈을 감거나 눈을 뜨거나 염부단금(閻浮檀金)과 같은 찬란한 보배의 불상이 저 꽃 위에 앉아 있는 모습을 관하여라.

---

* 삼십이상(三十二相) : 32상은 부처님이나 전륜성왕(轉輪聖王)이 몸에 지니고 있다는 32가지의 모습을 말하며, 이것은 전생에 쌓은 공덕이 신체적인 특징으로 나타난 것이다. 불상을 조성할 때 여기에 근거를 둔다. 예를 들어 불상의 이마 한가운데 박혀 있는 보석이나 상투처럼 솟은 정수리는 불상의 전형적인 특징이다. 이마 한가운데 있는 보석은 본래 백호(白豪)라는 하얀 털로 부처님이 이를 통하여 세상에 빛을 비춘다고 하고, 상투처럼 솟아오른 정수리는 육계라고 부른다.

* 팔십종호(八十種好) : 80종호는 32상인 부처님의 특징을 다시 80가지의 구체적인 모습으로 나타낸 것이다. 예를 들어 ⓐ걸음걸이가 곧고 반듯하고 위엄이 있어 일체에 진동(振動)함, ⓑ팔다리의 마디가 수승(殊勝)하고 원만(圓滿)함, ⓒ몸매가 반듯하고 곧아서 굽지 아니하여 두루 만족함 등이다.

이와 같이 부처님의 형상을 보고 나서는 마음의 눈[心眼]이 열리게 될 것이다. 극락세계의 칠보로 장엄한 보배 땅과, 보배 연못과, 보배 나무들이 늘어선 것과, 그 나무 위를 가득 덮은 모든 천인들의 보석휘장과, 온갖 보석으로 아로새긴 그물이 허공에 가득히 있는 것을 보게 될 것이니, 마치 손바닥을 펼쳐 보듯이 뚜렷하고 명료하게 볼 것이다. 이렇게 보고 나서는 다시 부처님의 왼쪽에 큰 연꽃이 피어 있는 것을 생각하라. 그것은 앞에서 말한 연꽃과 조금도 다르지 않다.

그리고 또 한 송이의 커다란 연꽃이 부처님의 오른쪽에 있는 것을 생각하라. 그리고 한 분의 관세음보살상(觀世音菩薩像)이 부처님 연화좌의 왼쪽에 앉아 있는 모습을 생각하라. 이 상이 금색 광명을 발하는 것은 앞에서 말한 것과 조금도 다르지 않다. 또 한 분의 대세지보살상이 부처님 연화좌의 오른쪽에 앉아 있는 모습을 생각하라.

이렇게 관하게 되면 부처님과 보살의 상(像)이 모두 미묘한 광명을 발하게 된다. 그 금빛 광채가 모든 보배 나무를 비추는데, 하나하나의 나무마다 그 아래에는 또 세 송이의 연꽃이 있고, 모든 연꽃 위에는 각각 한 분의 부처님상과 두 분의 보살상이 있어 저 불국토에 가득 찬다.

이렇게 생각할 때, 관하는 사람은 마땅히 흐르는 물과 광명과 온갖 보배 나무와 물오리와 기러기와 원앙새들이 모두 미묘한 법을 설하는 것을 알아차리게 될 것이다.

선정에 들었을 때나 선정에서 나왔을 때도 항상 그 미묘한 법을 들을 것이다. 관하는 사람은 선정에서 나왔을 때도 선정 중에 들은 것을 기억하여 잊지 말고, 경전에 기록된 것과 대조해 보라. 만일 합치되지 않는다면 망상(妄想)을 한 것이며, 합치된다면 대략 극락세계를 보았다고 할 것이다.

이것이 형상을 생각하는 상상관(像想觀)이며, 제8관이라고 한다. 이렇게 관하면 무량억 겁 동안에 받을 생사의 죄를 소멸하고 현재의 몸으로 염불삼매(念佛三昧)를 얻게 될 것이다. 이렇게 관하는 것을 정관이라 하고, 이와 다르게 관하는 것을 사관이라고 한다."

9) 무량수부처님 몸을 친견하는 관(觀)

부처님께서 아난과 위제희에게 말씀하셨다.

"이러한 생각이 이루어진 다음에는 다시 무량수부처님의 몸과 광명을 생각하라.

아난다여, 마땅히 알아야 할 것이다. 무량수부처님의 몸은 백천만억 야마천(夜摩天)을 장식한 염부단금(閻浮檀金)의 빛과도 같고, 몸의 높이는 육십만억 나유타(那由他)* 항하사(恒河沙)* 유순이다.

---

* 나유타(那由他) : 나유타는 인도의 수량단위로 1,000억을 말하는데, 때로는 아주 많은 수를 가리킬 때도 있다.

* 항하사(恒河沙) : 항하(恒河)는 인도의 갠지스강을 말한다. 항하사(恒河沙)는 갠지스강의 모래 수만큼 많다는 뜻이다. 즉, 그 수를 헤아릴 수 없을 만큼의 큰 수[無數無量]를 말한다.

미간(眉間)의 백호(白虎)는 우아하게 오른쪽으로 돌아 마치 다섯 개의 수미산이 가지런히 있는 것과 같고, 부처님의 눈은 사해(四海)의 물처럼 청정하여 푸르고 흰 것이 분명하다. 온몸의 모든 모공에서 광명이 나와 마치 수미산과 같고 저 부처님의 둥근 광명은 마치 백억의 삼천대천세계와 같다.

그 둥근 광명 속에는 백만억 나유타 항하사만큼의 화신불(化身佛)이 계시는데, 그 화신불마다 또한 무수히 많은 화신 보살들이 모시고 있다. 무량수부처님에게는 팔만사천 종류의 상호가 있으며, 하나하나의 상호마다 각각 팔만사천의 수형호(隨形好)*가 있으며, 그 낱낱의 수형호에는 다시 팔만사천의 광명이 있고, 그 광명이 시방세계를 두루 비추어 염불하는 중생을 버리지 않고 거두어들인다. 그러한 광명과 상호와 화신불(化身佛)은 이루 다 말할 수 없으니, 오로지 생각하여 마음의 눈으로 밝게 볼 수 있도록 하여라.

이와 같이 볼 수 있는 사람은 곧 시방의 모든 부처님을 보는 것이며, 모든 부처님을 보기 때문에 염불삼매(念佛三昧)라고 이름한다. 이렇게 관하는 것을 '모든 부처님의 몸을 관한다'고 한다. 부처님의 몸을 관하므로 또한 부처님의 마음도 보게 되는 것이다.

모든 부처님의 마음이란 대자비심(大慈悲心)이니, 이 무연(無緣)의 자비*로써 모든 중생을 거두신다. 이와 같이 관(觀)을 하면 몸을 버리고 다음 세상에 태어날 때, 모든 부처님 앞에서 무생법인(無生法忍)을 얻게 될 것이다.

그러므로 지혜로운 사람은 마땅히 마음을 집중하여 무량수부처님을 자세히 관해야 한다. 무량수부처님을 관하는 것은 한 가지 상호로부터 들어가야 한다.

먼저 미간의 백호를 관하되 매우 명료하게 하여라. 미간의 백호상(白毫相)을 관하는 사람에게는 팔만사천 가지 상호가 저절로 생각 속에 나타나게 된다. 무량수부처님을 보는 사람은 곧 시방세계의 헤아릴 수 없이 많은 부처님을 보게 될 것이다. 한량없는 부처님들을 볼 수 있으므로 그 모든 부처님 앞에서 미래의 부처가 될 것이라는 수기를 듣게 된다. 이것이 모든 부처님의 모습을 두루 관하여 생각하는 진신관(眞身觀)이며, 제9관이라고 이름한다. 이렇게 관하는 것을 정관이라 하고, 이와 다르게 관하는 것을 사관이라고 한다."

10) 관세음보살을 생각하는 관(觀)

부처님께서 아난다와 위제희에게 말씀하셨다.

"무량수부처님을 똑똑하고 분명하게 보았으면, 다음

---

*수형호(隨形好) : 수(隨)는 따르는 것이고, 형(形)은 모습이다. 즉, 부처님 몸에는 삼십이상(三十二相)을 갖추었고, 그 낱낱의 상(相)마다 팔십종(八十種)의 호(好)가 있는데, 이 호는 상에 따르는 잘생긴 모양이므로 수형호라 이름한다.

*무연(無緣)의 자비 : 무연은 모든 분별과 망상이 끊어진 상태를 말한다. 무연(無緣)의 자비는 대상이 없이 일으키는 자비이고, 평등·절대의 공(空)의 입장에 선 것이므로 최상의 자비이다. 이러한 자비는 '반야(般若)'와 함께 대승불교 이념의 2대 지주이다.

에는 관세음보살을 관하여라. 이 보살은 키가 팔십억 나
유타 유순이고 몸은 자금색(紫金色)이며 정수리에 육계
(肉髻)*가 있고, 목에는 원광(圓光)이 비치는데 그 지름
이 백천 유순이다.

그 원광(圓光) 속에는 오백 분의 화신불(化身佛)이 계
시는데 나와 같고, 화신불마다 오백의 보살과 한량없이
많은 온갖 천인들이 모시고 있다. 온몸에서 발하는 광채
속에는 지옥·아귀·축생·인간·천인 등 오도(五道) 중
생들의 온갖 모습들이 나타나 있다. 정수리 위에는 여의
주로 된 천관(天冠)을 쓰고 있으며, 그 천관 속에 한 분
의 화신불이 계시는데 그 높이가 이십오 유순이다.

관세음보살의 얼굴은 염부단금색과 같고, 미간의 백호
상(白毫相)은 칠보색의 빛이 있어 그곳에서 팔만사천 가
지의 광명을 발한다. 하나하나의 광명마다 한량없이 많
은 백천의 화신불(化身佛)*이 계시는데, 그 화신불들은
무수히 많은 화신 보살이 모시고 있다. 이들은 모두 자
재하게 변화하여 나타나 시방세계에 가득 차 있는데, 비
유하면 마치 붉은 연꽃과 같다.

관세음보살은 팔십억의 미묘한 광명으로 만든 영락(瓔
珞)을 지니고 있는데, 그 영락 속에는 모든 장엄한 일이
두루 나타난다. 손바닥에는 오백억이나 되는 여러 가지
연꽃 색을 띠고 있으며, 열 손가락 끝마다 팔만 사천 가
지의 무늬가 있어 마치 도장이 찍힌 것과 같다. 또한 각

무늬마다 팔만 사천 가지의 색깔이 있으며, 색깔마다 팔만 사천 가지의 광채가 있는데, 그 광채는 부드럽게 모든 것을 두루 비추며, 그 보배의 손으로 중생들을 이끌어준다. 보살이 발을 들 때는 발바닥에 있는 천 폭의 바퀴살 무늬가 저절로 오백억 개의 광명대(光明臺)로 변화하며, 발을 디디면 그것은 금강마니(金剛摩尼) 꽃으로 변하여 모든 곳에 뿌려져 가득 차게 된다.

그 밖의 다른 상호들도 훌륭한 모습을 다 갖추어 부처님과 다름이 없는데, 오직 정수리 위에 육계(肉髻)가 있어서 정수리 모습을 볼 수 없는 점이 부처님에게 미치지 못한다. 이것이 관세음보살의 진실한 색신(色身)을 생각하는 관세음보살진실색신상관(觀觀世音菩薩眞實色身想觀)이며, 제10관이라고 이름한다.”

부처님께서 아난다에게 말씀하셨다.

“만일 관세음보살을 관하고 싶으면 이렇게 관하여라. 이렇게 관세음보살을 관하면 여러 가지 재앙을 만나지 않고, 온갖 업장(業障)이 깨끗이 소멸하여 무수겁(無數劫) 동안 지은 생사의 죄가 없어지게 된다. 이같이 보살의 이름만 들어도 한량없이 많은 복을 받는데, 하물며

---

* 육계(肉髻) : 부처님의 정수리에 상투처럼 우뚝 솟아오른 모양을 말한다. 부처님이나 전륜성왕이 몸에 지니고 있다는 서른두 가지 모습인 삼십이상(三十二相)의 하나이며, 머리 위에 살[肉]이 올라온 것이나 머리뼈가 튀어나온 것으로 지혜를 상징한다.

* 화신불(化身佛) : 진리 그 자체인 법신불(法身佛), 서원을 세워 깨달음을 성취한 보신불(報身佛), 중생의 능력에 따라 나타나 그들을 구제하는 화신불(化身佛)을 삼신불(三身佛)이라고 한다. 즉 중생의 근기와 상황에 맞춰 다양한 모습으로 화현하신 부처님을 화신불이라고 한다.

자세히 관하는 것이겠느냐?

만일 어떤 사람이 관세음보살을 관하고자 한다면, 우선 정수리 위의 육계를 관하고, 그 다음에 천관(天冠)을 관하고, 그리고 그 밖의 여러 상호들도 차례로 관하되, 그 영상을 손바닥을 들여다보듯 분명하게 하여라. 이렇게 관하는 것을 정관이라 하고, 이와 다르게 관하는 것을 사관이라고 한다.”

11) 대세지보살을 생각하는 관(觀)

부처님께서 아난다와 위제희에게 말씀하셨다.

“다음에는 대세지보살(大勢至菩薩)을 관하라.

이 보살의 몸의 크기 또한 관세음보살과 같고 원광(圓光)의 넓이는 이백이십오 유순이며, 이백오십 유순을 비춘다. 온몸에서 나오는 빛은 시방세계를 붉은 빛으로 두루 비추어 자금색이 되게 하니, 인연이 있는 중생은 모두 볼 수 있다.

이 보살의 모공 하나에서 나오는 빛을 보기만 하여도 시방세계 모든 부처님의 청정하고 미묘한 광명을 보게 되므로, 이 보살을 일컬어 무변광(無邊光)이라고 한다. 이 보살은 지혜의 빛으로 모두를 비추어 중생들을 삼악도에서 구제하여 위없는 힘을 얻게 하므로 대세지(大勢至)라고 이름한다.

이 보살의 천관(天冠)에는 오백 보배 연꽃이 있고, 낱낱의 보배 연꽃마다 각각 오백 개씩의 꽃받침대가 있으며, 낱낱의 꽃받침대에는 시방세계의 청정하고 미묘한 불국토의 광대한 모습이 나타나 있다. 정수리 위의 육계는 마치 붉은 연꽃인 발두마화(鉢頭摩花) 같고, 육계 위에는 보배 병 하나가 온갖 광명을 담고 있어 온갖 불사(佛事)를 나타내고 있다. 그 밖의 여러 가지 몸의 모습은 관세음보살과 조금도 다르지 않다.

이 보살이 걸어가면 시방세계가 모두 진동하며, 진동하여 땅이 움직이는 곳마다 각각 오백억의 보배 꽃이 있어서 꽃마다 눈부신 장식이 마치 극락세계와 같다. 이 보살이 앉을 때는 칠보로 된 국토가 일시에 진동하는데, 아래로는 금광(金光) 불국토로부터 위쪽의 광명왕(光明王) 불국토에 이르기까지 일시에 흔들린다. 그 사이에 있는 한량없는 미진수(微塵數)와 같은 무량수부처님의 분신(分身)과 관세음보살의 분신과 대세지보살의 분신이 모두 다 극락국토에 구름처럼 모여들어 허공을 가득 메우며, 연화좌(蓮花座)에 앉아 묘법(妙法)을 설하여 고통받는 중생을 구제한다.

이렇게 관하는 것을 이름하여 '대세지보살을 관하여 본다'고 하는데, 이것이 대세지의 색신을 관하여 생각하는 관대세지색신상관(觀大勢至色身想觀)이고, 이 보살을 관하는 것을 제11관이라고 한다. 이 보살을 관하는 사람은 무수한 아승기겁 동안의 생사중죄에서 벗어나 다시는 태중에 들지 않고 항상 모든 부처님의 청정

하고 미묘한 국토에서 노닐게 될 것이다. 이 관을 이루
게 되면 관세음보살과 대세지보살을 모두 관했다고 할
수 있다. 이렇게 관하는 것을 정관이라 하고, 이와 다
르게 관하는 것을 사관이라고 한다."

12) 통틀어 생각하는 관(觀)

부처님께서 아난다와 위제희에게 말씀하셨다.

"이 관을 한 다음에 자기 자신의 마음에 눈떠야 할 것
이다. 스스로 서방의 극락세계에 태어나 연꽃 속에 결가
부좌(結跏趺坐)하고 있다고 생각하라.

연꽃이 오므라들고 피어나는 생각을 하되, 연꽃이 피
어날 때는 오백 가지 색의 광채가 나와서 내 몸을 비추
고 눈을 뜬다고 생각하여라.

이렇게 관하면 부처님과 보살들이 허공에 가득히 있는
것을 보며, 물과 새와 숲과 그 밖의 모든 부처님에게서
나는 소리가 십이부경(十二部經)*과 일치하는 묘법을 설
하는 것을 듣게 되고, 선정에서 나왔을 때도 잘 기억하
고 잊지 않도록 할 것이다. 이와 같이 관하고 나면 무량
수불이 계시는 극락세계를 보게 될 것이다.

이것을 두루 관하여 상상하는 보관상관(普觀想觀)이며,
제12관이라고 한다. 무수히 많은 무량수불의 화신(化
身)은 항상 관세음보살과 대세지보살과 함께 이 관을 행
하는 사람 앞에 나타날 것이다. 이렇게 관하는 것을 정관
이라 하고, 이와 다르게 관하는 것을 사관이라고 한다."

13) 섞어서 생각하는 관(觀)

부처님께서 아난다와 위제희에게 말씀하셨다.

"만일 지극한 마음으로 서방정토에 왕생하고자 하는 사람은, 먼저 한길 여섯 자[一丈六尺身, 일장육척신] 되는 부처님이 연꽃 위에 있는 모습을 관하여라.

앞에서 말한 것처럼 무량수부처님은 몸의 크기가 한량없고 끝이 없으므로 보통 사람의 이해력으로는 미칠 수가 없지만, 저 여래께서 과거에 세운 원력(願力)으로 인하여 생각하고 기억하는 사람이 있으면 반드시 성취하게 된다.

단지 부처님의 형상만 생각하여도 무량한 복을 얻게 될 것인데, 하물며 다시 부처님의 원만히 갖추신 신상(身相)을 관하는 것이겠느냐? 아미타불께서는 신통력이 자재하여 마음먹은 대로 이루어지므로 시방의 국토에 자재하게 변화하여 나타내신다.

때로는 큰 몸이 허공에 가득하기도 하고, 한길 여섯

---

* 십이부경(十二部經) : 석가모니부처님의 교설을 그 성질과 형식에 따라 구분하여 12부로 분류하여 놓은 불교 경전을 말한다. 십이분경(十二分經) · 십이분교(十二分教)라고도 한다. ①수다라(修多羅) ; 산문체의 경전. ②기야(祇夜) ; 산문체의 경문 뒤에 그 내용을 운문(韻文)으로 노래한 경전. ③수기(授記) ; 경의 말뜻을 문답 형식으로 해석하고, 또 제자들의 다음 세상에서 날 곳을 예언한 것. ④가타(伽陀) ; 4언 · 5언 · 7언의 운문으로 구성된 것. ⑤우타나(優陀那) ; 무문자설(無問自說)이라 번역하는 것으로, 아미타경(阿彌陀經)과 같이 남이 묻지 않는데도 부처님 스스로 말씀한 설법. ⑥니타나(尼陀那) ; 부처님을 만나 법을 들은 인연 등을 설한 것. ⑦아파타나(阿波陀那) ; 경전 중에서 비유로써 은밀한 교리를 명백하게 풀이한 부분. ⑧이제왈다가(伊帝曰多伽) ; 부처님이나 제자들의 지난 세상에서의 인연을 말한 부분. ⑨본생(本生) ; 부처님의 지난 생에서의 보살행(菩薩行)을 말한 부분. ⑩비불략(毘佛略) ; 광대한 진리를 말한 부분. ⑪아부타달마(阿浮陀達摩) ; 부처님께서 보인 여러 가지 신통력(神通力)을 말한 부분. ⑫우바제사(優波提舍) ; 교법(敎法)의 이치를 논하고 문답한 경문.

자 되는 작은 몸을 나타내시기도 한다. 화현하는 몸은 모두 진금색(眞金色)이며, 원광(圓光) 속의 화신불과 보배 연꽃도 앞에서 말한 그대로이다.

관세음보살과 대세지보살도 어느 곳에 계시든 같은 모습이므로 중생들은 단지 두 보살의 머리 모습만 보고도 그가 관세음보살인지 대세지보살인지 알 수 있을 것이다. 이 두 보살이 아미타불을 도와 널리 중생을 교화한다. 이것이 섞어 생각하는 잡상관(雜想觀)이며, 제13관이라고 이름한다. 이렇게 관하는 것을 정관이라 하고, 이와 다르게 관하는 것을 사관이라고 한다."

14) 상품(上品)에 태어나는 관(觀)

① 상품상생(上品上生)

부처님께서 아난다와 위제희에게 말씀하셨다.

"서방정토에 태어나는 사람들은 9품(品)으로 태어난다. 먼저 상품상생(上品上生)이라는 것은 다음과 같은 사람이다. 만일 어떤 중생이 불국토에 태어나기를 원하여 세 가지 마음을 내어 왕생하는 이를 말한다. 그 세 가지란, 첫째는 지성스러운 마음[至誠心, 지성심]이고, 둘째는 깊은 마음[深心, 심심]이며, 셋째는 회향하여 발원하는 마음[廻向發源心, 회향발원심]이다. 이 세 가지 마음을 갖춘 이들은 반드시 저 불국토에 가서 태어난다.

또 세 종류의 중생이 저 불국토에 가서 태어난다. 첫째는 자심(慈心)으로 살생하지 않고 모든 계행을 갖춘 사람이며, 둘째는 대승방등경전(大乘方等經典)*을 독송하는 사람이고, 셋째는 염불(念佛)·염법(念法)·염승(念僧)·염계(念戒)·염시(念施)·염천(念天)의 육념(六念)*을 수행하고 회향하여 저 불국토에 태어나기를 발원하는 사람이다.

　이들이 원을 세우고 하루 내지 이레 동안 이와 같은 공덕을 쌓으면 곧 왕생하게 된다. 이러한 사람이 저 불국토에 태어날 때, 용맹하게 정진한 까닭에 아미타부처님은 관세음보살과 대세지보살, 그리고 무수히 많은 화신불, 백천(百千) 비구와 성문 대중, 한량없이 많은 모든 천인(天人)들과 함께 칠보로 된 궁전을 가지고 나타나신다. 칠보 궁전에서 관세음보살은 금강대(金剛臺)를 가지고 대세지보살과 함께 그의 앞에 이르고, 아미타부처님은 큰 광명을 놓아 수행자의 몸을 비추면서 여러 보살들과 손을 내밀어 영접한다.

　관세음보살과 대세지보살이 무수히 많은 보살들과 함께 수행자를 칭찬하며 그 마음을 격려한다. 수행자가 환

---

*방등경(方等經) : 대승경전의 총칭. 화엄경·법화경 등의 대승경전을 말한다. 방등(方等)이란 방정(方正) 평등의 뜻으로 가로로 시방(十方)에 뻗치는 것을 방(方)이라 하고, 세로로 범부와 성인에 통한 것을 등(等)이라고 한다.

*육념(六念) : 수행의 과정에서 마음을 집중하여 떠올리거나 마음속에 간직하여 잊지 않아야 하는 여섯 가지를 말한다. 첫째 부처님을 염원(念願)하는 염불(念佛), 둘째 법(法)을 염원하는 염법(念法), 셋째 스님을 염원하는 염승(念僧), 넷째 보시(布施)를 염원하는 염시(念施), 다섯째 지계(持戒)를 염원하는 염계(念戒), 여섯째 하늘을 염원하는 염천(念天)을 통틀어 이르는 말이다. 수행자가 육념을 닦으면 마음에 선정을 얻어 열반(涅槃)에 이르게 된다.

희에 넘쳐 자신의 몸을 돌아보면, 이미 자신이 금강대에 앉아 날아가는 모습을 보게 된다. 그리고 부처님 뒤를 따라 잠깐 사이에 저 극락국토에 태어날 것이다.

저 극락국토에 태어난 수행자는 상호가 원만하신 부처님을 뵙고, 또한 여러 보살들의 훌륭한 모습을 보게 된다. 그리하여 광명이 찬란한 보배 나무숲에서 울려 나오는 미묘한 법문을 들으면, 곧바로 무생법인(無生法忍)을 깨닫게 된다. 또 잠깐 사이에 시방세계를 다니면서 여러 부처님을 두루 섬기고, 모든 부처님 앞에서 차례로 수기(授記)*를 받은 후, 다시 극락세계로 돌아와 무량한 백천 가지의 다라니문(陀羅尼門)을 얻는데, 이를 상품상생이라고 한다.

② 상품중생(上品中生)

상품중생(上品中生)은 반드시 대승경전을 배우거나 독송하지 않더라도 대승의 뜻을 잘 이해하고, 심오한 진리에 대하여 마음이 놀라거나 동요하지 않으며, 인과(因果)를 깊이 믿고 대승을 비방하지 않으면, 이러한 공덕을 회향하여 극락세계에 태어나기를 원하는 사람을 말한다.

이와 같이 수행하는 사람이 목숨이 끝나려고 할 때 아미타불께서 관세음보살과 대세지보살 등 한량없이 많은 대중과 권속들에 둘러싸여 자금색(紫金色) 연화대를 가지고 수행자 앞에 이르러 찬탄하시기를 '법자(法子)여, 그대가 대승을 행하고 그 근본 진리를 깨달았으므로 내가 지금 영접하러 왔다.' 라고 하면서, 일천 분의 화신불이 함께 일시에 손을 내민다. 수행자가 스스로 돌아보면, 자금색 연화대에 앉아 합장하고 두 손을 단전 위에 포개어 모든 부처님을 찬탄하며, 한 생각 사이에 저 극락세계의 칠보 연못 가운데 태어난다.

이 자금색 연화대는 큰 보배 꽃처럼 생겼는데, 하룻밤 지나 꽃이 활짝 피어나면 수행자의 몸은 자금색으로 변하게 된다. 발아래에도 역시 칠보 연꽃이 있고, 부처님과 보살들이 모두 광명을 놓아 수행자의 몸을 비추면 곧 눈이 바로 열려 밝아진다. 과거 전생에 익힌 공덕으로 말미암아 극락세계의 여러 가지 설법하는 소리를 들으면 곧 미묘한 도리를 설하고 있음을 알게 된다. 그는 자금대에서 내려와 부처님께 예배드리고 나서 합장하고 세존을 찬탄한다. 칠일이 지나면 곧 무상정등각(無上正等覺)을 얻고는 불퇴전의 경지에 이르게 된다. 수행자는 마음대로 시방세계를 날아다니면서 모든 부처님을 차례로 섬길 수 있게 되고, 부처님 처소에서 온갖 삼매를 닦아 1소겁(小劫)*을 거치면 무생법인(無生法忍)을 얻고 부처님 앞에서 수기를 받는다. 이것을 상품중생이라고 한다.

---

*수기(授記) : 범어 '비야카라나'의 번역어이다. 원래 의미는 구별·분석·발전의 뜻으로 본래는 교설을 분석하는 것, 또는 문답체를 사용하여 해설하는 것을 의미했으나 후에는 미래세(未來世)의 증과(證果) 등에 관한 증언을 가리키는 말이 되었다. 일반적으로 부처님이 수행자에게 미래의 성불(成佛)을 증언하는 것을 의미하는 말로 쓰인다.

*소겁(小劫) : 〈구사론〉에서는 인간 수명 8만 세에서 100년에 한 살씩 줄어 10세에 이르는 시간을 소겁이라 하고, 인간 수명 8만 세에서 100년에 한 살씩 줄어 10세에 이르고 다시 10세에서 100년에 한 살씩 늘어 8만 세에 이르는 시간을 중겁(中劫)이라 한다. 그래서 1소겁(小劫)은 1천 6백 8십만 년이 된다.

③ 상품하생(上品下者)

상품하생(上品下者)도 역시 인과를 믿고 대승법을 비방하지 않으며, 오직 위없는 보리심을 일으켜 그 공덕을 회향하여 극락세계에 태어나기를 발원하는 이를 말한다. 이 수행자가 목숨이 마치려고 할 때 아마타불께서 관세음보살과 대세지보살을 비롯한 모든 권속들과 함께 금으로 된 연꽃을 가지고, 오백의 화신불(化身佛)을 나타내시어 이 사람을 영접하러 오신다. 오백의 화신불이 일시에 손을 내밀어 찬탄하며 '법자(法子)여, 그대가 지금 청정하게 위없는 도를 구하는 마음을 일으켰기에 내가 영접하러 왔다.' 라고 한다.

이때 수행자가 자기 몸을 돌아보면 곧 자신이 금으로 된 금련화(金蓮華)에 앉은 모습을 보게 되는데, 그가 앉고 나면 꽃잎이 닫히고, 부처님의 뒤를 따라 곧 칠보 연못에 왕생하게 된다. 하룻낮 하룻밤을 지나면 연꽃이 다시 피어나고, 이레 동안 부처님을 친견할 수 있다.

비록 여러 가지 훌륭하신 모습의 부처님 몸을 뵙기는 하지만 그 상호가 분명하게 보이는 것은 아니다. 그러다가 세 이레가 지난 후에야 분명하게 볼 수 있고, 여러 가지 미묘한 법을 연설하는 음성을 듣게 된다. 그리고 시방세계를 두루 다니며 모든 부처님을 공양하고, 모든 부처님 앞에서 매우 깊은 법문을 듣게 된다.

이렇게 삼 소겁을 지나면 백 가지 진리에 통하는 지혜

를 얻어 환희지(歡喜地)*에 머무는데, 이를 상품하생이라고 한다. 이와 같은 것들을 상배로 태어나는 상상[上輩生想, 상배생상]이라고 하며, 제14관이라고 이름한다. 이렇게 관하는 것을 정관이라 하고, 이와 다르게 관하는 것을 사관이라고 한다."

15) 중품(中品)에 태어나는 관(觀)

① 중품상생(中品上生)

부처님께서 아난다와 위제희에게 말씀하셨다.

"중품상생(中品上生)이라는 것은 다음과 같다. 만일 어떤 중생이 오계(五戒)*와 팔재계(八齋戒)*를 지키고 여러 가지 계행을 닦으면서, 오역죄(五逆罪)*를 범하지 않고, 갖가지 과실과 허물이 없이, 이러한 공덕을 회향하여 서

---

* 환희지(歡喜地) : 보살이 수행을 하다가 깨달음의 눈이 뜨여서 기쁨으로 가득 차 있는 경지를 말한다. 보살의 수행단계를 10단계로 나눈 것 중 첫 번째 경지이다. 십지(十地) 중 첫 번째라 하여 초환희지(初歡喜地)라고도 한다. 이 경지에 도달한 보살은 나머지 십지 사이에 두 번째 무량겁을 겪은 뒤에 성불한다.

* 오계(五戒) : 불교에 입문한 재가(在家)신도가 지켜야 할 5가지 계율을 말한다. ①살생하지 말라[不殺生]. ②도둑질하지 말라[不偸盜]. ③음행하지 말라[不邪淫]. ④거짓말을 하지 말라[不妄語]. ⑤술을 마시지 말라[不飮酒]

* 팔재계(八齋戒) : 재가(在家)의 신도가 육재일(六齋日), 곧 음력 매월 8·14·15·23·29·30일에 하루 낮 하룻밤 동안 지키는 계율이다. ①살생하지 말라(不殺生). ②도둑질 하지 말라[不偸盜]. ③음행을 하지 말라[不邪淫]. ④거짓말을 하지 말라[不妄 語]. ⑤술을 마시지 말라[不飮酒] ⑥꽃다발을 쓰거나 향수를 바르거나 노래 부르고 춤추는 놀이를 하거나 또는 그런 곳에 가서 듣고 보지를 말라. ⑦높고 넓은 침상에 눕고 앉지 말라. ⑧때 아니거든 먹지 말라. 즉 정오가 지나면 먹지 말라.

* 오역죄(五逆罪) : 5역(五逆)·5무간업(五無間業)이라고도 한다. 불교에 대한 다섯 가지 무거운 죄. ①아버지를 죽임. ②어머니를 죽임. ③아라한을 죽임. ④승가의 화합을 깨뜨림. ⑤부처님의 몸에 피가 나게 함. 고통이 끊이지 않는 무간지옥에 떨어질 지극히 악한 행위이다.

방의 극락세계에 태어나고자 하는 사람을 말한다.

　이러한 수행자는 목숨이 다하려 할 때 아미타불께서 여러 비구들과 권속들에게 둘러싸여 금색 광명을 놓으시면서 그 사람 앞에 와서 고(苦)와 공(空)과 무상(無常)과 무아(無我)를 설하시고, 출가하여 뭇 괴로움을 여의게 되는 일을 찬탄하신다.

　수행자는 이것을 보고 크게 기뻐하면서 자신이 연화대에 앉은 모습을 보게 된다. 그래서 부처님께 합장하고 예배드리는데, 숙였던 머리를 들기도 전에 극락세계에 태어나 있다. 그때 연꽃이 피는데, 꽃이 필 때 사제법(四諦法)*을 찬탄하는 여러 음성들을 듣고, 즉시 아라한과(阿羅漢果)를 얻어 삼명(三明)*과 육신통(六神通)*과 팔해탈(八解脫)*을 갖추게 된다. 이를 중품상생이라고 한다.

* 사제법(四諦法) : 불교의 근본교리로 사성제(四聖諦)라도도 한다. '네 가지 성스러운 진리'라는 말로서 ①인생의 현실은 괴로움이라는 고성제(苦聖諦), ②괴로움의 원인은 욕망과 집착이 지속적으로 일어나기 때문이라는 집성제(集聖諦), ③번뇌를 없애면 괴로움이 없는 열반의 세계에 이르게 된다는 멸성제(滅聖諦), ④열반에 이르기 위해서는 팔정도(八正道)를 실천해야 된다는 도성제(道聖諦)의 네 가지이다. 집성제는 고성제와 원인 결과의 관계에 있고, 도성제와 멸성제는 상호 조건관계에 있다.

* 삼명(三明) : 부처님이나 아라한이 갖추고 있는 세 가지의 자유자재한 지혜. ①나와 남의 전생을 환히 아는 지혜[宿命智證明]. ②중생의 미래의 생사와 과보를 환히 아는 지혜[生死智證明]. ③번뇌를 모두 끊어, 내세에 미혹한 생존을 받지 않음을 아는 지혜[漏盡智證明].

* 육신통(六神通) : 부처님이나 아라한이 갖춘 여섯 가지 자유 자재한 능력. ①마음대로 갈 수 있고 변할 수 있는 능력인 신족통(神足通). ②모든 것을 막힘없이 꿰뚫어 환히 볼 수 있는 능력인 천안통(天眼通). ③모든 소리를 마음대로 들을 수 있는 능력인 천이통(天耳通). ④남의 마음속을 아는 능력인 타심통(他心通). ⑤나와 남의 전생을 아는 능력인 숙명통(宿命通). ⑥번뇌를 모두 끊어, 내세에 미혹한 생존을 받지 않음을 아는 능력인 누진통(漏盡通).

* 팔해탈(八解脫) : 번뇌의 속박에서 벗어나는 여덟 가지의 선정(禪定). ①마음속에 있는 빛깔이나 모양에 대한 생각을 버리기 위해 바깥 대상의 빛깔이나 모양에 대하여 부정관(不淨觀)

② 중품중생(中品中生)

중품중생(中品中生)이라는 것은, 어떤 중생이 하룻낮 하룻밤 동안 팔재계(八齋戒)를 지니거나 하룻낮 하룻밤 동안이라도 사미계(沙彌戒)*를 지니거나, 하룻낮 하룻밤 동안 구족계(具足戒)*를 지켜 그 위의(威儀)에 부족함이 없는 이런 공덕을 회향하여 극락세계에 태어나기를 원하는 사람을 말한다. 계(戒)의 향기가 몸에 배어 있는 이 사람은 임종시에 아마타불께서 많은 권속들과 함께 금색 광명을 놓으시며 칠보로 된 연꽃을 가지고 자신의 앞에 오시는 모습을 보게 된다.

그 수행자는 허공에서 '선남자여, 그대 같은 착한 사람이 삼세(三世) 모든 부처님의 가르침을 따랐으므로 내가 맞으러 왔다.' 라고 자신을 찬탄하는 말을 듣게 된다.

을 닦음. ②마음 속에 빛깔이나 모양에 대한 생각은 없지만 그 상태를 유지하기 위해 부정관(不淨觀)을 계속 닦음. ③부정관(不淨觀)을 버리고 바깥 대상의 빛깔이나 모양에 대하여 청정한 방면을 주시하여도 탐욕이 일어나지 않고, 그 상태를 몸으로 완전히 체득하여 안주함. ④형상에 대한 생각을 완전히 버리고 허공은 무한하다고 주시하는 선정으로 들어감. ⑤허공은 무한하다고 주시하는 선정을 버리고 마음의 작용은 무한하다고 주시하는 선정으로 들어감. ⑥마음의 작용은 무한하다고 주시하는 선정을 버리고 존재하는 것은 없다고 주시하는 선정으로 들어감. ⑦존재하는 것은 없다고 주시하는 선정을 버리고 생각이 있는 것도 아니고 생각이 없는 것도 아닌 경지의 선정으로 들어감. ⑧모든 마음 작용이 소멸된 선정으로 들어감.

* 사미계(沙彌戒) : 출가는 하였지만 아직 스님이 되지 않은 남자 수행자들이 지켜야 할 열가지 계율을 말한다. ①살생하지 말라. ②도둑질을 하지 말라. ③음행하지 말라. ④거짓말을 하지 말라. ⑤술을 마시지 말라. ⑥향유(香油)를 바르거나 머리를 꾸미지 말라. ⑦노래하고 춤추는 것을 보지도 듣지도 말라. ⑧높고 넓은 큰 평상에 앉지 말라. ⑨때가 아니면 먹지 말라. 곧, 정오가 지나면 먹지 말라. ⑩금은 보화를 지니지 말라.

* 구족계(具足戒) : 모든 계가 완전히 구비되었다고 해서 구족계(具足戒)라 한다. 비구[남자스님]나 비구니[여자스님]임을 구족(具足)하는 일, 즉 교단에서 비구, 비구니가 되기위해 받는 계가 구족계이다. 비구는 250계, 비구니는 348계가 있다.

그리고 자신이 연꽃 위에 앉는 모습을 보게 되며, 연꽃이 오므라들고 서방의 극락세계의 보배 연못 가운데 태어난다. 칠 일이 지나면 연꽃이 피며, 꽃이 피면 눈을 뜨고 합장하여 아미타불을 찬탄하며 법을 듣고 기뻐한 나머지 수다원과(須陀洹果)*를 얻고, 반 겁이 지나 아라한과(阿羅漢果)를 이룬다. 이를 중품중생이라고 한다.

③ 중품하생(中品下生)

중품하생(中品下生)이라는 것은, 어떤 선남자나 선여인이 부모에게 효도하고, 세상 사람들을 인의(仁義)로 대하며 사이좋게 지낸 이를 말한다.

이 사람은 목숨이 끝나려 할 때 선지식이 아미타불국토의 즐거운 일을 자세히 말해 주고, 또 법장비구의 사십팔대원(四十八大願)을 말해 주어 이러한 것을 듣고 난 뒤에 죽자마자 곧 서방 극락세계에 왕생한다.

극락세계에 태어난 뒤 칠일이 지나면 관세음보살과 대세지보살을 만나 법을 듣고 기뻐하며 수다원과(須陀洹果)를 얻고 다시 한 소겁이 지나면 아라한과(阿羅漢果)를 이룬다. 이를 중품하생이라고 한다.

이러한 것들을 중배(中輩)에 태어나는 생각[中輩生想, 중배생상]이라고 하며, 제15관이라고 이름한다. 이렇게 관하는 것을 정관이라 하고, 이와 다르게 관하는 것을 사관이라고 한다."

16) 하품(下品)에 태어나는 관(觀)

① 하품상생(下品上生)

부처님께서 아난다와 위제희에게 말씀하셨다.

"하품상생(下品上生)이라는 것은 비록 대승경전을 비방하지는 않는다고 할지라도 많은 악업(惡業)을 짓는 사람을 말한다. 이런 어리석은 사람은 악업을 많이 지으면서도 부끄럽게 생각하지 않다가 목숨이 끝나려 할 때 선지식을 만나 그가 대승 십이부경(十二部經)의 제목을 들으면, 그 공덕으로 천 겁 동안 지은 지극히 무거운 악업도 소멸된다. 또 지혜로운 이가 합장하며 권하기를, 손을 마주 잡고 나무아미타불(南無阿彌陀佛)을 부르라고 가르치면, 그 말을 듣고 부처님 명호를 부른 까닭에 오십억 겁 동안의 생사의 중죄가 없어지게 된다.

이때 아미타부처님께서 곧 화신불과 관세음보살과 대세지보살의 화신보살을 보내어 그를 이렇게 칭찬한다.

'장하다, 선남자여. 네가 부처님 명호를 부른 까닭에 죄가 소멸되어 내가 너를 맞으러 왔다.'

이 말이 끝나자마자 수행자는 곧 화신불(化身佛)의 광명이 그 방에 가득 차 있음을 보고 기뻐하면서 숨을 거둔다.

---

*수다원과(須陀洹果) : 부처님의 가르침을 듣고 스스로의 해탈을 위하여 정진하는 출가 수행자를 성문(聲聞)이라고 하고, 이들이 수행의 정도에 따라 얻는 지위를 성문사과(聲聞四果)라고 한다. 수다원과는 성문사과의 첫 번째 경지이다. 처음 성인 축에 들어간 지위로서 수다원과(須陀洹果)를 얻었다는 것은 그 수행자가 비로소 성자의 흐름에 들어섰다는 의미로, 깨달음으로 향하는 흐름에 갓 합류한 경지, 성자의 대열에 갓 들어선 과보를 받았음을 말한다.

그의 목숨이 다해 보배 연꽃을 타고 화신불의 뒤를 따라 보배 연못 가운데 다시 태어난다. 사십구일이 지나면 연꽃이 피고, 연꽃이 필 때 자비로운 관세음보살과 대세지보살이 큰 광명을 놓으며, 그 사람 앞에 서서 그를 위하여 십이부경을 설한다. 그는 이 설법을 듣고 이해하여 위없는 보리심(菩提心)*을 내며, 십소겁을 지나 모든 진리에 통하는 지혜를 갖추고 초지(初地, 환희지)에 들어가게 된다. 이를 하품상생이라고 한다."

② 하품중생(下品中生)

부처님께서 아난다와 위제희에게 말씀하셨다.

"하품중생(下品中生)이라는 것은 오계나 팔계나 구족계를 헐뜯거나 범하는 경우이다.

이런 어리석은 사람은 승가의 재물을 훔치고, 부정한 법을 설하면서도 부끄러운 줄을 모른다. 온갖 죄업을 저지르고도 오히려 자신이 옳다고 하니, 이러한 죄인은 악업으로 인하여 마땅히 지옥에 떨어질 수밖에 없게 된다.

그가 목숨이 다할 때 지옥의 수많은 불꽃이 일시에 몰려들게 되는데, 이때 선지식을 만나 그 선지식이 대자비로써 이 사람을 위하여 아미타불의 열 가지 위신력을 찬탄하고, 저 부처님의 광명이 지닌 신통력을 널리 찬탄하며, 또 계(戒)·정(定)·혜(慧)·해탈(解脫)·해탈지견(解脫知見)*을 찬탄한다. 이것을 들으면, 팔십억 겁 동안의 생사의 죄를 소멸하게 된다.

그리하여 지옥의 맹렬한 불길이 맑고 시원한 바람으로 변하며, 천상의 꽃이 날리며 꽃 위마다 모두 화신불과 화신보살이 있어 이 사람을 맞이하니 그는 순식간에 극락세계에 왕생한다. 칠보 연못 가운데 있는 연꽃 속에 태어나는데, 여섯 겁이 지나면 연꽃이 피어난다. 이때 관세음보살과 대세지보살이 청정한 소리로써 그 사람을 안심시키고 위로하며, 깊은 뜻을 지닌 대승경전을 설한다.

이 가르침을 듣고 나서 그는 문득 위없는 보리심을 낸다. 이를 하품중생이라고 한다."

③ 하품하생(下品下生)

부처님께서 아난다와 위제희에게 말씀하셨다.

"하품하생(下品下生)이라는 것은, 오역죄와 십악업(十惡業)*과 온갖 나쁜 짓을 저질러 그 과보로 지옥에 떨어져 오랜 겁을 거치면서 무궁한 고통을 받을 사람을 말한다.

이처럼 어리석은 사람이 목숨이 끊어지려 할 때 선지

---

* 보리심(菩提心) : 불도의 깨달음을 얻고 그 깨달음으로써 널리 중생을 교화하려는 마음. 위로는 보리를 구하고 아래로는 중생을 교화하려는(上求菩提 下化衆生) 마음을 말한다. 이 마음의 내용은 "한없는 중생 다 제도하리라, 끝없는 번뇌 다 끊으리라, 한량없는 법문 다 배우리라, 위 없는 불도 모두 다 증득하리라"는 네 가지 큰 서원[四弘誓願]을 세우고 그것을 성취하려는 마음이다.

* 계(戒)·정(定)·혜(慧)·해탈(解脫)·해탈지견(解脫知見) : 초기불교에서는 오분법신(五分法身)이라고 하여 이 다섯 가지 교법 자체를 법신이라 하였다. 이 경우의 법신은 법(法)의 집적(集積)이라는 뜻이며, 우리나라에서는 조석(朝夕) 예불할 때에 이를 따르고 있다.

* 십악업(十惡業) : 몸과 입과 뜻으로 짓는 10가지 죄악. 몸으로 짓는 세 가지 업. 즉 살생(殺生), 도둑질(偸盜), 사음(邪淫), 둘째, 입으로 짓는 네 가지 업. 즉 이간질(兩舌), 험악한 말(惡口), 겉만 번드레한 실속 없는 말(綺語), 망녕된 말(妄語), 셋째, 뜻으로 짓는 세 가지 업. 탐욕(貪心), 성냄(瞋心), 어리석음(痴心)의 열 가지를 말하는 것이다.

식을 만나 그가 여러 가지로 안심시키고 위로하며 그를 위하여 미묘한 법을 말해 주고 염불(念佛)하도록 가르친다. 그러나 그 사람은 고통에 시달려 염불할 틈이 없다.

이때 선지식이 '그대가 만일 염할 수 없다면 아미타불을 부르도록 하라.'라고 일러주는데, 이때 그가 지극한 마음으로 소리가 끊어지지 않게 열 번 나무아미타불을 부르게 되면, 부처님 명호를 부른 공덕으로 일순간에 팔십억 겁 동안 지은 생사의 죄가 소멸된다.

그리하여 숨을 거둘 때에 해바퀴 같은 황금연꽃이 그 사람 앞에 나타나 순식간에 극락세계의 연꽃 속에 태어난다. 연꽃 속에서 십이 대겁(十二大劫)*을 보내면 연꽃이 피어나는데, 꽃이 필 때 관세음보살과 대세지보살이 자비하신 음성으로 그 사람을 위하여 모든 법의 실상(實相)과 죄를 없애는 법을 설하신다. 그는 이 설법을 듣고 기뻐하여 문득 보리심을 발하는데, 이를 하품하생이라고 한다.

이상과 같은 것들을 하배(下輩)에 태어나는 생각[下輩生想, 하배생상]이라고 하며, 제16관이라고 이름한다."

6. 이 경의 명칭과 공덕

석가모니부처님께서 이러한 말씀을 하실 때 위제희 부인은 오백 명의 시녀들과 함께 부처님의 말씀을 듣고 곧 극락세계의 넓고 큰 모습을 보았다.

아미타부처님과 두 보살을 뵙고 환희심이 나서 일찍이

없던 일이라 찬탄하고 활연(豁然)히 크게 깨달아 무생법인(無生法忍)을 얻었다. 오백 명의 시녀들도 깨닫고자 하는 마음을 내고 불국토에 태어나기를 서원하였다. 부처님께서 모두에게 다음과 같이 수기를 내리셨다.

"그대들은 모두 왕생(往生)할 것이며, 저 국토에 왕생한 뒤에는 모든 부처님께서 그대들 앞에 나타나시는 삼매를 얻게 된다."

무수한 천인들도 위없는 보리심을 발했다.

이때 아난다가 곧 자리에서 일어나 앞으로 나아가 부처님께 아뢰었다.

"세존이시여, 이 경을 무엇이라고 이름하며, 어떻게 받아 지녀야 하겠습니까?"

부처님께서 아난다에게 말씀하셨다.

"아난다여, 이 경의 이름은 '극락세계의 무량수불과 관세음보살과 대세지보살을 관하는 경'이라고 이름하고, 또 '업장을 없애고 모든 부처님 앞에 태어나는 경'이라고도 한다. 네가 잘 기억해두었다가 잊지 않도록 하여라.

부처님을 관하는 삼매를 닦는 이는 현재의 몸으로 무량수불과 두 보살들을 보게 될 것이다. 만일 선남자나 선여인이 단지 부처님의 이름과 두 보살의 이름만 듣기

---

* 대겁(大劫) : 세계가 성립되는 지극히 긴 기간을 성겁(成劫), 머무르는 기간을 주겁(住劫), 파괴되어 가는 기간을 괴겁(壞劫), 파괴되어 아무것도 없는 상태로 지속되는 기간을 공겁(空劫)이라 하고, 이 네 겁(劫)을 1대겁이라 한다.

만 하여도 무량 겁 동안 지은 생사의 죄가 소멸될 것인데, 하물며 기억하여 잊지 않는 것[憶念, 억념]이겠느냐?

만일 염불(念佛)하는 사람이 있다면, 이 사람은 인간 가운데서 연꽃과도 같다. 관세음보살과 대세지보살이 그의 훌륭한 벗이 될 것이며, 이 사람은 도량에 앉아 부처님의 집인 극락세계에 태어날 것이다."

부처님께서 아난다에게 말씀하셨다.

"너는 이 말을 잘 기억해두어라. 기억하라는 것은, 곧 무량수불의 명호를 지니라는 것이다."

부처님께서 이 말씀을 하실 때 목련존자와 아난다존자와 위제희부인 등이 부처님의 말씀을 듣고 모두 크게 기뻐하였다. 그때 부처님께서 발로 허공을 딛고 기사굴산으로 돌아가셨다. 이때 아난다는 대중들을 위하여 앞의 일을 자세히 설명하니, 한량없이 많은 사람들과 천인·용·야차(夜叉)* 등이 부처님이 말씀하신 것을 듣고 모두 기뻐하면서 부처님께 예배드리고 물러갔다.

---

*야차(夜叉) : 불법을 수호하는 여덟 신으로, 곧 천신·용·야차·건달바·아수라·가루라·긴나라·마후라가를 팔부중(八部衆)이라 하고, 야차는 여기에 속한다. 범어 야크샤의 음역으로 약차(藥叉)라고도 쓴다. 하늘을 날아다니며 사람을 잡아먹고 상해를 입힌다는 추악하고 잔인한 귀신이었으나 부처님께 귀의했다. 공양(供養)을 잘하는 사람에게는 재보(財寶)나 아이를 갖게 하는 능력이 있다고 한다. 나찰과 함께 비사문천왕의 권속으로 북방을 수호한다.

불설무량수경(佛說無量壽經)

조위(曹魏) 천축삼장(天竺三藏) 강승개(康僧鎧) 한역

1. 영산법회의 대중들

이와 같이 나는 들었다.

어느 날 부처님께서는 마가다국의 수도 라자가하[王舍城]의 기사굴산에서 덕망이 높은 대비구 일만 이천 명과 함께 머무셨다.

그들은 이미 신통과 지혜가 통달한 큰 성인들로서, 그 이름은 요본제존자, 정원존자, 정어존자, 대호존자, 인현존자, 이구존자, 명문존자, 선실존자, 구족존자, 우왕존자, 우루빈라가섭존자, 가야가섭존자, 나제가섭존자, 마하가섭존자, 사리불존자, 대목건련존자, 겁빈나존자, 대주존자, 대정지존자, 마하주나존자, 만원존자, 이장애존자, 유관존자, 견복존자, 면왕존자, 과승존자, 인성존자, 희락존자, 선래존자, 라운존자, 그리고 아난다존자 등 모두 이처럼 뛰어난 제자들이었다.

또한 대승의 여러 보살들도 함께 있었는데, 보현보살, 묘덕보살, 자씨보살 등 현겁(賢劫) 중의 일체 보살들이었다. 또 16보살인 현호보살, 선사의보살, 신혜보살, 공무보살, 신통화보살, 광영보살, 혜상보살, 지당보살, 적근보살, 원혜보살, 향상보살, 보영보살, 중주보살, 제행보살, 해탈보살 등 모두 보현보살의 덕을 따르는 성인들이었다.

이들은 모든 보살의 서원과 수행을 갖추고, 일체의 공덕이 있는 법에 머물러 시방세계에 노닐며 중생을 위하여 갖은 방편을 베풀며, 불법에 깊이 통달하여 영원한 피안을 밝히고, 무량한 세계에 나타나 등각(等覺)을 성취함을 나타내 보이셨다.

이 보살들이 등각을 성취한 인연을 밝히자면, 먼저 도솔천에서 정법을 널리 베풀다가 그 천상을 버리고 왕궁에 내려와 어머니의 모태에 강림하였다. 그래서 달이 차 어머니의 옆구리에서 태어나 사방으로 일곱 걸음을 걸을 때, 광명이 찬란하여 시방세계의 불국토를 두루 비추니 천지는 여섯 가지로 진동하였다. 그때 스스로 소리 높여 "나는 마땅히 세상에서 위없는 성인이 되리라." 라고 외치니 제석천과 범천이 받들어 모시고 모든 천인들도 다 우러러 받들었다.

보살이 장성함에 따라 수학과 문학과 활쏘기와 말타기

등을 익히며, 널리 신선의 도술과 모든 학문에 통달하였다. 또한 후원에서 노닐 때는 무예를 수련하고, 궁중에 있을 때는 세속생활을 즐기기도 하였다.

그러나 인간은 누구나가 늙고 병들고 죽는다는 사실을 보고는 세상의 무상함을 깨달아 왕위를 버리고 산에 들어가 도를 배우기로 작정하고 백마를 타고 왕궁으로 빠져나와 출가하였다. 그리고 보배관과 영락 목걸이를 돌려보낸다. 화려한 옷을 허술한 법복으로 갈아입고 머리와 수염을 깎고 보리수 그늘에 단정히 앉아 육 년간의 고행을 정법에 따라 감행하였다.

이렇듯 오탁(五濁)의 나라에 태어나서 중생의 인연을 따르므로 먼지와 때가 끼어, 시냇물에 목욕하고 천인(天人)들이 드리운 나뭇가지를 잡고 강 언덕에 올라오면, 그때 아름다운 새들이 보리수 아래 도량까지 따라 왔다. 길상동자가 길상초를 바치니 그를 불쌍히 여겨 보시한 풀을 받아 보리수 밑에 깔고 단정히 가부좌를 하신 후 깊은 삼매에 잠겼다. 그리고 대광명을 놓으시니 마왕이 이를 알고 놀라서 곧 권속을 거느리고 와서 핍박하고 시험하였다. 그러나 지혜의 위력으로 이를 모조리 조복시키고 깊고 미묘한 법을 얻어 위없는 바른 깨달음을 성취하고 마침내 부처님이 되셨다.

그때 제석천과 범천이 와서 정법을 전하기를 청하여 빌

자 부처님은 자재로이 다니시면서 사자후의 설법을 하셨다. 그래서 법(法, 진리)의 북을 치고, 법의 소라를 불며, 법의 칼을 휘두르고, 법의 깃대를 세우며, 법의 우레를 떨치고, 법의 번개를 번뜩이며, 법의 비를 내리고, 법의 보시를 베푸는 등 한결같이 오직 법음(法音)으로써 모든 세계를 깨닫게 하셨다. 그 광명이 널리 무량한 세계를 두루 비추니 온 세계는 여섯 가지로 진동하고, 모든 마군의 세계는 그 궁전이 동요하므로 마군의 무리들은 겁내고 두려워 복종하지 않을 수 없게 되었다.

삿된 법을 쳐부수어 없애고 망령된 소견을 소멸하여 번뇌의 티끌을 털어버리며, 모든 탐욕의 구덩이를 허물어 정법을 엄정히 지키고 불법을 펴셨다. 더러움을 씻고 깨끗한 불법의 광명으로 진정한 교화를 베푸셨다.

그리하여 여러 나라에 들어가서 걸식하실 때, 가지가지의 풍요로운 공양을 받으시어 그들이 공덕을 짓고 복을 받도록 하시며, 법을 베풀고자 하실 때는 인자하신 미소를 나타내시어 모든 법의 약으로써 중생의 세 가지 고통[三苦, 삼고]*을 치료하여 구제하셨다.

무량한 도의 공덕을 나타내시고, 다른 보살들에게 장차 성불하리라는 수기(授記)를 주시어 위없는 바른 깨달음을 성취케 하셨다. 또 멸도를 나타내어 보이시지만 부처님의 실상인 법신으로 중생을 제도하는 것을 멈추지 않으시니, 그들에게 온갖 선근을 심게 하여 미묘하고 헤아릴 수 없는 공덕을 갖추게 하셨다.

이와 같이 모든 불국토에 다니시면서 두루 법을 펴시니, 그 수행이 청정하여 막히거나 걸림이 없었다.

비유하면 마치 능란한 요술사가 마음대로 갖가지 형상을 나타내어 혹은 남자로 혹은 여자로 자재로이 변화하는 것과 같았다.

여기 모인 여러 보살들도 역시 그러하였다. 일체 모든 법을 다 배우고 통달하여 머무르는 곳이 평온하고, 무수한 불국토에 몸을 나타내어 중생을 교화하되 교만하고 방자하지 않았으며, 중생을 가엾고 불쌍하게 생각하여 마지않았다. 보살들은 이와 같은 온갖 공덕을 다 갖추어 대승경전의 깊고 오묘한 이치를 밝히니, 그 이름은 시방세계에 널리 알려지고, 시방세계의 모든 중생을 제도하니 헤아릴 수 없는 여러 부처님들이 그들을 기억하여 보호하셨다.

또한 이 보살들은 부처님이 지닌 공덕을 다 갖추었으며, 부처님이 행한 바를 모두 실행하고, 부처님의 교화를 능히 선양하여 다른 보살들을 위한 큰 스승이 되고,

---

*삼고(三苦) : 현실세계에 생존하는 이에게 따르게 마련인 세 가지 괴로움으로 고고(苦苦)·행고(行苦)·괴고(壞苦)를 말한다. 고고는 추위와 더위·기갈·질병 등에서 생기는 육체적인 괴로움, 괴고는 집착을 하는 사물이 파괴·변화해 갈 때 느끼는 정신적 괴로움이다. 행고는 현상계가 모두 무상하기 때문에 윤회(輪廻)를 면할 수 없음에서 오는 괴로움이다.

깊은 선정과 지혜로써 중생을 인도하며, 모든 법의 체성을 통달하여 일체중생의 사정과 모든 나라의 형세를 분명히 알고 계셨다.

그리고 모든 부처님을 공양할 때, 그 몸을 나타내기를 번개처럼 하고, 능히 두려움이 없는 일체 지혜를 배워서 인연법을 깨달아 집착이 없으며, 사마외도와 번뇌를 무너뜨리고 성문(聲聞)과 연각(緣覺)의 경계를 초월하여 공(空), 무상(無常), 무원(無願)의 삼매*를 성취하였다.

그래서 능히 방편을 세워서 중생의 근기에 따라 성문, 연각, 보살의 삼승(三乘)*의 모습으로 나타나며, 그들 중에는 중간의 성문과 아래의 연각을 위해서 멸도의 모습을 보이기도 하였다.

그러나 보살은 본래 지은 바도 없고, 얻은 바도 없으며, 생기지도 않고, 멸하지도 않는 평등의 진리를 얻었을 뿐만 아니라, 이루 헤아릴 수 없는 신통지혜와 백천 가지의 수많은 삼매와 중생의 근기를 살피는 지혜를 다 갖추어 성취하시고, 법계를 두루 관찰하는 깊은 선정으로 보살의 대승 법문을 통달하여 부처님의 화엄삼매를 얻고, 능히 일체의 경전을 연설하고 선양하셨다. 또한 매양 깊은 선정에 머물러 무량한 모든 부처님을 친견함이 다만 한 생각 동안에 두루 다 하지 않음이 없었다.

또한 지옥, 아귀, 축생의 삼악도에서 고통받는 중생이나 또는 수행할 틈이 있는 이나 틈이 없는 이의 근기에 따라 진실한 도리를 분별하여 가르치며 모든 부처님의 설법하시는 지혜[辯才智慧, 변재지혜]를 얻고 일체 언어에 통달하여 무량 중생을 교화하였다.

또한 세상의 모든 번뇌를 초월하고 마음은 항상 해탈의 도리에 안주하여 일체 만사에 자유자재하며, 모든 중생을 위하여 청하지 않아도 진실한 벗이 되어 중생의 무거운 짐을 나누어 짊어진다.

그래서 여래의 깊고 심오한 법을 받아 실천하고 부처님이 될 종자를 보호하여 항상 끊어지지 않게 하여 불법을 굳게 지킨다. 대비심을 일으켜 중생을 불쌍히 여기고 자비한 변재로 올바른 지혜를 가르치며, 삼악도의 길을 막고 아수라와 인간과 천상의 삼선도(三善道)의 길을 열게 한다. 그리하여 중생이 청하지 아니하건만 불법으로써 모든 중생에게 베푸는 것이 마치 지극한 효자가 부모를 사랑하고 공경하는 것과 같다.

그리고 모든 중생을 자기와 한 가지로 여기며, 일체의 선근을 심게 하여 모두 다 피안에 이르게 한다. 이렇듯

---

* 무원삼매(無願三昧) : 무원삼매는 원하고 구하는 생각을 버린 삼매를 말한다. 공삼매(空三昧), 무상삼매(無相三昧), 무원삼매(無願三昧)를 삼삼매(三三昧)라고 하는데, 공삼매는 모든 현상은 인연 따라 모이고 흩어지므로 거기에 불변하는 실체가 없다고 관조하는 삼매, 무상삼매는 모든 사물은 일정한 형상이 없음을 깨닫는 것으로 대립과 차별을 떠난 삼매를 말한다.

* 삼승(三乘) : 승(乘)은 타는 수레 등을 말하는 것인데 '법수레를 타고 저 언덕(깨달음)에 이르게 한다.'는 것이다. 성문승(聲聞乘)·연각승(緣覺乘)·보살승(菩薩乘)을 3승(三乘)이라고 하는 데 대하여, 성문승과 연각승을 2승(二乘)이라고 한. 대개 일승이란 부처님의 참된 가르침은 유일하므로 그 가르침에 의하여 모든 사람이 한결같이 성불한다는 것이며, 삼승은 중생의 성질과 능력에 따라 '성문·연각·보살'에 각각 다른 차원의 깨달음이 있다는 것이다.

모든 부처님의 무량공덕을 갖추고 지혜는 거룩하고 밝아서 그 불가사의한 위덕은 가히 헤아릴 수 없다.

이처럼 지혜와 복덕이 원만한 수많은 보살들이 일시에 와서 모이게 되었다.

2. 설법의 인연

그때 부처님께서는 온몸에 기쁨이 넘치고 기색은 청정하시며, 얼굴의 모습은 거룩하고 엄숙하셨다.

아난다 존자는 자리에서 일어나 오른쪽 어깨를 벗어 무릎을 꿇고 합장 공경하며 부처님께 이렇게 여쭈었다.

"오늘 세존께서는 온몸에 기쁨이 넘치시고 기색은 청정하십니다. 얼굴의 모습이 거룩하고 엄숙하시어 마치 밝고 깨끗한 거울에 모든 것이 비치는 것과 같사오며, 위엄이 넘치고 빛나시옵니다. 저는 일찍이 지금과 같이 수승하고 신묘함을 본 적이 없습니다.

세존이시여, 제가 생각건대 오늘 세존께서는 그 위의가 특별하시며, 세웅(世雄)께서는 모든 부처님의 경계에 머무시고, 세안(世眼)께서는 대도사의 대행에 머무르시며, 세영(世英)께서는 가장 뛰어난 도에 머무시며, 천존(天尊)께서는 여래의 덕을 행하고 계십니다. 과거 현재 미래의 모든 부처님들은 서로 통하시어 중생을 이끄시는데, 지금 부처님께서도 모든 부처님들을 생각하고 계시는 것이 아니시옵니까? 왜냐하면 위엄이 넘치시고 신비한 광명이 빛나고 있기 때문입니다."

이에 대하여 부처님께서는 아난다에게 말씀하셨다.

"어찌 된 것이냐? 아난다여, 모든 천신들이 너에게 와서 부처님께 여쭈어보라고 가르쳤더냐? 아니면 너 자신의 지혜로써 묻는 것이냐?"

아난다가 부처님께 아뢰었다.

"천신들이 제게 와서 가르쳤던 것은 아닙니다. 다만 제 소견으로 그 뜻을 여쭙는 것입니다."

부처님께서 말씀하셨다.

"참으로 훌륭하구나. 아난다여, 참으로 기특한 질문이다. 깊은 지혜와 미묘한 말솜씨로 중생을 불쌍하게 여겨 이처럼 지혜로운 질문을 하는구나. 여래는 다함이 없는 대자비로써 욕계와 색계, 무색계의 삼계(三界)*를 불쌍히 여긴다. 그리하여 세상에 출현하여 진리를 널리 펴서 중생을 건지고 진실한 이익을 베풀고자 한다.

그러나 무량억겁의 세월 동안 불법을 만나기는 어려우며, 여래를 친견하기도 어려워, 그 어려움이 마치 삼천년 만에 한 번씩 피는 우담바라를 만나는 것과 같도다.

---

*삼계(三界) : 중생들이 살고 있는 세계를 욕계(欲界)·색계(色界)·무색계(無色界)의 세 가지로 나눈다. ①음욕·식욕·재욕 같은 탐욕이 많아 정신이 흐리고 거칠며, 물질에 속박되어 가장 어리석은 중생이 사는 세계를 욕계라 한다. ②욕심은 적지만 성내는 버릇이 남아 있어 물질의 지배를 아주 벗어나지 못한 중생들이 사는 비교적 밝은 세계를 색계(色=물질)라고 한다. ③탐욕과 성냄은 떨어져 물질의 영향은 받지 않지만 아직 나(我)라는 생각을 버리지 못해 정신적으로 걸림이 남아 있는, 그중 깨끗한 중생들이 사는 세계를 무색계라 한다. 지상세계의 어디서나 탐진치 삼독심(三毒心)이 더하고 덜함에 따라 삼계(三界)가 벌어진다.

이제 그대가 묻는 바는 모든 천인과 사람들을 크게 이익되게 할 것이며, 길을 열어 교화할 것이다.

아난다여, 마땅히 알아야 할 것이다. 여래의 바른 깨달음은 그 지혜가 헤아리기 어려우며, 중생을 제도함에도 끝이 없다. 그리고 지혜로 보는 바에 걸림이 없고 끊어짐이 없다. 여래의 신통한 지혜는 한 끼의 음식에서 얻는 힘으로도 능히 한량없는 백천 겁의 무수 무량한 수명을 누리게 한다. 그리고 온몸이 기쁨에 넘쳐 훼손되지 않으며, 거룩한 모습과 빛나는 얼굴은 달리 변하지 않는다. 그 까닭은 여래는 언제나 선정과 지혜가 지극하여 다함이 없고, 일체의 법에 대하여 자유자재함을 얻었기 때문이다. 아난다여, 잘 듣도록 하여라. 이제 그대를 위하여 말하겠다."

이에 아난다가 아뢰었다.

"세존이시여, 즐거운 마음으로 듣기를 원합니다."

3. 법장비구의 발원과 수행

부처님께서 아난다에게 말씀하셨다.

"일찍이 헤아릴 수 없는 먼 옛날, 한량없고도 불가사의한 겁 이전에 정광여래(錠光如來)께서 세상에 나타나셔서 한량없는 중생들을 교화하고 제도하여 모두 도(道)를 얻어 해탈하게 하시고, 열반에 드셨다. 그리고 그 뒤를 이어 여래께서 계셨으니, 명호가 광원불이시다.

그다음으로 월광불, 전단향불, 선산왕불, 수미천관불, 수미등요불, 월색불, 정념불, 이구불, 무착불, 용천불, 야광불, 안명정불, 부동지불, 유리묘화불, 유리금색불, 금장불, 염광불, 염근불, 지종불, 월상불, 일음불, 해탈화불, 장엄광명불, 해각신통불, 수광불, 대향불, 이진구불, 사염의불, 보염불, 묘정불, 용립불, 공덕지혜불, 폐일월광불, 일월유리광불, 무상유리광불, 최상수불, 보리화불, 월명불, 일광불, 화색왕불, 수월광불, 제치명불, 도개행불, 정신불, 선숙불, 위신불, 법혜불, 난음불, 사자음불, 용음불, 처세불의 53부처님이 차례차례 나오시어 중생을 교화했었다. 그 다음에 부처님께서 계셨으니, 명호가 세자재왕(世自在王) 여래, 응공(應供), 등정각(等正覺), 명행족(明行足), 선서(善逝), 세간해(世間解), 무상사(無上士), 조어장부(調御丈夫), 천인사(天人師), 불세존(佛世尊)이었다.

그때 국왕이 있었으니, 부처님의 설법을 듣고는 기쁜 마음으로 참된 무상보리심을 내어 나라와 왕위를 버리고 출가하여 사문이 되었는데, 그 이름이 법장(法藏)이었다. 그는 재주가 뛰어나고 용감하였고, 슬기로움은 세상에서 뛰어났다. 그는 세자재왕여래께서 계신 곳에 나아가 부처님의 발에 머리를 조아리고, 오른쪽으로 세 번 돌고 나서 무릎을 꿇고 합장한 채 게송으로 부처님의 공덕을 찬양하였다.

빛나신 상호(相好) 우뚝하시고
위엄과 신통 그지없으니
이처럼 밝고 빛나는 광명
뉘라서 감히 따르리.

햇빛과 달빛, 여의주빛
맑은 진줏빛, 찬란하여도
여기에 온통 가리어져 숨어버리고
마치 덩어리진 검은 먹과 같네.

여래의 얼굴 거룩하시어
이 세상에 무엇으로도 견줄 이 없고
바르게 깨달은 이의 크신 음성
시방세계에 널리 울리네.

청정한 계(戒)와 다문(多聞)과 정진(精進)
그윽한 삼매(三昧), 밝은 지혜(智慧)
거룩한 위덕 짝할 이 없어
한없이 뛰어나고도 드물도다.

여러 부처님들의 법의 바다[法海, 법해]
자세히 보고 깊이 생각하여
끝까지 밝히고 속까지 꿰뚫어
모든 곳에 두루 비추네.

캄캄한 무명, 탐욕과 성냄
우리 부처님 다 끊으시니
사자와 같이 위대하신 분
신묘한 공덕은 헤아릴 수 없네.

위없는 덕과 넓은 공적
지혜는 밝아, 또한 깊고 오묘하오니
끝없는 광명, 거룩한 모습
삼천대천세계에 널리 떨치시네.

원컨대 나도 부처님 되어
거룩한 공덕 저 법왕처럼
끝없는 생사(生死)의 중생 모두 건지고
온갖 번뇌에서 벗어나지이다.

보시를 베풀어 뜻을 고르고
계행을 지니어 인내하고
끊임없는 정진 거듭하면
이러한 삼매 지혜가 으뜸일세.

나도 맹세코 부처님 되어
이러한 서원 모두 행하고
두려워 시달리는 중생에게
편안한 의지처 되리라.

저곳에 계신 여러 부처님
백인가 천인가 몇억만인가
그 수효 이루다 헤아릴 수 없어
갠지스강 모래보다 많을지라도,

저렇듯 많은 부처님들을
받들어 섬겨 공양한다 해도
보리의 도를 힘껏 구하여
물러서지 않는 것만 같지 못하리.

갠지스강 모래 수효와 같이
많고 많은 부처님 세계
그보다 더 많아 셀 수 없는
그처럼 많은 세상 모든 나라에,

부처님 광명 널리 비치어
모든 나라에 두루 밝히거늘
이러한 정진과 신통을
무슨 지혜로 세어 볼 것인가.

만약에 내가 부처님 되면
그 나라 장엄 으뜸가게 하리
중생들은 한결같이 훌륭하게 되고
도량은 가장 뛰어나게 되리.

이 나라 땅은 그지없이 고요해
세상에 다시 비길 데 없거늘
온갖 중생들 가엾이 여겨
내가 이끌고 해탈케 하리라.

시방세계에서 오는 중생들
마음 즐겁고 청정하여서
이 나라에 와서 나게 되면
즐겁고 또한 편안하리라.

원컨대 부처님 굽어살피사
저의 이 뜻을 증명하소서
저 나라에서 원력을 세워
있는 힘을 다해 정진하리라.

시방세계에 계신 부처님들
밝으신 지혜 걸림 없으시니
저의 마음과 저의 수행을
부처님들께서 살펴 주옵소서.

이 몸이 만일 어찌하다
고난의 경계에 들어간다 한들
제가 행하는 이 정진을
참지 못하고 후회하리까."

부처님께서 아난다에게 말씀하셨다.

"아난다여, 법장비구는 저 세자재왕부처님 앞에서 이와 같은 게송으로 여래를 칭송한 다음 이렇게 말했다.

'세존이시여, 저는 무상정등각(無上正等覺)을 얻고자 합니다. 원하옵건대 부처님께서는 저를 위하여 널리 경전의 교법(敎法)을 말씀하여 주소서. 저는 마땅히 수행하여 청정하고 장엄하여 한량없이 청정 미묘한 불국토를 꾸미고 가꾸겠습니다. 저로 하여금 세상에서 빨리 정각을 이루게 해주시옵고, 생사 괴로움의 뿌리를 뽑아 버리도록 하여 주옵소서.'

그때 세자재왕부처님은 법장비구에게 말씀하셨다.

'그대가 수행하고자 하는 바와 불국토를 꾸미는 것은 그대 자신이 그렇게 하면 되지 않겠는가?'

'부처님이시여, 그 뜻이 크고 깊어 제가 감당할 과보가 아닙니다. 오직 원하오니 세존께서 저를 위하여 모든 부처님들께서 정토를 이룩한 수행법을 말씀하여 주소서. 저는 그것을 듣고 싶습니다. 말씀하신 대로 수행하여 소원을 성취하고자 합니다.'

그때 세자재왕여래께서는 법장비구의 원력이 심오하고도 광대한 것임을 아시고는 법장비구를 위하여 법을 말씀하셨다.

'비유하면 큰 바다에서 한 사람이 적은 양이라도 억겁의 세월 동안 퍼내면 마침내 바닥에 닿아 미묘한 보배를 얻을 수 있는 것과 같이, 사람이 지극한 마음으로 정진하여 부처님 도를 구하기를 쉬지 않으면 마땅히 원하는 결과를 얻을 것이니, 어떠한 소원도 이루지 못할 것 없다.'

그리고는 세자재왕여래께서는 법장비구를 위하여 이백 십억의 여러 불국토에 살고 있는 천상과 인간의 선악 그리고 나라의 거칠고 미묘함을 자세히 말씀하셨다. 그리고 법장비구의 소원대로 모두 낱낱이 나타내어 보여 주셨다.

그때 법장비구는 부처님께서 말씀하신 바를 듣고, 또한 장엄하고 청정한 나라를 그대로 볼 수 있었다. 그리하여 더없이 뛰어난 서원을 세웠다. 그때 그의 마음은 고요하고 청정했고, 뜻에 집착하는 바가 없었으며, 모든 세상에서 그의 원력에 도달하는 자가 없었다. 그리하여 다섯 겁 동안 홀로 선정(禪定)을 닦아, 불국토를 꾸미기 위한 청정한 수행에 온 마음을 다하였다."

이에 아난다가 부처님께 여쭈었다.

"저 불국토의 수명은 얼마나 됩니까?"

부처님께서 말씀하셨다.

"그 부처님의 수명은 42겁이다. 그때 법장비구는 210억이나 되는 여러 불국토의 청정한 수행을 다 거두어 받아들였다. 그렇게 수행하고 나서 다시 세자재왕여래의 처소로 가서 부처님께 예를 올리고, 부처님 주위를 세 번 돌고 난 뒤에 합장하고 여쭈었다.

'세존이시여, 저는 일찍이 장엄한 부처님의 나라에서의 청정한 수행을 모두 받아들였습니다.'

이에 세자재왕여래께서 법장비구에게 말씀하셨다.

'법장비구여, 이제 그대의 서원과 수행의 결과를 대중에게 널리 알려 기쁘게 보리심을 일으키게 할 때이다. 보살들은 이미 들은 대로 이 법을 수행하여 그것으로 말미암아 한량없는 대원(大願)을 성취할 것이다.'

이에 법장비구가 부처님께 여쭈었다.

'세존이시여, 오직 원하옵건대 제 말을 듣고 살펴 주소서. 저의 마흔 여덟 서원[四十八願, 사십팔원]을 자세히 말씀드리겠습니다.

1. 만일 제가 부처가 되어서도 그 나라에 지옥, 아귀, 축생이 있다면, 저는 차라리 부처가 되지 않겠나이다.[無三惡趣願, 무삼악취원]

2. 만일 제가 부처가 되어서도 그 나라에 사는 중생들 가운데 목숨이 다한 뒤에 다시 삼악도(三惡道)에 떨어지는 자가 있다면, 저는 차라리 부처가 되지 않겠나이다.[不羹惡趣願, 불갱악취원]

3. 만일 제가 부처가 되어서도 그 나라에 사는 중생들 가운데 진정한 금빛이 나지 않는 자가 있다면, 저는 차라리 부처가 되지 않겠나이다.[悉皆金色願, 실개금색원]

4. 만일 제가 부처가 되어서도 그 나라에 사는 중생들 가운데 형체와 빛깔이 같지 않아서 아름답고 추한 것에 차이가 나는 자가 있다면, 저는 차라리 부처가 되지 않겠나이다.[無有好醜願, 무유호추원]

5. 만일 제가 부처가 되어서도 그 나라에 사는 중생들 가운데 숙명통(宿命通)을 얻지 못하여 백천억 나유타 겁의 옛 일을 알지 못하는 자가 있다면, 저는 차라리 부처가 되지 않겠나이다.[宿命智通願, 숙명지통원]

6. 만일 제가 부처가 되어서도 그 나라에 사는 중생들 가운데 천안통(天眼通)을 얻지 못하여 백천억 나유타의 모든 불국토를 보지 못하는 자가 있다면, 저는 차라리 부처가 되지 않겠나이다.[天眼智通願, 천안지통원]

7. 만일 제가 부처가 되어서도 그 나라에 사는 중생들 가운데 천이통(天耳通)을 얻지 못하여 백천억 나유타의 모든 부처님의 말씀을 받아 지니지 못하는 자가 있다면, 저는 차라리 부처가 되지 않겠나이다.[天耳智通願, 천이지통원]

8. 만일 제가 부처가 되어서도 그 나라에 사는 중생들 가운데 타심통(他心通)을 얻지 못하여 백천억 나유타의 모든 불국토에 있는 중생들이 생각하는 바를 알지 못하는 자가 있다면, 저는 차라리 부처가 되지 않겠나이다.[他心智通願, 타심지통원]

9. 만일 제가 부처가 되어서도 그 나라에 사는 인간과 천신들 가운데 신족통(神足通)을 얻지 못하여 순식간에 백천억 나유타에 이르는 모든 불국토를 지나가지 못하는 자가 있다면, 저는 차라리 부처가 되지 않겠나이다.[神境智通願, 신족지통원]

10. 만일 제가 부처가 되어서도 그 나라에 사는 중생들 가운데 누진통(漏盡通)을 얻지 못하여 자기 생각을 탐하고 집착하여 꾀를 내는 자가 있다면, 저는 차라리 부처가 되지 않겠나이다.[得漏盡通願, 득누진통원]

11. 만일 제가 부처가 되어서도 그 나라에 사는 중생들 가운데 정정취(正定聚, 성불이 확정된 존재)에 머물지 못하여 결국 열반(涅槃)에 들지 못하는 자가 있다면, 저는 차라리 부처가 되지 않겠나이다.[必至滅度願, 필지멸도원]

12. 만일 제가 부처가 되어서도 저의 광명에 한계가 있어 백천억 나유타의 모든 불국토를 비추지 못한다면, 저는 차라리 부처가 되지 않겠나이다.[光明無量願, 광명무량원]

13. 만일 제가 부처가 되어서도 수명에 한계가 있어 백천억 나유타 겁에 이르지 못한다면, 저는 차라리 부처가 되지 않겠나이다.[壽命無量願, 수명무량원]

14. 만일 제가 부처가 되어서도 그 나라 가운데 불제자들을 능히 헤아릴 수 있고 삼천대천세계의 불제자와

스스로 깨달은 자들이 백천 겁 동안 모두 함께 계산하여 그 수를 알 수 있는 정도라면, 저는 차라리 부처가 되지 않겠나이다.[聲聞無數願, 성문무수원]

15. 만일 제가 부처가 되어서도 그 나라에 사는 중생으로서 그 수명이 한량이 없어 모두가 그와 같이 되지 않는다면, 저는 차라리 부처가 되지 않겠나이다. 다만 중생제도의 서원에 따라 수명의 길고 짧음을 자유자재로 하는 것은 제외합니다.[眷屬長壽願, 권속장수원]

16. 만일 제가 부처가 되어서도 그 나라에 사는 중생이 좋지 않은 일은 물론, 나쁜 이름이 있다면, 저는 차라리 부처가 되지 않겠나이다.[無諸不善願, 부제불선원]

17. 만일 제가 부처가 되어서도 시방세계의 한량없는 부처님들께서 저의 이름을 칭찬하지 않으신다면, 저는 차라리 부처가 되지 않겠나이다.[諸佛稱揚願, 제불칭양원]

18. 만일 제가 부처가 되어서도 시방세계의 중생들이 지극한 마음으로 믿고 좋아하여[信樂] 저의 나라에 태어나고자 하여 제 이름을 열 번 염불하였으나, 저의 나라에 태어나지 못한다면, 저는 차라리 부처가 되지 않겠나이다. 다만 오역죄(五逆罪)를 저지르는 자와, 정법을 비방하는 자는 제외합니다.[念佛往生願, 염불왕생원]

19. 만일 제가 부처가 되어서도 시방의 중생들이 보리심(菩提心)을 일으켜 모든 공덕을 쌓고 지극한 마음으로 서원을 일으켜 저의 나라에 태어나고자 하는데도 그들이 숨을 거둘 때에 제가 대중들과 함께 가서 그들의 앞에 나타나지 못한다면, 저는 차라리 부처가 되지 않겠나이다.[臨終現前願, 임종현전원]

20. 만일 제가 부처가 되어서도 시방의 중생들이 저의 이름을 듣고 저의 나라를 생각한 뒤 많은 공덕의 근본을 심고 지극한 마음으로 공덕을 회향하여 저의 나라에 태어나고자 하는데도 그 목적을 이루지 못한다면, 저는 차라리 부처가 되지 않겠나이다.[繫念正生願, 계념정생원]

21. 만일 제가 부처가 되어서도 그 나라에 사는 중생들이 32상(相)을 원만히 성취하지 못한다면, 저는 차라리 부처가 되지 않겠나이다.[三十二相願, 삼십이상원]

22. 만일 제가 부처가 되어 다른 모든 불국토의 보살들이 저의 나라에 와서 태어난다면, 한 생만 지나면 반드시 부처가 되는 일생보처의 지위에 이르게 될 것입니다. 다만 그들의 소원에 따라 중생들을 위하여 큰 서원을 세우고 선근 공덕을 쌓아 일체중생을 제도하거나, 또는 모든 불국토를 노닐며 보살의 행을 닦고, 시방세계의 여러 부처님들을 공양하고, 갠지스강의 모래알처럼 한량없는 중

생들을 교화하여 위없는 바르고 참된 부처님의 도를 세우
고자 하는 이는 제외할 뿐입니다. 그 이외의 사람들은 보
통 행인의 지위를 초월하여 곧바로 보현보살의 10대원을
닦도록 하고자 합니다. 만약 그렇게 하지 못한다면, 저는
차라리 부처가 되지 않겠나이다.[必至補處願, 필지보처원]

23. 만일 제가 부처가 되어서도 그 나라의 보살들이
부처님의 신통력을 입어, 한 번 식사하는 사이에 한량없
는 나유타의 모든 불국토에 두루 다니면서 여러 부처님
들을 공양할 수 없다면, 저는 차라리 부처가 되지 않겠
나이다.[供養諸佛願, 공양제불원]

24. 만일 제가 부처가 되어서도 그 나라의 보살들이 여
러 부처님들 앞에서 공덕의 근본을 드러내려 하는데, 구하
는 바의 공양물을 마음대로 모두 갖추지 못한다면, 저는
차라리 부처가 되지 않겠나이다.[供具如意願, 공구여의원]

25. 만일 제가 부처가 되어서도 그 나라의 보살들이 일
체지(一切智)를 얻어 능히 불법을 연설할 수 없다면, 저는
차라리 부처가 되지 않겠나이다.[說一切智願, 설일체지원]

26. 만일 제가 부처가 되어서도 그 나라의 보살들이
금강역사(金剛力士)와 같이 세고 단단한 몸, 나라연신
(那羅延身)을 얻지 못한다면 저는 차라리 부처가 되지
않겠나이다.[那羅延身願, 나라연신원]

27. 만일 제가 부처가 되면 그 나라에 사는 중생들과 일체 만물은 장엄하고 청정하며 화려하게 빛나며, 그 모양과 색깔이 뛰어나고 미묘함을 이루 다 헤아리는 것이 불가능할 것입니다. 그런데 모든 중생들이 천안통을 얻어 그 이름과 수를 분명하게 헤아릴 수 있다면, 저는 차라리 부처가 되지 않겠나이다.[所須嚴淨願, 소수엄정원]

28. 만일 제가 부처가 되어서도 그 나라의 보살들을 비롯해 조그마한 공덕이라도 있는 자가 그 도량의 나무가 한없이 빛나고 그 높이가 4백만 리나 되는 것을 능히 알아보지 못한다면, 저는 차라리 부처가 되지 않겠나이다.[見道場樹願, 견도량수원]

29. 만일 제가 부처가 되어서도 그 나라의 보살들이 경전을 읽고 외우고 남에게 설법할 수 있는 말솜씨와 지혜를 얻지 못한다면, 저는 차라리 부처가 되지 않겠나이다.[得辯才智願, 득변재지원]

30. 만일 제가 부처가 되어서도 그 나라의 보살들이 지니는 지혜와 말솜씨에 한계가 있다면, 저는 차라리 부처가 되지 않겠나이다.[智辯無窮願, 지변무궁원]

31. 만일 제가 부처가 되어서도 불국토가 청정하여 모두 빠짐없이 시방세계에 있는 모든 무량무수의 불가사의한 부처님 세계를 비추어 보는 것이 마치 맑은 거울로

얼굴을 비춰보는 것과 같지 않으면, 저는 차라리 부처가 되지 않겠나이다.[國土淸淨願, 국토청정원]

32. 만일 제가 부처가 되면 지상이나 허공에 있는 궁전과 누각, 시냇물과 연못, 그리고 화초와 나무 등 나라 안에 있는 그 모든 만물들은 모두 헤아릴 수 없는 보배와 백천 가지의 향으로 이루어지고, 장엄하게 장식되어 기묘하며, 모든 인간계나 천상계보다 뛰어나며, 그 향기가 널리 시방세계에 퍼져 보살들은 그 향기를 맡고 모두 부처님의 행을 닦게 됩니다. 만약 그렇지 않다면, 저는 차라리 부처가 되지 않겠나이다.[寶香合成願, 보향합성원]

33. 만일 제가 부처가 되면 시방세계의 한량없는 모든 불국토의 중생들이 저의 광명을 입고, 그들의 몸에 비치기만 하여도 몸과 마음이 부드럽고 경쾌해져 인간계와 천상계를 초월할 것입니다. 만약 그렇지 못하다면, 저는 차라리 부처가 되지 않겠나이다.[燭光柔軟願, 촉광유연원]

34. 만일 제가 부처가 되어서도 시방세계의 한량없고 불가사의한 모든 불국토의 중생들이 저의 이름[名字]을 듣고서 보살의 무생법인(無生法忍)과 갖가지 깊은 다라니(陀羅尼)*를 얻지 못한다면, 저는 차라리 부처가 되지 않겠나이다.[聞名得忍願, 문명득인원]

---

* 다라니(陀羅尼) : 한 자 한 자에 많은 뜻을 지녀 이것을 외우면 갖가지 어려움을 없애고 온갖 복덕을 얻고 공덕을 쌓는다는 범어로 된 주문. 또한 총지(總持)라고도 한다.

35. 만일 제가 부처가 되어서도 시방세계의 한량없고 불가사의한 모든 불국토의 여인들이 저의 이름을 듣고 환희심을 내어 믿고 원하여 보리심(菩提心)을 일으키고, 여자의 몸으로 태어나는 것을 싫어하고 멀리하였는데도, 목숨을 마친 뒤에 다시 여인의 모습이 된다면, 저는 차라리 부처가 되지 않겠나이다.[女人往生願, 여인성불원]

36. 만일 제가 부처가 되면 시방세계의 한량없고 불가사의한 모든 불국토에 사는 여러 보살의 무리들이 저의 이름을 듣고 목숨을 마친 뒤에도 항상 청정하게 수행하여 성불할 것입니다. 만약 그렇지 못하다면, 저는 차라리 부처가 되지 않겠나이다.[常修梵行願, 상수범행원]

37. 만일 제가 부처가 되어서도 시방세계의 한량없고 불가사의한 모든 불국토에 사는 여러 천인들과 인간들이 저의 이름을 듣고 오체투지(五體投地)하여 예배하고 환희심을 내어 믿고 좋아하며 보살행을 닦음에도 불구하고, 여러 천인과 사람들이 공경하지 않는다면, 저는 차라리 부처가 되지 않겠나이다.[人天致敬願, 인천지경원]

38. 만일 제가 부처가 되면 그 나라에 사는 사람과 천인들이 의복을 얻고자 하면 생각하는 대로 의복이 생겨, 마치 부처님께서 찬탄하시는 바와 같이 법도에 맞는 옷이 저절로 몸에 입혀질 것입니다. 그런데 만약 그 옷을

바느질하거나 물들이거나 빨래해야 한다면, 저는 차라리 부처가 되지 않겠나이다.[衣服隨念願, 의복수념원]

39. 만일 제가 부처가 되어서도 그 나라의 사람과 천인들이 느끼는 즐거움이 번뇌를 여읜 비구들과 같지 않다면, 저는 차라리 부처가 되지 않겠나이다.[受樂無染願, 수락무염원]

40. 만일 제가 부처가 되어 그 나라의 보살들이 시방세계의 수많은 불국토를 보고자 한다면, 원하는 대로 모두 비추어 보는 것이 마치 밝은 거울로 자신의 얼굴을 보는 것과 같을 것입니다. 만약 그렇지 않다면, 저는 차라리 부처가 되지 않겠나이다.[見諸佛土願, 견제불토원]

41. 만일 제가 부처가 되어서도 다른 나라에 있는 여러 보살들이 저의 이름을 듣고 성불할 때까지 육근(六根)이 원만하지 못해 불구가 되는 일이 있다면, 저는 차라리 부처가 되지 않겠나이다.[具足諸根願, 제근구족원]

42. 만일 제가 부처가 되면 다른 나라에 있는 모든 보살들이 저의 이름을 듣고 누구도 빠짐없이 청정한 해탈삼매를 얻을 것이고, 해탈삼매에 머물러 하나의 생각 동안에 헤아릴 수 없고 불가사의한 모든 부처님을 공양할 것입니다. 만약 그렇지 못하다면, 저는 차라리 부처가 되지 않겠나이다.[住定供佛願, 주정공불원]

43. 만일 제가 부처가 되면 다른 나라에 있는 모든 보살들이 저의 이름을 들을 것이고, 수명이 다한 뒤에 존귀한 가문에 태어날 것입니다. 만약 그렇지 못하다면, 저는 차라리 부처가 되지 않겠나이다.[生尊貴家願, 생존귀가원]

44. 만일 제가 부처가 되면 다른 나라에 있는 보살들이 저의 이름을 듣고 환희하고 뛸 듯이 기뻐하며 보살행을 닦아 모든 공덕의 근원을 갖추어 꽉 찰 것입니다. 만약 그렇지 못하다면, 저는 차라리 부처가 되지 않겠나이다.[具足德本願, 구족덕본원]

45. 만일 제가 부처가 되어 다른 나라에 있는 보살들이 저의 이름을 들으면 모두 빠짐없이 모든 부처님을 뵈올수 있는 삼매를 속히 얻을 것이며, 삼매에 머물러 성불할 때까지 언제나 무량하고 불가사의한 모든 부처님을 직접 뵈올 수 있을 것입니다. 만약 그렇지 못하다면, 저는 차라리 부처가 되지 않겠나이다.[住定見佛願, 주정견불원]

46. 만일 제가 부처가 되면 그 나라의 보살들이 원하는 바에 따라서 듣고자 하는 법문을 저절로 들을 수 있을 것입니다. 만약 그렇지 못하다면, 저는 차라리 부처가 되지 않겠나이다.[隨意聞法願, 수의문법원]

47. 만일 제가 부처가 되어서도 다른 나라에 있는 보살들이 저의 이름을 듣고 곧바로 불퇴전(不退轉)의 자리

에 이르지 못한다면, 저는 차라리 부처가 되지 않겠나이다.[得不退轉願, 득불퇴전원]

48. 만일 제가 부처가 되어 다른 나라에 있는 보살들이 저의 이름만 듣고도, 설법을 듣고 깨닫는 음향인(音響忍)*과, 진리에 수순하는 유순인(柔順忍)*과, 나지도 죽지도 않는 도리를 깨닫는 무생법인(無生法忍)*을 성취하여, 모든 불법에서 물러나지 않는 불퇴전의 자리를 얻을 것이오니, 만일 이와 같지 않다면 저는 차라리 부처가 되지 않겠나이다.[得三法印願, 득삼법인원]

이처럼 법장비구는 부처님께 자신의 마흔여덟 서원을 낱낱이 아뢴 다음에 게송으로 아뢰었다.

내가 세운 이 서원은 세상에 없는 일
반드시 위없는 도(道)에 이르리.
이 원을 이루지 못한다면
맹세코 성불하지 않으리.

---

* 음향인(音響忍) : 불보살의 교화를 들어 믿고 이해하여 그 이치에 안주(安住)하는 지위. 즉 진리를 이해하여 마음이 동요하지 않는 지위를 말한다.

* 유순인(柔順忍) : 불보살의 교화를 들어 지혜로운 마음이 충만하여 진리에 수순하는 지위. 즉 진리에 순종해 법대로 행하는 지위를 말한다.

* 무생법인(無生法忍) : 무생(無生)은 일체가 없던 것이 새로 생겨난 것이 아니라 무한한 조건의 이합집산이고, 그래서 공(空)의 모습이라는 의미이고, 법인(法忍)은 진리를 깨닫는 지혜를 말한다. 즉 무생법인은 불생불멸(不生不滅)의 진리를 확실하게 인정하고 거기에 안주하여 마음을 움직이지 않는 지위를 말한다.

한량없는 오랜 겁 지나가며
내가 만일 큰 시주 되지 못하여
가난하고 괴로운 중생을 이끌지 못하면
맹세코 성불하지 않으리.

내가 만일 이다음 부처 되어
그 이름 온 세상에 떨칠 때
그 명성 듣지 못하는 이가 있다면
맹세코 성불하지 않으리.

탐욕을 여의고 정념(正念)*을 굳게 지니고
청정한 지혜로 중도(中道)*를 닦으며
위없는 진리를 구하고자 뜻을 세워
천상과 인간의 스승이 되리.

신통으로 밝고 큰 광명을 놓아
끝없는 모든 세상 두루 비추고
탐진치의 어두운 때 녹여 버리고
온갖 액난에서 중생을 구제하리.

그대들 지혜의 눈을 열어 밝히고
이 세상 어두운 이 눈뜨게 하고
여러 가지 악한 길 막아 버리고
좋은 세상 가는 길 활짝 열리라.

지혜와 자비를 두루 갖추고
거룩한 광명 세상에 널리 비치니
해와 달의 밝은 빛 오히려 무색하게 되고
하늘나라 광명도 숨어 버리네.

중생을 위하여 진리 밝히고
공덕의 보배 널리 베풀며
언제나 대중 가운데 있어
사자후(師子吼)*로 법을 설하리.

온 세계 부처님께 공양하여
한량없는 공덕 두루 갖추고
서원과 지혜 빠짐없이 원만하게 이루어
삼계에 거룩한 부처님 되리.

---

* 정념(正念) : 정념(正念)은 '바른 알아차림'이라는 의미로 팔정도의 일곱 번째 수행법이다. '념(念)'은 팔리어 싸띠(sati)를 의역한 것으로, 위빠싸나를 통해 확립된다. 위빠사나는 관(觀)으로 한역되며, '진실한 모습을 꿰뚫어 본다.' 는 뜻으로 팔리어 '빠나(panna, 지혜)', '싸띠(sati, 주시)'가 대체용어로 사용되기도 한다. 일반적으로 싸띠는 '기억'의 기능과 '알아차림'의 기능이 있는데, 싸띠의 기능을 키워나가는 것이 위빠사나 수행의 중요한 요소이다. 왜냐하면 싸띠의 기능이 커지면 일상생활에서 '깨어있음'이 점점 이어지고, 더 자세하게 자신의 몸과 마음을 주시할 수 있기 때문이다.

* 중도(中道) : 불교에서 밝힌 참다운 수행의 길을 말한다. 양극단에 치우치지 않는 진실한 도리, 또는 극단적 고행이나 극단적 안락의 양편향을 떠난 올바른 행법을 중도라고 한다. 석가모니부처님이 제시한 중도는 곧 팔정도의 수행법이다.

* 사자후(師子吼) : 사자후는 사자가 소리를 지른다는 뜻으로, 부처님께서 낭랑한 목소리로 설법하면 수백의 왕들이 조복하는 것을 사자가 큰소리를 지르는 것에 비유한 말이다.

걸림 없는 부처님의 지혜와 같이
모든 것에 통달하여 빠짐없이 두루 비추니
원하옵건대 저의 공덕과 지혜의 힘이
가장 뛰어난 부처님과 같아지이다.

만약 이 서원이 이루어지면
삼천대천세계가 감동하리니
허공에 가득한 모든 천신들도
미묘하고도 진기한 꽃비 뿌려 주리라.”

석가모니부처님께서 다시 아난다에게 말씀하셨다.

“법장비구가 이 게송을 읊고 나자 두루 대지가 여섯 가지로 진동하였고, 천상으로부터 오묘한 꽃이 비 오듯 쏟아져 그 위에 흩날렸으며, 저절로 음악이 울렸고, 허공 가운데 ‘언젠가 반드시 위없는 깨달음을 얻어 부처가 되리라.’ 하고 찬탄하는 소리가 들렸다. 이에 법장비구는 이와 같은 크나큰 서원을 빠짐없이 갖추어 원만히 성취하려는 진실한 마음을 헛되이 하지 않았고, 세상을 초월하여 간절히 진여법성의 경지를 원하였다.

아난다여, 그때 법장비구는 그 부처님께서 계신 곳에 있는 여러 천신과 악마, 범천, 용신 등 팔부신중 가운데서 이러한 큰 서원을 세우고 오직 한결같은 뜻으로 전념하여 미묘한 불국토를 세우고자 굳은 결심을 하였다.

그가 세우고자 하는 불국토는 한량없이 넓고 커서 다른 모든 나라 가운데 가장 뛰어나 비할 데가 없고, 건립된 나라는 영원히 머물러 쇠퇴하거나 변함도 없다. 이것은 보살이 불가사의한 영겁을 지나면서 한량없는 공덕을 쌓았기 때문이다.

그는 탐욕[欲覺], 성냄[瞋覺], 남을 해치려는 짓[害覺]을 하지 않았고, 애욕의 마음[欲想], 진에의 마음[瞋想], 해치려는 생각[害想]을 일으키지도 않았다. 또한 빛깔과 모양[色], 소리[聲], 냄새[香], 맛[味], 감촉[觸], 대상[法]에 집착하지 않았고, 어려움을 참아내는 인욕의 행을 닦아서 어떠한 고통에도 흔들리지 않았다. 또한 욕심이 적어 스스로 만족하였다. 그리하여 욕심과 노여움과 어리석음의 삼독(三毒)에 물들지 않고 항상 적정한 삼매에 잠겨 밝은 지혜는 어디에도 걸림이 없었다.

그리고 남을 대할 때 거짓으로 속이거나 아첨하는 마음이 없어 언제나 온화한 얼굴에 부드러운 말로 미리 중생의 뜻을 헤아려 법을 말씀하셨으며, 또한 용맹정진하여 서원을 굽히지 않았고, 청정하고 결백한 진리를 구하여 모든 중생들에게 은혜를 베풀었다.

또한 불, 법, 승 삼보를 공경하고 스승과 어른을 받들어 섬겼으며, 온갖 수행을 닦고 복과 지혜의 큰 장엄을 두루 원만하게 갖추어 모든 중생들로 하여금 공덕을 성취하게 하였다. 그리고는 공삼매(空三昧), 무상삼매(無相三昧), 무원삼매(無願三昧)의 법에 머물러, 모든 현상은 본래 만들어진 것도 아니고 일어난 것도 아니며 단지 인연 화합일 뿐이라고 관조(觀照)하였다.

자신도 해치고 남도 해쳐 자신과 타인 모두에게 해로운 말은 멀리하고, 자신도 이롭고 남도 이로워 자신과 타인 모두에게 이익이 되는 말을 닦고 익혔다.

나라와 왕위를 버리고 재물과 색을 끊어 버리고, 몸소 육바라밀(六波羅蜜)*을 행하였으며, 다른 사람들에게도 가르쳐 이것을 행하도록 하였으니, 이처럼 헤아릴 수 없는 오랜 세월 동안 무수한 공덕을 쌓고 복덕을 원만히 갖추었다. 그래서 법장비구는 태어나고자 원하는 곳에 자유롭게 자신을 나타내었으며, 헤아릴 수 없는 보배의 법문[寶藏]이 저절로 우러나와 헤아릴 수 없이 많은 중생을 교화하여 안온하게 하고 무상의 바른 진리를 깨닫게 하였다.

그는 때로는 장자(長者) 혹은 거사(居士), 부유한 자 혹은 존귀한 가문의 사람이 되기도 하고, 찰제리의 국왕 혹은 전륜성왕(轉輪聖王)이 되기도 하였으며, 6욕천(欲天)의 주인 또는 범천왕에 이르기까지 원하는 대로 태어나서 항상 음식, 의복, 와구(臥具), 탕약의 사물[四事]로써 모든 부처님께 공양하고 공경하였으니, 그 공덕은 이루 다 말할 수 없다.

그의 입에서 나오는 향기는 정결하여 우발라화(優鉢羅華, 청련화)와 같고, 몸의 모든 털구멍에서는 전단향의 향기가 풍기었으니, 그 향기는 무량세계에 두루 퍼졌다. 또 그 용모가 단정하고 그 모습이 비할 데 없이 뛰어나고 미묘하였으며, 손에서는 항상 무량한 보배와 의복과 음식 및 진기하고 미묘한 꽃과 향이며 갖가지 일산과 깃발 등 장식하는 도구들이 나왔다. 이와 같은 물건들은 모든 천인들의 것보다 뛰어나고 훌륭하였으며, 그는 이처럼 모든 법에 있어서 자유자재함을 얻었다."

4. 미타성불과 정토의 모습

아난다가 부처님께 여쭈었다.

"법장보살은 이미 성불하여 열반에 드셨습니까, 그렇지 않으면 아직 성불하지 못하였습니까? 혹은 지금 성불하여 현재에 계시옵니까?"

이에 부처님께서 아난다에게 말씀하셨다.

---

* 육바라밀(六波羅蜜) : 대승의 보살이 수행하는 여섯 바라밀법. 생사의 고해를 건너 열반의 언덕에 이르는 여섯 가지 방편을 말한다. ①보시(布施) : 아낌없이 주는 것. 금품을 주는 재시(財施)와 법을 가르쳐 주는 법시(法施) 등이 있다. ②지계(持戒) : 계율을 지키는 것. ③인욕(忍辱) : 불도(佛道)의 실천상에 여러 가지 곤란에 흔들리지 않고 참고 견디는 것. ④정진(精進) : 다른 오종(五種)의 완성을 위해 게으름 없이 전념하는 것. ⑤선정(禪定) : 마음을 하나로 정하여 흔들리지 않는 것. ⑥지혜(智慧) : 부처님의 진실한 지혜를 얻는 것. 대승불교의 보살은 이 육바라밀의 실천을 통해 자신의 완성을 이룩해 가는 동시에 다른 사람들도 완성시켜 정토(淨土)를 건설해 간다.

"법장보살은 이미 성불하여 서방에 계시는데, 여기서부터 10만억 나라를 지나가면 그 부처님의 세계가 있는데 이를 안락(安樂)이라고 한다."

아난다가 다시 여쭈었다.

"그 부처님께서 성불하신 이후 얼마나 됩니까?"

이에 부처님께서 말씀하셨다.

"성불하신 지는 이미 무려 10겁이 지났다. 그 불국토는 금, 은, 유리, 산호, 호박, 차거, 마노의 칠보로써 땅이 이루어져 있다. 넓고 광대하여 끝이 없으며, 그 보배들은 서로 섞여 있어 찬란하게 빛난다. 또한 아름다우며 화려하고 청정하게 장엄되어 시방의 모든 세계보다도 뛰어난데, 이 보배는 마치 타화자재천(他化自在天)*의 보배와 같다. 또한 그 나라에는 수미산이나 금강철위산과 같은 일체의 산이 없다. 크고 작은 바다, 계곡, 시내, 우물, 웅덩이 등이 없지만, 부처님의 신통력으로 말미암아 보고자 한다면 즉시 나타난다. 또한 지옥(地獄)·아귀(餓鬼)·축생(畜生) 등 여러 고난이 가득한 악도(惡道)가 없으며, 또한 봄·여름·가을·겨울의 사계절도 없어서 춥지도 않고 덥지도 않으니, 항상 온화하고 쾌적하다."

그때 아난다가 부처님께 말씀드렸다.

"세존이시여, 만일 그 나라에 수미산이 없다면 그곳에는 사천왕(四天王)* 및 도리천(忉利天)* 등은 어디에 의지해 머무를 수 있나이까?"

부처님께서 아난다에게 말씀하셨다.

"아난다여. 수미산* 상공에 있는 야마천(夜摩天)이나 색구경천(色究竟天)*은 모두 어디에 의지하여 머무는가?"

아난다가 부처님께 말씀드렸다.

"부처님이시여, 자신이 지은 업력의 과보는 불가사의하므로 거기에 합당한 과보로써 천계에 의지해 있나이다."

이에 부처님께서 아난다에게 말씀하셨다.

"그들의 행업과 과보가 불가사의하다면 모든 부처님의 세계 또한 불가사의한 것이다. 그곳에는 모든 중생들도 지은 공덕과 선업에 의하여 나타난 땅에 머물러 산다. 그러므로 수미산이 없더라도 아무런 불편이 없다."

---

* 사천왕(四天王) : 욕계에 속한 가장 낮은 하늘인 수미산 중턱에 위치한 사천왕천(四天王天)을 지키는 네 명의 천왕이다. 수미산 정상에 있는 제석천(帝釋天)을 섬기며, 불법(佛法)뿐 아니라, 불법에 귀의하는 사람들을 수호하는 호법신이다. 그래서 호세사천왕이라고도 한다. 동쪽의 지국천왕(持國天王), 남쪽의 증장천왕(增長天王), 서쪽의 광목천왕(廣目天王), 북쪽의 다문천왕(多聞天王:毘沙門天王)을 말한다.

* 도리천(忉利天) : 세계의 중심인 수미산(須彌山:Sumeru)의 정상에 있으며 사방에 봉우리마다에 8천이 있기 때문에 도리천과 합하여 33천이 된다. 그래서 도리천은 '삼십삼천'이라고도 한다. 도리천의 주인은 제석천이고, '인드라(Indra)'라고도 한다. 마야부인이 죽은 뒤 다시 태어난 곳이 바로 도리천이다. 이 도리천 위에 있는 하늘이 야마천(夜摩天, 염마천)이다.

* 타화자재천(他化自在天) : 욕계의 가장 정상에 있는 마왕(魔王)이 파순이 사는 하늘이다. 타화(他化)는 남이 짓는다는 의미이고, 자재(自在)는 자득(自得)한다는 뜻이다. 즉 이 하늘은 남이 지은 것을 빼앗아 자신이 즐기기 때문에 타화자재천(他化自在天)이라 이름붙었다.

* 색구경천(色究竟天) : 색계의 맨 위에 있는 하늘이라는 뜻이다. 천인(天人)들이 의지하는 곳으로, 사선천(四禪天)에서 맨 위에 있는 하늘이다. 석가모니부처님이 깨달음을 얻은 후에 세번 법문을 청했던 범천왕이 머무는 곳이다.

* 수미산(須彌山) : 불교에서 말하는 일세계(一世界)의 중심을 점했다는 높은 산. 지상의 높이는 8만 4000유순이고, 모양은 중간이 잘록하고 정상과 밑으로 갈수록 계단처럼 커진다. 산의 중간에 사천왕이 거주하고, 평탄한 정상에 제석천의 궁전이 있다. 이 산 주위로 여덟개의 바다와 산이 어긋나게 둘러싸는데, 이를 합하여 구산팔해(九山八海)라고 한다.

아난다가 부처님께 말씀드렸다.

"저는 이 법을 의심하지 않습니다. 다만 장래의 중생들을 위하여 그들의 의혹을 풀어 주고자 이러한 뜻을 여쭈었나이다."

부처님께서 아난다에게 말씀하셨다.

"무량수불(無量壽佛)의 위신력과 광명은 가장 존귀하고 뛰어나서 다른 모든 부처님들의 광명이 능히 미칠 수 없다. 또한 부처님의 광명은 백 개의 부처님 세계 혹은 천 개의 부처님 세계를 비추기도 하나니, 중요한 것을 가려 말하면 동쪽으로 갠지스강 모래알처럼 많은 불국토를 비추고, 남쪽, 서쪽, 북쪽, 그리고 그 사이의 방향[四維] 및 위아래도 이처럼 비춘다. 또한 부처님의 광명은 일곱 자[尺]를 비추기도 하고, 혹은 1유순(由旬), 2, 3, 4, 5 유순을 비추기도 한다. 이와 같이 배로 늘어나기도 하여, 하나의 불국토를 비추기도 한다.

그런 까닭에 무량수불을 무량광불(無量光佛), 무변광불(無邊光佛), 무애광불(無礙光佛), 무대광불(無對光佛), 염왕광불(炎王光佛), 청정광불(淸淨光佛), 환희광불(歡喜光佛), 지혜광불(智慧光佛), 부단광불(不斷光佛), 난사광불(難思光佛), 무칭광불(無稱光佛), 초일월광불(超日月光佛)이라고도 부른다.

중생들이 이러한 빛을 만나면, 탐내고 성내고 어리석은

마음의 때가 저절로 없어지고, 몸과 마음이 부드럽고 경쾌해지며, 환희하고 뛸 듯이 기뻐하며 착한 마음이 저절로 우러난다. 만일 삼악도의 힘들고 괴로운 곳에 있더라도 이 광명을 보게 되면 모두 휴식을 얻게 되며, 다시는 괴로움을 겪지 않고 목숨이 다한 뒤에는 모두 해탈을 얻게 된다.

이처럼 무량수부처님의 광명은 찬란하여 시방세계의 모든 불국토를 밝게 비추고, 모든 불국토에 그 명성이 들리지 않는 곳이 없다. 이는 단지 나만이 그 광명을 찬탄하는 것이 아니라 일체의 모든 부처님과 성문, 연각, 보살*들도 모두 한결같이 찬탄한다. 만일 중생이 그 광명의 위신력과 공덕을 듣고 하루 밤낮 지극한 마음으로 찬탄하기를 그치지 않는다면, 원하는 바에 따라 그 나라에 태어나며, 여러 보살들과 비구들이 함께 그를 위하여 공덕을 칭송하고 찬탄할 것이다. 그러한 후 깨달음을 이루었을 때 두루 시방세계의 모든 부처님들과 보살들이 그 광명을 찬탄함도 역시 그와 같다."

석가모니부처님께서 다시 말씀하셨다.

"내가 무량수불의 광명과 위신력이 위대하고 비할 데 없이 뛰어나며, 또한 미묘한 것을 1겁 동안 밤낮으로 말

---

* 성문(聲聞) · 연각(緣覺) · 보살(菩薩) : 성문 · 연각 · 보살은 대승불교의 세 가지 종류의 가르침이나 수행법으로 '세 가지의 탈것'이라는 의미에서 삼승(三乘)이라고 한다. ①성문(聲聞) : 부처님의 법문을 듣고 깨닫는 것. 사성제(四聖諦)의 교법(敎法)을 듣고 그 이치를 깨달아 아라한(阿羅漢)이 되는 것. ②연각(緣覺) : 교화에 의지하지 않고 홀로 깨달은 성자. 12연기(緣起)의 교법을 스스로 깨달아 스스로 깨닫는 것. ③보살(菩薩) : 육바라밀(六波羅蜜)의 실천을 통하여 자신도 깨닫고 다른 사람도 깨닫게 하는 자리(自利)와 이타(利他)를 행하는 것.

하여도 다 할 수가 없다."

석가모니부처님께서 아난다에게 말씀하셨다.

"무량수불의 수명은 한량없이 길어서 헤아릴 수 없는데, 어찌 그대가 가히 알 수 있겠는가? 가령 시방세계의 한량없는 중생들로 하여금 모두 사람의 몸을 얻게 하고 빠짐없이 성문과 연각이 되어 그 지혜의 힘을 다해 백천만 겁 동안 그 수명의 영겁 수를 계산하여도 그 끝을 알 수 없다. 또한 성문과 보살 및 천인들의 수명도 그 길고 짧음이 역시 이와 같아서 세어보거나 비유로도 능히 알 수 없다. 그런데 그 세계의 성문과 보살의 수효는 헤아리기도 어렵고 말로 설할 수도 없는데, 그들은 모두 신통력과 지혜에 통달하여 그 위신력이 자재하므로 능히 손바닥 가운데 모든 세계를 올려놓을 수도 있다."

부처님께서 아난다에게 말씀하셨다.

"그 부처님께서 최초로 법을 설하시는 법회에 모인 성문들의 수효는 헤아릴 수 없을 정도로 많았고, 보살 역시 그러했다. 또한 대목건련(大目犍連) 같은 이가 백천만억이나 되어 헤아릴 수 없을 정도로 많아 아승기(阿僧祇) 나유타 겁 동안, 혹은 수명이 다할 때까지 헤아린다고 하더라도 그 수를 다 알 수 없다.

비유하면 큰 바다가 깊고 광대하여 헤아릴 길이 없는데, 가령 어떤 사람이 하나의 터럭을 백 조각을 낸 뒤 그 한 조각의 터럭으로 바닷물을 한 방울씩 적시는 것과 같다. 그대는 어떻게 생각하는가? 그 터럭 끝에 한 방울씩 적셔진 것과 저 큰 바닷물 중 어느 쪽이 많겠는가?"

아난다가 부처님께 말씀드렸다.

"저 털끝에 적신 한 방울의 물을 저 큰 바다에 비교한다면, 그 많고 적음은 어찌 계산이나 말로써 능히 헤아릴 수 있겠습니까?"

부처님께서 아난다에게 말씀하셨다.

"아난다여, 목건련 등과 같은 이가 백천 만억 나유타 겁 동안 헤아려서 알 수 있는 숫자는 대단히 적다. 헤아려서 아는 수는 마치 터럭 끝에 묻은 한 방울의 물과 같고, 미처 헤아리지 못하는 숫자는 큰 바다의 물과 같은 것이다.

또한 그 나라에는 일곱 가지 보배로 된 갖가지의 나무가 가득 있다. 금으로 된 나무, 은으로 된 나무, 유리로 된 나무, 파리(頗梨, 수정)로 된 나무, 산호로 된 나무, 마노(瑪瑙)로 된 나무, 차거(車渠, 조개껍질)로 된 나무들이 있는데, 혹은 두 가지 보배, 세 가지 보배, 내지 일곱 가지 보배가 서로 합쳐서 이루어졌다.

금으로 된 나무에 은으로 된 잎과 꽃과 열매가 열리기도 하고, 혹은 은으로 된 나무에 금으로 된 잎과 꽃과 열매가 열리기도 한다. 유리로 된 나무에 파리로 된 잎과 꽃과 열매가 달린 것이 있고, 혹은 수정으로 된 나무에 유리로 된 잎과 꽃과 열매가 달린 것도 있다.

또 어떤 보배나무는 뿌리는 자마금(紫磨金)이요, 줄기
는 백은이며, 유리로 된 큰 가지가 뻗고, 수정으로 된
작은 가지, 산호로 된 잎, 마노로 된 꽃, 차거로 된 열매
가 달린 것도 있다.

또 어떤 보배나무는 뿌리는 백은이며, 유리로 된 줄기,
수정으로 된 큰 가지, 산호로 된 작은 가지, 마노로 된
잎, 차거로 된 꽃과 자마금으로 된 열매가 달린 것도 있다.

또 어떤 보배나무는 유리로 된 뿌리, 수정으로 된 줄기,
산호로 된 큰 가지, 마노로 된 작은 가지, 차거로 된 잎,
자금으로 된 꽃과 백은으로 된 열매가 달린 것도 있다.

또 어떤 보배나무는 수정으로 된 뿌리, 산호로 된 줄기,
마노로 된 큰 가지, 차거로 된 작은 가지, 자마금으로 된
잎, 백은으로 된 꽃과 유리로 된 열매가 달린 것도 있다.

어떤 보배나무는 산호로 된 뿌리, 마노로 된 줄기, 차거
로 된 큰 가지, 자마금으로 된 작은 가지, 백은으로 된
잎, 유리로 된 꽃과 수정으로 된 열매가 달린 것도 있다.

어떤 보배나무는 마노로 된 뿌리, 차거로 된 줄기, 자
금으로 된 큰 가지, 백은으로 된 작은 가지, 유리로 된
잎, 수정으로 된 꽃과 산호로 된 열매가 달린 것도 있다.

어떤 보배나무는 차거로 된 뿌리, 자마금으로 된 줄기,
백은으로 된 큰 가지, 유리로 된 작은 가지, 수정으로 된
잎, 산호로 된 꽃과 마노로 된 열매가 달린 것도 있다.

이러한 보배나무들은 칠보와 서로 번갈아 나무가 되고

가지가 뻗고 잎과 꽃과 열매가 되어 중생들의 생각으로 는 상상도 할 수 없는 보석의 나무들이 여기저기 줄지어 있는 것이다. 이 보배나무들은 가지런히 줄을 지어 조화롭게 심어져 있는데, 줄기는 줄기끼리 마주 보고, 가지는 가지끼리, 잎은 잎끼리, 꽃은 꽃끼리, 열매는 열매끼리 질서정연하게 줄줄이 마주 보고 있다.

그 아름다운 모습과 찬란한 광채가 휘황하여 눈이 부셔 바라볼 수 없을 정도이며, 때때로 맑은 바람이 불어오면 다섯 가지의 미묘한 소리를 내어 저절로 조화를 이룬다.

또한 무량수불이 계시는 도량의 보리수는 높이가 4백만 리(里)이고, 그 밑동의 둘레가 50유순이고, 가지와 잎은 사방으로 20만 리나 펼쳐져 있으며, 온갖 보배들이 합쳐져 이루어져 있는데, 보배 가운데 으뜸인 월광마니(月光摩尼)*와 지해륜보(持海輪寶)*로 장엄되어 있다.

작은 가지 사이에는 보배로 된 영락이 드리워져 있는데, 백천만 가지 색으로 이리저리 달라지며, 한량없는 광채가 휘황찬란하게 끝없이 비추고 있다. 그 위로는 진기하고 미묘한 보배 그물이 덮여 있으니, 그 모든 장엄함은 바라는 대로 마땅히 나타난다.

---

* 월광마니(月光摩尼) : 관세음보살이 손에 지니고 있는 보배 구슬로, 열병에 걸려 고열에 시달리는 사람이 이것을 손에 지니면 열이 내린다고 한다.
* 지해륜보(持海輪寶) : 서방정토 극락세계를 장식하는 보배 구슬 이름.

미풍이 서서히 불면 보배 나무의 가지가 살랑거리면서 한량없이 미묘한 법음(法音)이 울려 퍼지는데, 그 소리는 시방세계의 모든 불국토에 울려 퍼진다. 그 소리를 듣는 자는 무생법인(無生法忍)을 얻어 불퇴전(不退轉)의 지위에 머물고, 그리하여 성불할 때까지 괴로움과 병환을 만나지 않는다.

눈으로 그 색깔을 보고, 귀로 그 소리를 듣고, 코로 그 향기를 맡고, 혀로 그 맛을 보고, 몸으로 그 빛의 촉감을 느끼고, 마음으로 그 인연을 생각하는 모든 중생들은 무생법인을 얻고, 불퇴전의 자리에 머물러 불도를 이룰 때까지 육근(六根)이 청정하고 명철하여 그 어떤 번뇌의 괴로움도 없다.

아난다여, 만일 그 나라의 인간과 천신들이 이 나무를 보면 삼법인(三法忍)을 얻는다. 설법을 듣고 깨닫는 음향인(音響忍)과, 진리에 수순하는 유순인(柔順忍)과, 나지도 죽지도 않는 도리를 깨닫는 무생법인(無生法忍)이다. 이것은 모두 무량수부처님의 위신력과 본원력 덕분이며, 서원이 만족스러운 때문이며, 서원이 명료한 때문이며, 서원이 견고한 때문이며, 끝까지 원을 성취한 때문이다.

아난다여, 세간의 제왕(帝王)들은 백천 가지의 음악을 들을 수 있지만, 전륜성왕으로부터 제6천 타화자재천에 이르기까지 연주와 음악 소리는 천억만 배나 더 뛰어나다.

그런데 여섯 번째 하늘의 만 가지 음악 소리는 극락국 토에 있는 칠보로 된 나무들 가운데 한 종류의 소리에도 미치지 못하니, 그 소리는 천상의 소리보다 천억만 배나 더 뛰어나다. 또 그곳에는 만 가지의 기악이 자연스럽게 연주되며, 그들 음악 소리는 법음(法音)이 아닌 것이 없 으며, 청정하고, 맑고, 애절하며, 미묘하고, 온화하며 아 름다우니, 시방세계의 음악 소리 가운데 가장 뛰어나다.

또한 그 나라에는 강당과 절과 궁전과 누각들이 있는 데, 모두 칠보로 장엄하게 꾸며져 있으며, 이들은 저절 로 이루어진 것들이다.

그 위에는 진주와 명월마니(明月摩尼)* 등 갖가지 보 배로 엮은 그물이 덮여 있는데, 안팎과 좌우에는 여기저 기 목욕할 수 있는 연못이 있다. 그 크기는 10유순 혹은 20, 30 내지 백천 유순도 되며, 세로와 가로로 그 깊고 얕음이 모두 하나로 같다. 팔공덕수(八功德水)가 가득 차 있는데, 청정하고 향기롭고 정결하고 그 맛은 감로수 (甘露水)와 같다.

황금 연못에는 그 바닥에 백은 모래가 깔려 있고, 백은 연못에는 그 바닥에 황금 모래가 깔려 있고, 수정 연못에 는 그 바닥에 유리 모래가 깔려 있고, 유리 연못에는 그

---

*명월마니(明月摩尼) : 명주(明珠)라고도 한다. 아름다운 보배 구슬을 말한다. 고운 빛이 나는 아름다운 구슬의 빛이 밝은 달과 같으므로 이같이 일컫는다.

바닥에 수정 모래가 깔려 있고, 산호 연못에는 그 바닥에 호박 모래가 깔려 있고, 호박 연못에는 그 바닥에 산호 모래가 깔려 있고, 차거연못에는 그 바닥에 마노 모래가 깔려 있고, 마노 연못에는 그 바닥에 차거 모래가 깔려 있고, 백옥 연못에는 그 바닥에 자금(紫金) 모래가 깔려있고, 자금 연못에는 그 바닥에 백옥 모래가 깔려 있으며, 혹은 두 가지 보배, 세 가지 보배 내지 일곱 가지 보배로 이루어졌다. 그 연못가에는 전단향나무가 있고, 그 꽃과 잎이 드리워져 있으며, 그 향기가 널리 퍼져 나가다. 천상의 우발라화(優鉢羅華)와 우담발화(優曇發花), 구물두화(拘物頭華), 분타리화(分陀利華)*가 서로 어우러져 온갖 색으로 찬란히 빛나며 물 위를 가득 채우고 있다.

그곳의 모든 보살과 비구들이 만일 보배 연못에 들어가 마음속으로 물이 발목까지 잠기기를 원하면 물은 곧 발을 적시고, 무릎까지 잠기기를 원하면 곧 무릎에 이르며, 허리까지 잠기기를 원하면 곧 허리까지 이르고, 목까지 잠기기를 원하면 곧 목에 이르며, 온몸을 적시고자

---

* 천상의 꽃 : 하늘나라의 사화(四華)는 우발라화(優鉢羅華, 청련화), 파두마화(波頭摩華, 홍련화), 구물두화(拘物頭華, 황련화), 분타리화(分陀利華, 백련화)의 네 가지이다. 이와는 별도로 3천 년 만에 한 번 부처님이나 전륜성왕이 나타날 때 핀다는 우담발화(優曇發花)가 있다.

* 십력(十力) : 부처님이 가진 10종의 힘으로, ①처비처지력(處非處智力) : 도리와 도리가 아닌 것을 아는 힘, ②업이숙지력(業異熟智力) : 업과 그 과보의 관계를 아는 힘, ③정려해탈등지등지지력(靜慮解脫等持等至智力) : 갖가지 선정(禪定)에 통달하는 힘, ④근상하지력(根上下智力) : 중생의 근기(根機), 즉 이해능력을 아는 힘, ⑤종종승해지력(種種勝解智力) : 중생의 갖가지 욕구를 아는 힘, ⑥종종계지력(種種界智力) : 중생의 갖가지 성격을 아는 힘, ⑦변취행지력(遍趣行智力) : 업을 통하여 나타나는 세계, 즉 중생이 지옥·열반 등 여러 곳으로 향하는 것을 아는

하면 저절로 온몸을 적신다. 다시 원래대로 돌아가기를 원하면 물은 다시 원래 상태로 돌아간다.

차고 따뜻해지는 것도 자연히 마음에 바라는 대로 되며, 그 연못에서 목욕을 하면 정신은 맑아지고 온몸이 상쾌하며 마음의 때까지 씻어진다. 또한 그 물은 맑고 밝고 투명하고 순결하고 깨끗한 것이 마치 물이 없는 것처럼 보이며, 보배로 된 모래는 환하게 드러나니, 아무리 깊은 곳일지라도 비치지 않는 곳이 없다.

잔잔한 물결은 돌아서 흐르며 서로 합해져서 빠르지도 느리지도 않다. 한량없는 자연의 미묘한 소리를 내는데, 듣고자 하는 대로 모든 소리를 다 들을 수 있다.

그것은 곧 부처님께서 설하신 진리를 말하는 여러 가지 소리이다. 이러한 여러 소리를 듣는 사람들은 듣는 바에 따라 한량없이 기쁨에 넘치게 된다. 그것은 정신이 청정해지고 탐욕을 여의며, 적멸의 진실한 뜻에 따르는 기쁨이고, 또 불법승 삼보(三寶)와 십력(十力)*과 네 가지 두려움이 없는 사무소외(四無所畏)*와 열여덟 가지

힘, ⑧숙주수념지력(宿住隨念智力) : 과거세의 일을 기억하는 힘, ⑨사생지력(死生智力) : 미래의 일을 다 아는 힘, ⑩누진지력(漏盡智力) : 번뇌가 다 없어진 경지인 열반과 그곳에 도달하기 위한 수단을 여실히 아는 힘을 말한다.

*사무소외(四無所畏) : 부처님이 설법할 때 두려움이 없는 지력(智力)의 네 가지로, ①정등각무외(正等覺無畏) : 일체 모든 법을 평등하게 깨달았다고 설하심에 다른 이의 힐난을 두려워하지 않음, ②누영진무외(漏永盡無畏) : 온갖 번뇌를 다 끊었노라고 설하심에 다른 이의 힐난을 두려워하지 않음, ③설장법무외(說障法無畏) : 보리(菩提)에 장애가 되는 것 중에 악법(惡法)은 장애되는 것이라고 설하심에 다른 이의 비난을 두려워하지 않음, ④설출도무외(說出道無畏) : 고통의 길을 벗어나는 요긴한 길을 표시하심에 있어 다른 이의 비난을 두려워하지 않음을 말한다.

부처님의 공덕인 십팔불공법(十八不共法)*과 보살과 성문들의 행하는 도를 따르는 기쁨이다.

그 불국토에는 지옥·아귀·축생 등의 삼악도의 이름조차도 없고 다만 저절로 흘러나오는 상쾌하고 즐거운 소리만 있는 까닭에 그 나라를 극락이라고 이름한다.

아난다여, 그 불국토에 왕생하는 자는 누구나 그와 같은 청정한 몸과 온갖 미묘한 음성과 신통력 등의 공덕을 원만히 갖추게 되며, 그들이 거처하는 궁전과 의복과 음식, 여러 가지의 미묘한 꽃과 향 등의 장엄구들이 갖추어져 있는데, 이는 마치 타화자재천국에서 저절로 나오는 그것들과도 같다.

만약 음식을 먹고 싶을 때는 칠보로 된 그릇들이 저절로 앞에 나타나는데, 금·은·유리·차거·마노·산호·호박·명월진주 등으로 만들어진 여러 가지 그릇들이 생각하는 대로 나타나며, 또한 갖가지 맛을 지닌 음식이 자연히 가득하게 된다. 그러나 이러한 음식이 있다고 해도 실제로 먹는 자는 없다. 다만 그 빛깔을 보고, 향기를 맡고, 생각으로 음식을 먹으면 자연히 배부르고 만족하게 된다. 몸과 마음이 유연하고 경쾌하여 그 맛을 탐하거나 집착하지 않으며 식사를 마치면 사라지고 다시 바라면 나타난다.

이처럼 저 불국토는 청정하고 안온하며 미묘하고 유쾌하고 즐거우니, 단순한 형상을 초월하여 상주불변한 열반의 경지이다.

그 나라의 모든 성문과 보살과 천신과 사람들은 지혜가 높고 밝으며 신통력이 자재하며, 모두 같은 모습으로 다른 형체가 없다. 다만 저마다 다른 세계의 인연에 따르므로 각기 천상과 인간이라는 이름이 있을 뿐이다.

그들은 얼굴과 용모가 한결같이 준수하고 반듯하니 어떤 하늘 사람이나 인간에게도 견줄 수 없이 뛰어나고 보기 드물다. 그들은 모두 생멸(生滅)이 없는 법신(法身)과 즐겁기 그지없는 몸을 가지게 된 것이다."

부처님께서 아난다에게 말씀하셨다.

"비교하자면 세상의 가난하고 궁핍한 걸인이 제왕의 주위에 있을 때, 그 형체와 용모와 얼굴의 상태가 어떻게 비슷하기라도 하겠느냐?"

아난다가 부처님께 말씀드렸다.

"가령 그런 걸인이 제왕의 근처에 있다면, 파리하고 비루하고 추하여 비교할 수가 없을 정도이며, 그 차이는

---

* 십팔불공불법(十八不共佛法) : 십팔불공불법(十八不共佛法)이라고도 하는데, 아라한이나 벽지불 또는 보살과도 구별되는 부처님 독자의 법이라는 뜻이다. 십팔불공불법은 십력(十力), 사무소외(四無所畏), 삼념주(三念住), 대비(大悲)의 열여덟 가지를 말한다. 십력은 부처님은 일체를 깨달아 아는 열 가지 지혜의 힘이며, 사무소외란 부처님이 설법을 함에 있어서 네 가지 확신을 얻어 어떤 이가 비난할지라도 일체 두려운 바가 없는 지혜의 힘이다. 그리고 삼염주(三念住)란 부처님께서 중생들의 어떤 태도에도 마음에 흔들림이 없이 동요치 않음을 셋으로 나눈 것이다. ①제일염주(第一念住)는 중생이 부처님을 신봉해도 부처님은 환희심을 내지 않고 바른 지혜에 안주하심을 말하고, ②제이염주(第二念住)는 중생이 부처님을 신봉하지 않아도 근심하지 않고 바른 지혜에 안주하심을 말하며, ③제삼염주(第三念住)는 어떤 중생은 신봉하고 어떤 중생은 신봉하지 않아도 기뻐하거나 근심하지 않고 바른 지혜에 안주하심을 말한다. 그리고 대비(大悲)란 이 부처님의 일대 교화란 오로지 대비심(大悲心)에서 우러나온 것이라 할 수밖에 없기 때문에 대비가 부처님 특유의 덕이라 한 것이다.

백천만억 배나 되어 헤아릴 수 없을 것입니다. 왜냐하면 가난하고 궁핍한 걸인은 극도로 비루하고 천하여 그 옷은 형체를 알아보기 어렵고, 음식은 겨우 목숨을 부지할 정도이고, 배고프고 춥고 고통에 시달려서 사람의 도리를 거의 할 수 없을 것입니다.

그 모든 것은 전생에서 공덕을 심지 않았고, 재물을 쌓아 둘 뿐 베풀지 않았고, 부유할수록 더욱더 인색했고, 단지 이익을 얻기만을 욕구하였으므로 탐하고 구하는 데 조금도 싫어함이 없었기 때문입니다. 그리고 선한 행을 닦지 않고 악한 짓만 태산처럼 했을 뿐이었습니다.

그렇게 목숨을 마친 뒤에는 애써 모은 재물과 보배는 다 사라지고, 몸에는 고통만 쌓이게 되니, 이것 때문에 근심하고 고뇌하여도 자신에게는 더 이익되는 것이 없으니 모두 다른 이에게 돌아가게 됩니다. 자신이 믿을 만한 선한 일을 하기 위해 애쓴 적도 없고 공덕을 쌓기 위해 힘쓴 적도 없으므로 죽어서 악도에 떨어져 오랫동안 괴로움을 받습니다. 그러다가 죄업을 다하여 악도에서 벗어나 인간계에 태어난다고 하여도, 천하고 어리석고 비루하여, 다만 사람의 모습만 겨우 갖추었을 뿐입니다.

그리고 세상의 제왕이 사람 가운데 홀로 존귀한 까닭은 모두 과거 숙세(宿世)에 공덕을 쌓은 덕분입니다. 그는 자비와 은혜로움을 갖추어 널리 베풀고, 인자함과 사랑하는 마음으로 널리 많은 사람들을 이끌고, 신의를 지키고 선한 일을 닦아서 남의 뜻을 거역하거나 다투는 바가 없었습니다. 그렇게 살다가 목숨을 마친 뒤에는 그가 지은바 복덕에 따라 선도(善道)인 천상에 태어나서 그러한 복락을 누리게 됩니다. 선업을 쌓아 두었기에 경사스러운 복덕 가운데 남은 것이 있어 지금 사람의 몸을 얻어 왕의 가문에 태어나 자연히 존귀한 신분이 됩니다. 그 용모가 준수하고 반듯하여 모든 사람들이 그를 존경하고 섬깁니다. 좋은 옷과 진귀한 음식을 마음대로 누리니 이는 모두 과거 세상에서 이룬 복덕의 과보로 인한 것입니다."

부처님께서 아난다에게 말씀하셨다.
"너의 말이 옳다. 그러나 비록 제왕이 인간 가운데 존귀하고 그 모습이 준수하고 반듯하다고 할지라도, 그를 전륜성왕에게 비하면 그 또한 매우 누추하고 볼품이 없다. 이는 마치 저 걸인이 제왕의 곁에 앉아 있는 것과 같다고 할 것이다.

또한 전륜성왕의 위엄과 늠름하고 훌륭한 모습이 천하에 제일이라고 하여도, 도리천의 제석천왕에 비하면 또한 천하고 누추하여 서로 비교할 수 없음이 만억 배나 된다. 다시 이 도리천왕을 타화자재천왕에게 비한다면 백천억 배를 하여도 서로 비교할 수 없다. 그리고 타화자재천왕이라 하여도 무량수불의 극락세계 보살이나 성

문들에게 견준다면 얼굴과 모습의 차이는 백천만억의
차이로서 비교도 안 되는 것이다."

부처님께서 아난다에게 말씀하셨다.
"무량수불 나라의 모든 천인의 의복과 음식, 꽃과 향
과 영락, 온갖 일산, 당번, 미묘한 음악과 거처하는 저
택과 궁전, 누각 등은, 각각 그 형색에 맞추어서 높고
낮으며, 크고 작은 보배들로 이루어져 바라는 대로 생각
에 따라 곧바로 그들 앞에 나타나게 된다.
갖가지 보배로 된 미묘한 비단이 땅에 널리 깔려 있
어, 모든 천인이 이것을 밟고 다닌다. 한량없는 보배의
그물이 불국토를 완전히 덮고 있는데, 모두 금실과 진주
와 백천 가지의 온갖 보배로 기묘하고도 진기한 것들로
장엄하고 꾸민 것이다. 또한 사방에 드리워져 있는 보배
방울은 찬란히 빛나며, 어느 것이나 장엄하고 수려함이
극에 달해 있다.

자연히 덕스럽고 온화한 바람이 불어오면, 그 바람은
춥지도 않고 덥지도 않으며, 서늘하고도 따뜻하다. 또한
부드럽고도 상쾌하여 더디지도 않고 빠르지도 않다. 그
바람이 그물과 온갖 보배 나무에 불어서 한량없이 미묘
한 법음을 내고 만 가지 온화한 덕의 향기를 풍긴다.
그 소리를 듣고, 향기를 맡는 사람은 세속의 모든 번

뇌에서 벗어나 마음의 때가 저절로 사라진다. 바람이 그 몸에 닿으면 모두 유쾌함과 즐거움을 얻다. 이는 마치 비구가 멸진정(滅盡定)*에 들었을 때와 같다.

또한 바람이 불어 꽃을 흩날리면, 이것이 불국토에 가득 차는데, 그 꽃은 색깔에 따라 서로 어울려 혼란스럽지 않으며, 오히려 부드럽게 빛나며 그윽한 향기를 풍기다. 그 꽃잎을 밟으면 땅은 네 치나 들어가는데, 발을 떼면 다시 이전처럼 올라온다. 꽃잎이 시들면 땅이 갈라져 땅속으로 사라지고 땅은 청정하여 흔적도 없게 된다. 시간에 맞추어 바람이 불고, 꽃이 흩날리는데, 이와 같은 일이 하루에 여섯 번 되풀이된다.

또한 갖가지 보배로 된 연꽃이 그 세계에 가득 피어 있다. 그 하나하나의 보배 꽃송이마다 백천억 개의 잎이 있고, 그 꽃잎은 헤아릴 수 없는 빛깔로 이루어져 있다. 푸른 연꽃에서는 푸른 광명이 빛나고, 흰색 연꽃에서는 흰 광명이 빛난다. 검은색, 노란색, 붉은색, 자주색의 연꽃들도 그 색깔에 따라 광명이 빛나며, 모두 휘황찬란하여 해와 달보다 더 밝게 빛난다.

그 하나하나의 꽃 가운데서 36백천억의 광명을 발하

---

* 멸진정(滅盡定) : 상수멸정(想受滅定), 멸수상정(滅受想定)이라고도 한다. 무소유처(無所有處)의 경지에 이른 성자가 모든 마음 작용을 소멸시켜 비상비비상처(非想非非想處)의 경지에 이르기 위해 닦는 선정(禪定)으로, 모든 마음 작용이 소멸한 가장 깊은 선정(禪定)의 경지이다.

고, 그 하나하나의 광명 속에는 36백천억의 부처님께서 나타나신다. 부처님의 몸은 자금색이고 상호도 수승하시다. 그리고 그 모든 부처님 한 분 한 분이 백천의 광명을 비추시며 두루 시방세계의 중생들을 위하여 미묘한 법을 설하신다. 이처럼 모든 부처님들은 각각 한량없는 중생들을 부처님의 바른 도리에 편안히 머물게 하신다.”

5. 정토에 나려는 이가 닦는 행업

부처님께서 아난다에게 말씀하셨다.

“아난다여, 저 극락세계에 왕생하는 중생들은 모두 반드시 성불이 정해진 정정취(正定聚)에 머물게 된다. 왜냐하면 극락에서는 지옥에 떨어져야 하는 사정취(邪定聚)나 성불이 정해지지 않은 부정취(不定聚)가 없기 때문이다. 그리하여 갠지스강 모래알 수만큼이나 무수한 시방세계의 여러 부처님들도 모두 한결같이 무량수불의 위신력과 공덕이 불가사의함을 찬탄하신다.

그런데 어떤 중생이라도 그 명호를 듣고 기쁜 마음으로 진심으로 믿어, 한 생각만이라도 지극한 마음으로 다른 이들에게 선근공덕을 돌려 그 나라에 태어나기를 발원한다면, 곧 왕생하여 불퇴전(不退轉)의 지위에 머물게 된다. 다만 오역죄(五逆罪)를 저지른 자와 정법(正法)을 비방하는 자는 제외된다.”

부처님께서 아난다에게 말씀하셨다.

"시방세계에 있는 여러 천신과 인간들로서 지극한 마음으로 그 나라에 태어나기를 원하는 데 무릇 상·중·하 세 가지의 차별이 있다.

그중에서 상배자(上輩者)란 출가하여 욕심을 버리고 비구가 된 사람들로서, 보리심(菩提心)을 일으켜 오로지 한결같은 마음으로 무량수불을 염하며 여러 가지 공덕을 쌓아 극락세계에 왕생하기를 원하는 사람들이다.

이런 사람이 임종할 때 무량수불께서 여러 대중들과 함께 그 사람의 앞에 나타나신다. 그는 곧바로 그 부처님을 따라서 극락국토에 왕생하여 문득 칠보로 된 꽃 가운데 자연히 다시 태어나 불퇴전의 지위에 머물게 되고 지혜를 갖추고 용맹하게 되어 신통력이 자재하게 된다. 그런 까닭에 아난다여, 어떤 중생으로서 지금 세상에서 무량수불을 친견하고자 원하는 자는 마땅히 위없는 보리심을 일으켜 공덕을 닦고 그 나라에 태어나기를 발원해야 한다."

부처님께서 아난다에게 말씀하셨다.

"그중에서 중배자(中輩者)란 시방세계에 있는 여러 천인들로서 지극한 마음으로 그 나라에 태어나기를 원하는 사람들인데, 비록 출가하여 큰 공덕을 쌓지는 못하였지만, 마땅히 위없는 보리심을 일으켜 오로지 한결같은 마음으로 무량수불을 염하는 자이다. 더러는 착한 일을 하고, 계율을 받들어 지키며, 탑과 불상을 세우고 조성하며, 수행자에게 밥과 음식을 공양하고, 등불을 밝히고, 꽃을 공양하며, 향을 사른다.

이와 같은 그 공덕을 회향하여 극락세계에 태어나기를 원한다면, 그 사람이 임종할 때 무량수불께서 화신으로 그 모습을 나타내시는데, 그 광명과 상호가 원만히 갖추어져 여러 대중들과 함께 그 사람의 앞에 나타나신다. 그러면 그는 곧바로 모습을 드러내신 부처님을 따라서 극락세계에 왕생하여 불퇴전의 지위에 머물게 되니, 그 공덕과 지혜는 상배자 다음으로 뛰어나다."

부처님께서 아난다에게 말씀하셨다.

"그중에서 하배자(下輩者)란 시방세계에 있는 여러 천인과 사람들이 지극한 마음으로 그 나라에 태어나기를 원한다면, 설령 온갖 공덕을 짓지 못하였더라도, 마땅히 위없는 보리심을 내고 오로지 한결같은 마음으로 단 열 번만이라도 무량수불을 염하면서 그 나라에 태어나기를 원하는 사람들이다. 심오한 법을 듣고 기쁜 마음으로 믿고 즐거워하여 의혹을 일으키지 않으며, 한 생각만이라도 저 무량수불을 생각하여 지극한 마음으로 그 나라에 태어나기를 원하면, 그가 임종할 때에 꿈결에서 부처님을 뵙고 왕생하게 될 것이다. 그 공덕과 지혜는 중배자 다음으로 뛰어나다."

부처님께서 아난다에게 말씀하셨다.

"아난다여, 무량수불의 위신력은 한량이 없어서 시방 세계의 수없이 많은 모든 부처님들께서 다 같이 칭송하고 찬탄하신다. 저 동방에 있는 갠지스강의 모래알처럼 많은 불국토에 헤아릴 수 없이 많은 여러 보살들이 모두 무량수불께서 계신 곳에 가서 부처님과 보살과 성문들께 공양올린다. 그리고 무량수불께서 말씀하시는 가르침을 듣고서 널리 중생을 교화한다. 남방과 서방과 북방과 그 사이의 방향인 사유(四維)와 상하* 역시 그와 같다."

그때 세존께서 게송을 읊으며 말씀하셨다.

"동방에 있는 여러 불국토
갠지스 강의 모래알처럼 셀 수가 없네.
이렇게 많은 그 나라의 보살들이
아미타부처님을 친견하네.

남방과 서방과 북방과 사유(四維)와
상방과 하방도 그러하네.
이렇게 많은 그 나라의 보살들이
아미타부처님을 친견하네.

---

* 동서남북사유상하(東西南北四維上下) : 동서남북의 정방향과 그 사이에 있는 중간 방위. 사유(四維)는 건(乾)·곤(坤)·간(艮)·손(巽) 곧 서북·서남·동북·동남의 네 방위를 말한다. 상하는 위아래, 곧 하늘과 땅을 말한다. 동서남북 사방과 사유를 합하여 팔방(八方)이 되고 상하를 더하면 시방(十方)이 되어 우주 전체를 시방세계라고 한다.

시방세계 일체의 여러 보살들이
하늘의 미묘한 꽃과 향과 보배와
한량없는 하늘 옷을 가지고 와서
아미타부처님께 공양 올리네.

모두가 천상의 음악을 연주하고
온화하고 아름다운 노래 불러
가장 존귀하신 부처님을 찬탄하며
아미타부처님께 공양 올리네.

신통과 지혜 모두 통달하여
저 깊은 법문에 드나들면서
공덕장(功德藏)을 원만히 갖추니
미묘한 밝은 지혜는 비길 자 없네.

지혜의 태양이 세상을 비추고
생사의 구름을 없애 주니
보살들이 공경하여 세 번 돌고
위없는 아미타부처님께 머리 숙여 예배하네.

장엄하고 청정한 극락을 보니
미묘하여 감히 생각하고 헤아리기 어려워
보는 사람이 위없는 보리심을 발하는 인연으로
사바세계도 그와 같이 되길 발원하네.

그때 아미타부처님께서
기쁜 얼굴로 은은한 미소를 지으시니
입으로부터 무량한 광명이 나와서
시방세계에 두루 비추시었네.

그 광명 돌아서 몸을 감싸고
세 번 돌고 다시 정수리로 들어가나니
일체의 천인 대중들
뛰고 놀며 모두 함께 환희하네.

그때 관세음보살이
옷깃 여미고 머리 숙여 여쭙기를
부처님께서 무슨 일로 미소지으시는지
원컨대 그 뜻을 설해 주소서.

우레와 같은 우렁찬 성스러운 음성으로
여덟 가지 미묘한 소리로 널리 울려
마땅히 보살에게 수기를 줄 것이니
이 말을 잘 명심하여라.

시방세계에 모인 저 보살들
내가 그들의 소원을 모두 알고 있으니
지성으로 장엄하고 청정한 나라 발원하면
반드시 수기받아 미래에 성불하리라.

일체의 법이 꿈과 같고 허깨비와 같고
메아리와 같음을 밝게 깨달아
온갖 큰 소원을 이루게 되면
반드시 그와 같은 나라를 이루리라.

법이란 번개와 그림자 같음을 깨닫고
끝까지 보살도를 닦아 행하여
여러 가지 공덕 두루 갖추면
반드시 수기받아 마땅히 성불하리라.

법의 성품은 공하며
무아임을 깊이 깨달아
오로지 청정한 불국토를 힘써 구하면
반드시 그런 나라를 이루리라.

여러 부처님께서 보살에게 말씀하시니
극락세계 아미타부처님을 친견하고
법문 듣고 기꺼이 받아 행하면
청정한 저 나라 하루속히 얻으리라.

장엄하고 청정한 나라에 이르면
문득 재빠르게 신통력을 두루 갖추고
반드시 아미타부처님께 수기받아서
위없는 깨달음 성취하리라.

저 부처님 처음에 세우신 위력으로 말미암아
그 이름만 듣고도 왕생하길 원하는 자는
모두 다 빠짐없이 그 나라에 왕생하여
저절로 불퇴전(不退轉)의 지위에 오르리.

보살들아, 지극한 원을 세워
자신의 나라도 극락세계와 다를 바 없기를 서원하며
일체중생을 제도하려 한다면
그 이름 시방세계에 두루 떨치리.

수많은 부처님 받들어 섬기고
이 몸으로 여러 나라 두루 다니며
정성껏 기쁨으로 공양 올리고
뒤돌아 극락세계에 돌아가리라.

전생에 착한 공덕 못 쌓은 이는
이 경전의 가르침 들을 길 없고,
청정하게 계율을 지키는 자라야
부처님 바른 법문 들을 수 있네.

일찍이 부처님을 뵈온 이는
곧바로 이런 일을 잘 믿으리니
겸손하게 듣고 공경하여 받들어 실천하고
즐거이 뛰놀며 환희하리라.

교만하고 게으른 저 사람들은
이 법을 만나도 믿기가 어렵고,
과거세에 여러 부처님을 친견한 이는
즐거이 이러한 가르침을 들으리.

성문은 물론이고 보살이라도
부처님의 거룩한 마음 다 알지 못하네.
세상에 날 때부터 눈먼 사람이
어떻게 남들에게 길을 인도할까.

여래의 크신 지혜의 바다는
깊고 넓어서 그 끝이 없으니
성문이나 보살로서는 헤아릴 수 없어
오로지 부처님만이 홀로 명료히 아시네.

이 세상 사람들이 모두
부처님의 도를 원만히 갖추어 얻고
청정한 지혜로 본래 공함을 깨닫고
억겁 동안 부처님의 지혜를 깊이 생각하고

있는 힘 다해 끝까지 강설하여도
목숨이 다하도록 오히려 알지 못하니
부처님의 지혜는 한량이 없어
이렇듯 끝없이 청정하니라.

이 목숨 오래 살기 어렵고
부처님 만나 뵙기 더욱 어려우며
믿음과 지혜를 갖추기도 어려우니
좋은 법문 들었으면 힘써 정진하라.

법문 듣고 결코 잊지 말지니
뵈옵고 공경하여 큰 기쁨 얻으면
그는 바로 우리들의 선지식이라
그런 까닭에 마땅히 발심하여라.

세계를 가득 채우는 불이라도
반드시 뚫고 나아가 불법을 들어
마침내 부처님 도를 이루어
생사를 헤매는 중생들 제도하리라."

6. 정토에 왕생하는 이들의 이익

부처님께서 아난다에게 말씀하셨다.

"저 나라의 보살은 모두 다음 생에는 정각을 이루어 부처가 될 수 있는 일생보처(一生補處)에 이르게 된다. 그러나 끝없는 중생들을 구제하겠다는 큰 서원을 세운 보살들은 일생보처에 머무는 것에서 제외된다.

아난다여, 저 불국토에 있는 여러 비구들은 몸에서 비치는 광명이 한 길[一尋]에 이르고 보살의 광명은 일백 유순을 비춘다. 그런데 그 가운데 두 보살이 가장 존귀한데 그 위신력과 광명이 두루 삼천대천세계를 비춘다."

이에 아난다가 부처님께 여쭈었다.

"그 두 보살은 무엇이라 이릅니까?"

부처님께서 말씀하셨다.

"한 분은 관세음보살(觀世音菩薩)이라고 하고, 또 한 분은 대세지보살(大勢至菩薩)이라고 이르다. 이 두 보살은 그 나라에서 보살행을 닦았으며, 목숨이 다하자 몸을 바꾸어 저 극락국에 태어났다.

아난다여, 어떤 중생이든 저 나라에 태어나는 자는 모두 다 32상을 빠짐없이 갖추게 된다. 그리고 지혜가 충만하며, 모든 존재의 본질을 꿰뚫어 볼 수 있고 신통이 자재하며 육근이 밝고 예리하다. 그러므로 아무리 우둔한 근기를 지닌 자라도 설법을 듣고 깨닫는 음향인과 진리에 수순하여 깨닫는 음향인을 성취한다. 그 가운데 근기가 뛰어난 사람은 무생법인(無生法忍)을 얻는다.

또한 그 보살은 성불할 때까지 다시는 삼악도에 나는 일이 없고 신통력이 자재하고 항상 전생의 일을 아는 숙명통을 얻는다. 그러나 오탁악세(五濁惡世)의 말세중생을 제도하려는 사람은 일부러 사바세계와 같은 국토에 태어나기도 한다."

부처님께서 아난다에게 말씀하셨다.

"아난다여, 저 나라의 보살들이 아미타불의 위신력에

힘입어 한 번 식사하는 사이에 헤아릴 수 없는 시방세계를 다니면서 모든 부처님을 뵙고 공양한다.

마음으로 생각하기만 하면 이내 꽃, 향, 음악, 일산, 당번 등 무량무수한 공양 도구가 저절로 나타난다. 보살들은 세상에서 볼 수도 없는 미묘하고 진귀하며 뛰어난 공양물로 곧 많은 부처님과 보살과 성문들에게 공양을 올린다.

그중에서 뿌려진 꽃은 허공에서 변화하여 꽃 일산으로 변하고, 그 광명은 휘황찬란하며 그 향기는 두루 모든 곳에 풍긴다. 그 꽃 일산 주위의 둘레가 4백 리가 되는 것으로부터 삼천대천세계를 뒤덮을 정도로 큰 것도 있다. 공양이 끝나면 어떤 일산이든지 다음 것이 나타나고 앞에 있는 것이 자연히 사라져 간다.

그곳의 모든 보살들은 다 같이 기뻐하며 허공에서 함께 천상의 음악을 연주하고 미묘한 소리로 노래함으로써 부처님의 덕을 찬탄한다. 그리고 부처님의 법문을 듣고 받아 한량없이 기뻐한다. 이렇듯 부처님께서 공양을 올리고 나서 보살들은 미처 식사를 끝내기도 전에 홀연히 가볍게 날아서 극락세계로 돌아온다."

부처님께서 아난다에게 말씀하셨다.

"아난다여, 무량수불께서 여러 비구와 보살 대중들을 위하여 두루 법을 말씀하실 때, 그들을 모두 칠보로 된 궁전에 모이게 하여 널리 가르침을 펴시고 오묘한 법을 밝히신다. 이 가르침을 들은 이들은 환희에 넘쳐 마음이 열리고, 깨달음을 얻지 못하는 이가 없다.

이때 사방으로부터 자연히 미풍이 불어와서 두루 보배 나무를 스치면 다섯 가지 미묘한 소리가 울려 퍼지고, 헤아릴 수 없는 천상의 꽃을 비 오듯 흩날린다. 이처럼 자연의 공양이 극락국토에서는 끊어지지 않는다.

모든 하늘 사람들도 천상의 백천 가지의 꽃과 향, 그리고 만 가지의 악기를 가지고 와서 부처님과 여러 보살들과 비구 대중에게 공양하고, 꽃과 향을 흩뿌리고 여러 가지 음악을 연주한다. 이처럼 앞뒤를 번갈아 가면서 공양하는데, 그때의 즐거움은 이루 말로 다 할 수가 없다."

부처님께서 아난다에게 말씀하셨다.

"저 극락세계에 태어난 여러 보살들은 법을 설할 때, 언제나 바른 법을 밝히며, 부처님의 지혜를 따름에 있어 그릇됨이 없고 모자람도 없다.

그리고 그 불국토에 있는 모든 만물에 대해서 내 것이라는 마음이 없고, 그것에 집착하는 마음도 없다. 가고 오고 나아가고 머무름에 있어서 조금도 감정에 묶이는 바가 없이 의지에 따라 자유자재하다.

또한 친한 이나 서먹서먹한 사이도 없으며, 너와 나라는 간격이 없고, 다툼도 없으며, 시비 또한 없어 모든 중생들을 대자비로 이익되게 하는 마음이 가득하니 부드럽고 온화하며 성내거나 원망하는 생각이 있을 수 없다. 그래서 번뇌를 여의고, 마음이 청정하여 싫증 내거나 게으름이 없다.

보살에게는 평등한 마음과 뛰어난 마음, 깊은 자비심과 안정된 마음, 법문을 사랑하는 마음과 법문을 좋아하는 마음, 법문을 기뻐하는 마음뿐이다. 그러므로 모든 번뇌를 없애 나쁜 길에 떨어질 어리석은 마음을 여의고, 모든 보살행을 닦아 헤아릴 수 없는 공덕을 원만히 갖추고 성취한다. 그들은 깊은 선정과 육신통(六神通)과 삼명(三明)과 지혜를 얻고, 그 뜻은 칠각지(七覺支, 七菩提分)에 머물러 마음은 불법을 닦는다.

보살들은 육안(肉眼)이 맑고 밝아서 분명하게 보지 못하는 바가 없고, 천안(天眼)에 통달하여 무한한 시간과 공간을 보는 데 자유자재하며, 법안(法眼)으로 여러 현상계의 이치를 관찰하여 도를 성취하고, 혜안(慧眼)으로 진리를 보고 중생을 피안에 이르게 하며, 불안(佛眼)으로 모든 존재의 본성을 알고 있다. 그리고 보살들은 걸림 없는 지혜[無碍智]로써 중생들에게 가르침을 펴나간다.

그들은 또 삼계(三界)가 본래 공하고 무소유(無所有)임을 깨달아 불도에 전념하며, 여러 말솜씨를 빠짐없이 갖추어 중생의 번뇌로 인한 병을 없앤다.

보살은 본래 진여(眞如)에서 중생계로 내려온 것이다.

그러므로 모든 존재는 불생불멸임을 온전히 깨달았으면서도 그것을 설명하기 위해서는 중생을 이끌기 위하여 고(苦)·집(集)·멸(滅)·도(道)의 사성제를 설하며, 또한 세속의 속된 말을 좋아하지 않고, 언제나 정법의 진리만을 말한다.

또한 여러 가지 선근을 닦고 마음은 항상 부처님의 도를 숭상하며, 일체의 법이 모두 적멸함을 깨달아 몸과 마음에서 일어나는 두 가지 번뇌를 함께 여의었다. 그래서 심오한 불법을 들어도 마음에 의혹을 품거나 두려워하지 않으며, 한결같이 올바르게 수행한다.

그리고 그 보살들의 대자대비는 심원하고 간절하여 보살피지 않는 중생이 없으며, 그는 불도의 궁극에 이르러 중생들을 피안(彼岸)에 이르도록 인도한다.

이렇듯 보살들은 이미 의혹의 그물을 끊었으므로 지혜가 마음으로부터 저절로 우러나 부처님의 가르침을 남김없이 알고 있다. 또한 보살의 지혜는 한량이 없어 큰 바다와 같고 삼매는 수미산과 같이 고요하여 동요가 없으며, 해와 달보다도 더 밝은 지혜 광명은 청정한 불법의 진리를 원만히 갖추었다.

그래서 보살들의 마음은 마치 하얀 눈이 덮인 설산과 같아서 모든 공덕을 평등하게 비추고, 또한 마치 대지와 같아서 청정하거나 더럽거나 좋고 나쁘고의 차별심이 없다.

또 마치 깨끗한 물과 같아서 번뇌의 여러 가지 때를 씻어낸다. 또한 마치 타오르는 불길과 같아서 일체 번뇌의 풀섶을 태워 없애며, 또한 마치 큰 바람과 같아서 모든 세계에서 일어나는 장애를 없애 버린다.

또한, 마치 허공과 같아서 일체의 존재에 대해서 집착하는 바가 없으며, 또한 마치 연꽃과 같아서 여러 세간에 있어서 더러움에 오염되는 일이 없다.

또한, 마치 큰 수레[大乘]와 같아서 여러 중생들을 태우고 생사의 바다를 벗어나게 하며, 또한 마치 두터운 구름과 같아서 법의 우레를 떨쳐 깨닫지 못한 중생을 깨우쳐 준다. 또한 마치 큰비와 같아서 감로법(甘露法)*을 내려 중생들을 윤택하게 하며, 또한 마치 금강산과 같아서 여러 마군과 외도들도 방해하지 못한다.

또한, 마치 범천왕과 같아서 모든 훌륭한 법 가운데 으뜸이 되며, 또한 마치 니구류(尼拘類)* 나무와 같아서 널리 모든 것을 덮어주다. 또한 마치 삼천 년 만에 한 번 피는 우담바라와 같아서 드물고 귀하여 만나기 어려우며, 또한 마치 새들의 왕인 금시조(金翅鳥)*와 같아서 외도들

---

* 감로법(甘露法) : 감로(甘露)는 도리천에서 내리는 비로서 사람의 고통을 치료하고, 장생할 수 있는 힘을 가진다. 또 불사(不死)라는 의미에서 영원의 생명을 가진 부처님의 가르침을 나타내기도 한다. 감로는 그리스 신화에서 신들의 음료인 '넥타르'와 의미가 같다.

* 니구류(尼拘類) 나무 : 높이 30~50척의 장대한 키에 가지와 잎이 무성하여 그 그늘에서 더위를 피하기가 좋은 나무이다. 가섭불(迦葉佛)은 이 나무 아래에서 성도했다고 한다.

* 금시조(金翅鳥) : 용을 잡아먹는다는 전설상의 큰 새로 가루라(迦樓羅)라고 한다. 문수보살의 화현이라고도 하며 중생을 구제하기 위해서 사나운 새의 모양으로 나타난 것이라고 한다.

을 위엄으로 조복시킨다. 또한, 마치 날아다니는 새와 같아서 마음이 담백하여 따로 모아 두거나 쌓아 두는 것이 없으며, 또한 마치 황소의 왕과 같아서 능히 그를 이길 자가 없고, 또한 마치 코끼리의 왕과 같아서 삿된 무리들을 조복시키며, 또한 마치 사자 왕과 같아서 일체 모든 것에 두려워할 바가 없다. 또한 마치 저 광대무변한 허공과 같아서 대자대비를 평등하게 베풀어 모든 중생을 제도한다.

아난다여, 보살들은 질투심을 모조리 끊어 버렸으므로 남을 이기려고 하지 않으며, 오로지 법을 즐거이 구하여 마음에 싫어하거나 만족함이 없고, 항상 법을 널리 설함에 있어서 피로해 하거나 권태로워함이 없다. 그래서 보살들은 항상 진리의 북을 치고, 불법의 깃발을 세우며, 지혜의 태양을 비추어 중생들의 어리석음을 제거한다.

또한, 보살들은 육화경(六和敬)*을 닦아서 모든 중생들과 화합하며, 언제나 법보시(法布施)를 행하고 용맹하게 정진하여 그 마음이 물러나거나 나약한 생각이 없다.

그리고 세상에 밝은 등불이 되어 가장 뛰어난 복전(福田)이 되고, 언제나 평등하게 중생을 인도하는 스승이 되어 미워하거나 사랑하는 차별이 없으며, 오로지 바른 진리만을 즐기며, 그밖에 달리 기뻐할 것을 찾지 않는다. 여러 가지 탐욕을 뽑아내고 모든 중생을 안락하게 하므로, 그 공덕과 지혜가 비할 데 없이 뛰어나 존경하지 않는 이가 없다.

보살들은 세 가지 더러움의 장애[三垢障]를 없애고 온

갖 신통력에 자재하며, 원인의 힘[因力], 연의 힘[緣力], 의지의 힘[意力], 서원의 힘[願力], 방편의 힘[方便力], 변하지 않는 힘[常力], 선행의 힘[善力], 선정의 힘[定力], 지혜의 힘[慧力], 다문의 힘[多聞力], 보시, 지계, 인욕, 정진, 선정, 지혜의 힘, 바르게 생각하고 바르게 관찰하는 힘과 육신통의 힘, 삼명(三明)의 힘, 법으로 다스려 중생들의 복종을 받는 힘 등 이루 헤아릴 수 없는 일체의 힘들을 빠짐없이 갖추고 있다.

그래서 극락세계의 보살들은 그 몸의 빛과 두드러진 모습과 공덕과 말솜씨를 두루 빠짐없이 갖추어 그 장엄하기가 달리 비할 데 없으며, 수없이 많은 모든 부처님을 항상 공경하고 공양하며, 여러 부처님들도 함께 보살들을 칭찬하고 찬탄하신다. 그리고 보살들은 성불하는 모든 바라밀을 끝까지 성취하고, 공삼매(空三昧), 무상삼매(無相三昧), 무원삼매(無願三昧)와 나고 멸함이 없는 삼매 등 모든 삼매를 닦아서 성문과 연각의 지위를 멀리 여의었다.

아난다여, 저 극락세계의 모든 보살들은 이처럼 한량없는 공덕을 성취하였다. 나는 단지 그대를 위하여 간략하게 말하였을 뿐, 만일 자세하게 말한다면 백천만 겁에도 그 끝을 다할 수 없을 것이다."

---

*육화경(六和敬) : 수행자가 서로 화합하고 경애하기 위한 여섯 가지 방법. ①신업동(身業同), 행동을 같이함. ②구업동(口業同), 말이 서로 일치함. ③의업동(意業同), 뜻을 같이함. ④동계(同戒), 계(戒)를 함께 지킴. ⑤동시(同施), 베풂을 같이함. ⑥동견(同見), 견해를 같이함.

7. 삼독과 오악의 고통을 경계하다

부처님께서 미륵보살과 여러 천신 및 인간들에게 말씀하셨다.

"극락세계에 있는 비구와 보살들의 공덕과 지혜는 이루 다 말할 수 없고, 또한 그 나라가 미묘하고 안락하며 청정한 것도 지금까지 말한 바와 같다. 그러니 어찌하여 중생들은 힘써 선을 행하고, 부처님 도에 순응하여 상하 귀천의 차별 없이 평등하고 또한 막힘없이 통달하여 자유로운 생활을 구하지 않을 것인가?

모름지기 각자 열심히 정진하고 노력하여 스스로 구하면, 반드시 윤회의 고리를 끊고 극락국토에 왕생하여 단번에 오악취(五惡趣)를 여의게 되고, 악도가 저절로 닫히며, 성불의 도에 오르게 된다.

그런데 가기 쉬운 극락에 가는 사람이 없구나. 그 나라에 가는 일은 어느 누구도 거역하거나 방해하지 않으며 자연히 이끌려서 가게 된다. 그런데 어찌하여 세상의 일을 버리고 부지런히 수행하여 성불의 덕을 구하지 않는가? 극락세계에 왕생하면 영원한 생명을 얻고 지극한 즐거움을 누리게 될 터인데.

삼독(三毒)

세상 사람들은 하잘것없는 일들을 다투어 구한다. 악과 괴로움으로 뒤끓고 있는 세상에서 사람들은 자신의 생활 때문에 허덕이며 겨우 생계를 꾸려나간다. 신분이 높거나 낮거나 빈자나 부자나 남녀노소를 가릴 것 없이 모두 돈과 재물에 눈이 어두워 있다. 그러나 사실은 그것이 있거나 없거나 간에 근심 걱정은 떠날 날이 없다. 불안 끝에 방황하고, 번민으로 괴로워하며, 엎친 데 덮치고 욕심에 쫓기느라 조금도 마음 편할 새가 없는 것이다. 논밭이 있으면 논밭 때문에 걱정하고, 집이 있으면 집 때문에 속을 썩이며, 가축과 하인과 돈과 재물·의복·음식·세간살이에 이르기까지 이것저것 걱정 아닌 것이 없다. 있으면 있다고 해서, 없으면 없다고 해서 걱정하고 한숨짓는다.

때로는 뜻밖의 물난리나 화재, 도적의 환란을 만나고, 때로는 원한이 있는 집안이나 빚쟁이를 만나 재물을 태워 버리거나 떠내려 보내고, 혹은 빼앗기기도 하며 흩어져 없어진다. 이로 인한 근심이 응어리져 가슴에 맺히고 해소되지 못하며, 또한 분한 마음이 맺혀 걱정과 고뇌를 여의지 못하며, 그 마음과 생각이 굳게 들어앉고 굳어져 헤어나지 못한다. 혹 재난으로 몸이 상하여 목숨을 다하게 되면 재물은 고스란히 버리고 떠나야 하지만, 그 어느 것도 죽음까지 따라가는 것은 없다. 아무리 신분이 높고 부자라 할지라도 사람들은 이렇듯 괴로움과 근심 속에서 살아가고 있다. 갖가지 근심과 두려움은 마치 어둠 속이나 불 속에 있는 괴로움과 같다.

그런데 가난하고 천한 사람은 궁핍하여 항상 가진 것이 없어서 불안한 마음이 그치지 않으니, 논밭이 없으면 그를 걱정하며 밭을 가지려 하고, 집이 없으면 집을 가지려 하고, 소와 말 등 가축과 노비, 돈, 재물, 옷, 음식과 살림살이가 없으면 또한 그것을 가지려고 걱정한다. 마침내 한 가지가 있으면 다른 하나가 부족하고, 이것이 있으면 저것이 부족하여 이것저것을 다 가지려고 애를 쓰다가 어쩌다 간혹 다 갖추어도 곧 다시 잃게 된다.

이처럼 걱정하고 괴로워하나 다시 구하려고 해도 때에 맞추어 얻을 수 있는 것이 아니다. 의도하고 생각해 본들 아무런 이익이 없고, 몸과 마음만이 피로하니, 앉으나 서나 불안하고 근심이 끊이지 않는다. 그리하여 그 근심과 고통이 끝이 없으니, 마치 얼음을 안거나 불을 품고 있는 것과 같다.

또 때로는 이와 같은 고통 끝에 죽는 일이 있다.

그들은 일찍이 선한 일을 행하지 않고 도를 닦거나 덕을 쌓지 않았으므로 죽은 뒤에는 혼자서 외롭게 어두운 세상으로 가게 된다. 그가 가는 세상은 선업이나 악업의 결과에 따라 받는 과보다. 그럼에도 이 선악에 대한 인과의 도리마저 사람들은 모르고 있다.

가족이나 친척들은 서로 공경하고 사랑할 것이며. 미워하거나 시기해서는 안 된다. 가진 사람과 갖지 못한 사람은 서로 보살피며 돕되, 재물을 탐하거나 아껴서는 안 된다. 항상 부드러운 말과 화평한 얼굴로 서로를 대해야 한다. 만약 마음속에 남을 미워하는 생각을 두면 금생에는 비록 조그마한 말다툼일지라도 다음 세상에는 그것이 큰 원수가 될 수 있다. 왜냐하면 당장에는 충돌이 되지 않는다고 할지라도 마음속으로는 깊은 원한을 품게 되기 때문이다. 그래서 생사를 되풀이하면서 서로 앙갚음을 하는 것이다. 인간은 애욕 속에서 혼자서 태어났다가 혼자서 죽어간다. 즉 자신이 지은 선악의 행위에 따라 고와 락의 경계에 이른다. 자신이 지은 행위의 과보는 그 누구도 대신해 받아 줄 수 없다.

착한 일을 한 사람은 좋은 곳에, 악한 짓을 저지른 사람은 나쁜 곳에 태어난다. 태어나는 곳은 달라도 과보는 당초부터 기다리고 있으므로 그는 혼자서 과보의 경계로 가는 것이다. 멀리 떨어진 다른 세계로 따로따로 가 버리기 때문에 이제는 서로 만날 길이 없다.

한번 헤어지면 그 가는 길이 서로 다르므로 다시 만나기는 어렵다. 선악의 행위 결과에 따라 태어나기 때문이다. 그런데도 어째서 사람들은 세상의 지저분한 일을 버리지 못하고, 몸이 건강할 때 부지런히 착한 업을 닦아 생사가 없는 깨달음의 경지에 이르려고 하지 않는가?

무엇 때문에 사람들은 길을 찾지 않는가? 도대체 이 세상에서 무얼 바라고 있단 말인가? 어떠한 즐거움을 꿈꾸고 있는 것일까?

이처럼 세상 사람들은 선한 일을 하면 선한 과보가 오고, 도를 닦으면 깨닫게 된다는 사실을 믿지 않는다. 사람이 죽으면 다음 세상에 다시 태어나고, 은혜를 베풀면 복이 된다는 것을 안 믿는다. 그들은 선악에 대한 인과의 도리를 믿지 않고, 그런 게 어디 있느냐고 한사코 믿으려 하지 않는다. 이처럼 비뚤어진 소견을 가지고 있으면서도 자기는 바른 생각을 가졌다고 내세운다.

선배나 후배도, 부모와 자식도 서로 본을 떠 비뚤어진 소견을 내려 받는 것이다. 자손들은 선조 때부터 선한 일을 하지 않고 도를 닦아 덕을 쌓을 줄도 모르며, 몸과 마음이 어리석어서 죽은 뒤의 세상이나 선악의 과보도 알 수 없을뿐더러 그에게 들려줄 사람도 없다.

따라서 당장 좋은 일 궂은일을 당하고 있으면서도 누구 하나 그것이 선악의 과보임을 생각하지 않는다.

나고 죽는 일은 하나의 상식이다. 부모는 자식을 여의고 통곡하며 자식들은 부모를 잃고 운다. 형제와 부부도 서로 죽는 것을 슬퍼한다. 나이의 많고 적음에 관계없이 언제 먼저 죽을지 모르는 것은 무상(無常)의 본질이다.

모든 것은 다 지나가는 것, 항상 그대로 있는 것은 아무것도 없다. 이런 도리를 말해 가르칠지라도 믿는 사람은 얼마 되지 않는다. 그러므로 사람은 그칠 새 없이 미혹의 세계를 헤매고 있다.

이와 같은 사람은 미망(迷妄)으로 눈이 어두워 여러

가지 엇갈린 생각으로 경전의 가르침을 믿지 않는다. 장래 일을 생각지 않고 눈앞의 쾌락만을 따르며, 애욕에 빠져 인륜을 알지 못하고, 화를 내면서 재물과 이성 관계를 탐한다. 그렇기 때문에 깨닫지 못하고 자꾸만 나쁜 경계에 빠져 괴로워하고 어리석은 삶을 되풀이하게 된다. 참으로 애통하고 가엾은 일이다.

언젠가 한집안 식구 중에서 누군가가 먼저 죽게 되면 남은 사람은 여읜 슬픔에 잠겨 마음에 커다란 상처를 입고 가버린 사람을 못 잊어 한다.

날이 지나고 해가 바뀌어도 그 슬픔은 가시지 않는다. 세상의 덧없는 도리를 말해 주어도 마음의 문은 열리지 않고, 먼저 가버린 사람과의 정리를 생각하면서 마음은 어둠에 싸이고 미망에 덮여 있는 것이다.

그러므로 깊이 생각하고 마음을 돌이켜 오로지 진리만을 따르고 그 밖에 저 하잘것없는 세간사를 버리려는 결단을 내리지 못하고 있다.

이렇게 머뭇머뭇하는 사이에 일생을 마치게 된다. 마침내 명이 다하게 되면 도를 얻을 수 없고, 그 길마저 끊기고 마는 것이니 어찌할 수 없다.

세상이 어지럽고 인심이 거칠어지고 사람들이 애욕을 탐하게 되면 진리를 등지는 사람은 늘고 그것을 깨닫는 사람은 줄어든다. 세상은 항상 어수선하여 믿고 의지할 만한 것은 하나도 없다.

지위가 높은 사람이거나 낮은 사람이거나, 가난한 사람이거나 부자이거나 세상일에 얽매어 허덕이고, 저마다 가슴에는 독기를 감추고 있다. 그러한 독기 때문에 눈이 어두워 함부로 일을 저지른다. 천지의 도리를 등지고 인륜에 순종하는 생각이 없으므로 자연 나쁜 짓을 하게 되고 마침내 죄의 갚음을 받게 된다. 또한, 제 명이 다하기도 전에 비명횡사하여 지옥에 떨어지고, 수천억 겁을 두고 갖은 고통을 받으면서도 나올 기약이 없는 것이다. 그 고통은 말로는 다 나타낼 수 없다. 참으로 슬픈 일이다."

부처님은 다시 미륵보살과 천인과 여러 대중을 향해 말씀하셨다.

"나는 지금까지 세간사에 대해서 말하였다. 사람들은 그와 같은 세상에 들어가지 못하는 것이다. 깊이 헤아리고 생각하여 온갖 나쁜 일을 멀리해야 할 것이다. 그리고 착한 일을 찾아 노력을 아끼지 말아야 한다.

애욕과 영화는 오래 갈 수 없는 것, 언젠가는 내게서 떠나가고 말 것들이다. 참으로 이 세상에서 즐길 만한 것은 아무것도 없다. 이제 다행히 바른 법을 만났으니 부지런히 닦으라. 마음속으로부터 극락세계에 왕생하려는 원을 세운 사람은 반드시 밝은 지혜를 얻고 뛰어난 공덕을 갖추게 될 것이다.

욕심에 팔려 부처님 말씀을 등지고 남의 뒤에 처져서

는 안 된다. 만약 이 대중 가운데서 마음에 의문이 있어 내가 한 말을 이해할 수 없는 이가 있다면 구체적으로 묻도록 하여라. 나는 그를 위해 말해 줄 것이다."

미륵보살은 무릎을 꿇고 예배한 뒤 이렇게 말했다. "부처님께서는 위엄이 있으시고 그 가르침은 참으로 훌륭하십니다. 부처님의 말씀을 듣고 곰곰이 생각해 보니, 세상 사람들이 헤매면서 도를 얻지 못하는 것은 참으로 그렇습니다. 이제 부처님께서는 자비를 드리우사 깨달음에 이르는 큰길을 저희에게 가르쳐 주셨습니다.

저희는 귀와 눈이 번쩍 띄어 오랜 미혹에서 벗어나 열반의 저 기슭으로 건너게 됐습니다. 부처님의 가르침을 듣고 기뻐하지 않는 이는 없습니다. 많은 천인과 사람들, 그리고 미물 곤충에 이르기까지 모두 자비하신 은혜를 입고 근심과 걱정에서 벗어나게 되었습니다.

부처님의 가르침은 심히 깊고 훌륭합니다. 그 지혜와 빛은 팔방과 상하의 세계를, 그리고 과거 현재 미래의 모든 일을 꿰뚫어 보여 제한이 없습니다.

지금 저희가 제도 받게 된 것은, 오로지 부처님이 전생에 보살도를 닦을 때 커다란 원을 세우고 난행 고행하신 덕분입니다. 부처님의 은덕은 모든 중생을 덮고 복덕은 우뚝 솟았으며, 지혜의 광명은 두루 비쳐 이르지 않는 곳이 없습니다. 부처님은 공(空)의 도리를 깨달아 중

생들을 해탈케 하십니다. 경전을 가르쳐 위덕의 빛으로
써 그릇된 소견을 꺾고 시방세계의 중생들을 한량없이
감동하게 하십니다. 부처님은 진리의 왕이시고 그 존귀
함은 모든 성인 중에 뛰어나셨습니다. 모든 천신과 인간
의 스승이시라 그들의 원에 따라 깨닫게 하십니다. 저희
는 이제 부처님을 뵙고 더구나 무량수불의 소리를 듣게
되어 기뻐하지 않는 이는 하나도 없습니다. 모두 마음이
활짝 열렸습니다.”

  부처님은 미륵보살에게 말씀하셨다.
“그대의 말은 틀림이 없다. 여래를 공경하는 이는 진실
로 큰 선업을 지은 사람이다. 왜냐하면 여래가 이 세상
에 출현하는 일은 지극히 드문 일이고, 그런데도 이들은
가끔 여래를 만나볼 수 있기 때문이다.
  나는 이 세상에서 부처가 되고 법을 설하여 깨닫는 길
을 널리 전했다. 여러 가지 의심의 그물을 끊고 애욕의
뿌리를 뽑아 많은 악의 근원을 막고, 온갖 미혹의 세계
에 가서 마음먹은 대로 교화를 한다.
  경전에서 말한 지혜란 보살행의 가장 요긴한 몫이고,
설법의 뜻을 파악하는 것으로써 명백한 것이다. 그것은
또 중생들이 떨어져 가는 나쁜 다섯 경계를 열어 보이
고, 구제되지 않은 이를 구제하고, 그래서 미혹과 깨달
음의 두 가지 길을 바르게 가르는 것이다.

미륵이여, 잘 들으라. 그대는 무량겁 전부터 보살행을 닦아 중생들을 구제하려고 힘써 왔다. 그대를 따라 보리도를 얻고 열반에 이른 사람의 수는 헤아릴 수 없이 많다. 그런데도 그대와 시방세계의 천인이나 인간, 출가한 비구, 비구니와 집에 있는 신남, 신녀들이 오랜 옛적부터 다섯 나쁜 길로 헤매면서 근심 걱정하고 괴로워하는 것은 말로는 다할 수 없을 정도다. 금생에 이르도록 그와 같은 어리석은 생을 되풀이해 온 것이다. 그러나 이제 그대는 여래를 만나 가르침을 듣고 또한 무량수부처님에 대한 일을 듣게 되니 어찌 다행한 일이 아닌가.

나는 그대들을 기쁘게 해주고 싶다. 이제야말로 자기 자신에 대한 노·병·사의 고통을 싫어해야 할 때이다.

이 세상은 악이 넘쳐 부정하고, 무엇하나 즐길 게 없다. 그러므로 우선 스스로 결단하여 몸과 행동을 바르게 갖고, 착한 일을 많이 하며 부지런히 정진하고, 몸을 청정하게 갖고 마음의 때를 말끔히 씻어내며, 말과 행동을 떳떳하게 하여 겉과 속이 다르지 않게 하라.

그래서 몸소 미혹에서 벗어나는 동시에 중생을 구제하고, 원을 굳게 세워 선업을 쌓으라. 일생의 고통이란 사실 순간에 지나지 않는 것이며, 죽은 뒤 아미타부처님의 국토에 태어나면 끝이 없는 행복을 누리게 된다. 그 세계에서는 해탈의 기쁨을 오래오래 누리게 되고, 미혹의 뿌리를 뽑아 버렸기 때문에 탐하고 성내고 어리석은 데서 오는 괴로움은 없다.

수명은 일 겁이든지 백 겁이든지 혹은 백천만 겁이든지 얻고 싶은 대로 얻을 수 있다. 애초부터 그 불국토는 이 세상에서 만들어진 것과는 달리, 모든 것이 저절로 된 것들이고 열반의 경지 그 자체라고 할 수 있다.

그대들은 저마다 분발 정진하여 마음속에 세운 원들을 실천하라. 부처님의 지혜를 의심하거나 도중에 후회하며 몸소 과오를 범하거나 해서, 그때문에 불국토의 변두리에 있는 칠보 궁전에 태어나 오백 년 동안 여러 가지 재난을 입는 일이 있어서는 안 될 것이다."

미륵보살은 부처님께 다음과 같이 여쭈었다.

"부처님의 간절한 가르침을 들은 이상 저희들은 전심 노력하여 불도를 구하고 말씀하신 대로 실행하겠습니다. 결코 의심하는 일은 없을 것입니다."

오악(五惡)

부처님은 미륵보살에게 다시 말씀하셨다.

"그대들이 이 세상에서 마음을 바르게 가져 여러 가지 나쁜 짓을 범하지 않는다면 그것은 지극히 착한 일이다. 이 사람은 시방세계에서 견줄 데 없는 이라고 할 것이다.

그 이유는 여러 불국토에 있는 천인이나 인간들은 몸소 선한 일만 하고 나쁜 짓은 절대 하지 않으므로 그들을 깨닫게 하는 것은 쉬운 일이다.

그런데 지금 내가 이 세상에서 성불하여 오계를 어기는 오악(五惡)과 오계를 어긴 자가 받는 현세의 과보인 오통(五痛)과 오계를 어긴 자가 받는 내세의 과보인 오소(五燒)로 가득한 곳에 있는 것은 괴로운 일이다.

그러나 이것을 참고 견디는 것은 중생을 교화하여 그들의 악과 죄보를 버리고 그 마음을 돌이켜 다섯 가지 선업을 짓게 함으로써 그들에게 복덕과 구원과 장수(長壽)와 깨달음을 얻게 하기 위해서인 것이다."

부처님은 또 이렇게 말씀하셨다.

"그럼 어떤 것이 오악(五惡)과 오통(五痛), 오소(五燒)인가? 그 다섯 가지 악과 죄보란 무엇인가? 그리고 어떻게 하면 그 악을 버리고 다섯 가지 선업을 지어서 복덕과 구원과 장수와 깨달음을 얻을 수 있겠는가?

첫째의 악이란 다음과 같은 것이다.

무릇 천인이나 인간을 비롯하여 미물 곤충에 이르기까지 모두 여러 가지 나쁜 짓을 하려고 한다, 그 예외는 하나도 없다. 강한 자가 약한 자를 억누르고 서로 다투어 할퀴고 죽이는 일이 마치 뱀끼리 싸우고 이리떼가 서로 물고 뜯어 죽이듯이 한다.

착한 일을 할 줄 모르고 극악무도하여, 그 결과 벌을 받으며, 저절로 악도에 떨어진다. 천지신명(天地神明)은 그 사람이 범한 죄를 기억해 두었다가 용서함이 없다. 그러므로 죄를 범한 그 과보로 빈궁한 자, 하천한 자, 거지,

벙어리, 장님, 귀머거리, 바보, 등신, 얼치기, 꼽추, 미치광이 등 인간의 사백사병(四百四病)이 있는 것이다.

그러나 다른 한편으로 이 세상에 덕이 있는 사람과 유복한 사람과 지혜로운 사람이 있는 것은 모두 전생에 자비가 지극하고 착한 일을 하여 덕을 쌓았기 때문이다.

세상에는 인간이 살아가면서 지켜야 할 법도가 있으며, 나라에는 국법과 감옥이 있음에도 불구하고 사람들은 그것을 두려워하거나 악행을 삼가지 않고, 나쁜 짓을 하여 그 죄로 감옥에 들어간다. 그런 뒤에 거기에서 벗어나려고 해도 벗어날 수가 없다. 이렇게 악행에 대한 갚음은 내생을 기다릴 것도 없이 이 세상에서 투옥이라는 눈앞의 과보를 받는다. 목숨이 다해 다음 세상에 태어나더라도 그가 받을 죄의 고통은 더욱더 깊고 심한 것이 된다.

저세상에 가서 받을 고통은 국법을 범하고 당하는 고통에 비교도 안 될 만큼 무거운 것이다. 그러므로 악한 짓을 저지른 자는 저절로 삼악도에 떨어져 한량없는 고통을 받고 몸을 바꾸어 가면서 육도에 윤회하게 되는 것이다.

그때그때의 경우에 따라 받는 수명은 길고 짧음이 있지만 영혼[魂神情識, 혼신정식]은 항상 그것에 따라간다. 그래서 혼자서 지옥에 들어갈 때도 있고, 원수끼리 함께 태어날 때도 있다. 원수끼리 태어나 마주치면 서로 보복하기를 그치지 않으며 원수갚음이 다하지 않는 한 서로 떠날 수도 없다. 그러므로 악도에 윤회하면서 거기에서 벗어날 기회조차 없으므로 항상 고통 속에서 살게 된다. 그 고통이란 이루 말할 수 없다. 이 천지간에는 이와 같은 인과응보의 도리가 본래부터 있어 선악의 행위가 원인이 되고, 즉시 그 갚음이 나타난다고만은 할 수 없지만 언젠가는 그 갚음이 어김없이 찾아온다.

이것이 첫째의 악, 현재의 죄보, 미래의 악보다. 그 고통은 마치 훨훨 타오르는 큰 불길에 몸을 태우는 것과 같다. 만약 누구든지 이와 같은 악독한 세상에서 일심으로 마음을 거두어 잡고 몸과 행동을 바르게 갖고 몸소 나서서 착한 일을 하고 여러 가지 나쁜 짓을 범하지 않는다면 고통에서 벗어나 복덕과 구원을 얻고 천상에 태어나며 깨닫게 될 것이다. 이것이 첫째 큰 선(善)이다."

부처님은 다시 말씀하셨다.
"둘째 악이란 다음 같은 것이다.

세상에서는 부모와 자식, 형과 아우, 남편과 아내 사이에 의리를 모르고 법도를 따르지 않는다. 사치와 방종으로 제멋대로 행동하며 서로 속이고 미워한다.

말과 마음속은 딴판이라 행동에는 성실함이 없이 말로만 번지르르하게 늘어놓으며 어질고 착한 이를 미워하고 모함한다.

만약 군주가 어리석어 어떤 신하를 기용하였는데 그 신하가 제멋대로 온갖 계책을 꾸며 나쁜 짓을 저질렀다고 가정해 보자. 그는 군주에게 아첨하여 눈치를 살피며 요령껏 일을 하고 자기의 이익이 되도록 주위의 상황을 살핀다. 군주는 군주다운 떳떳한 행동을 하지 않기 때문에 이와 같은 신하에게 속고 함부로 충신을 물리쳐 천심(天心)을 등지게 된다. 이렇게 해서 신하는 군주를 속이고 자식은 어버이를 속이며, 형제와 부부와 친구 사이에도 서로 속인다.

이런 일은 저마다 탐욕하고 성내고 어리석은 마음에 붙잡혀 자기 눈앞의 이익만을 차지하려고 하기 때문인 것이다. 신분의 귀천, 지위의 고하를 막론하고 자기 이익만을 추구하는 것은 누구나 마찬가지다. 그러므로 패가망신하여 전생도 후생도 돌아보지 않는다. 멀고 가까운 친족들은 이로 인해 파멸하고 만다.

때때로 가족과 친지와 같은 고향 사람이나 동네 사람끼리 함께 일을 하면 할수록 서로의 이해관계 때문에 충돌을 일으켜 다투게 되고 마침내는 원한을 맺는다. 또 부자(富者)이면서 인색하여 베풀려 하지 않고, 재물에만 탐착하여 몸과 마음이 너그럽지 못하다. 그러나 어떠한 재물이라 할지라도 믿을 것이 못 된다. 인생은 빈손으로 왔다가 빈손으로 가게 되는 것, 무엇 하나 나를 따라오는 것은 없다.

그러나 선악의 과보인 복과 재앙은 그 사람의 목숨을 따라간다. 선한 씨를 뿌린 사람은 즐거운 세계에 태어나고, 악한 씨를 뿌린 사람은 고통스러운 세상에 태어난다. 고통스러운 세상에 태어나 후회할지라도 그때는 돌이킬 수 없는 것이다.

대개의 세상 사람들은 마음이 어리석고 지혜가 없어 착한 사람을 보면 미워한다. 착한 사람이 되려고 본받거나 연모함이 없이 오히려 악한 일을 지으려고 하고, 망령되이 도리에 어긋나는 잘못[非法]을 저지를 뿐이다. 항상 도둑질하려는 생각을 지녀 남의 이익을 흘겨보고 그것을 자기 것으로 못해 배 아파 한다.

또한 삿된 마음[邪心]을 가져 올바르지 못하니, 항상 두려움으로 가득하여 남의 눈치만 살피는데, 미리 헤아리는 마음이 없기 때문에 일을 당하고서야 후회할 뿐이다.

이와 같은 사람에게는 이 세상에서 당장 감옥이 기다리고 있다. 그가 저지른 죄에 따라 벌을 받는 것이다. 전생에서 깨달음에 이르는 진리를 믿지 않고 선업을 닦지 않았기 때문에 현세에서 나쁜 짓을 범하면 신들은 이 사람의 죄를 낱낱이 기억한다. 수명이 다해 죽으면 그는 지옥에 떨어진다. 지옥·아귀·축생 등 삼악도에는 한량없는 괴로움이 있는데, 그는 삼악도를 두루 돌아다니면서 오랜 세월 동안 거기에서 벗어날 기약이 없다. 그렇게 받는 괴로움은 차마 말로 할 수가 없다.

이것이 둘째의 악, 현재의 죄보, 미래의 악보다. 그 고통은 마치 활활 타오르는 불길에 몸을 태우는 것과 같다.

만약 누구든지 이와 같은 악독한 세상에서 일심으로 마음을 거두어 잡고 몸과 행동을 바르게 갖고 몸소 나서서 착한 일을 하고 여러 가지 나쁜 짓을 범하지 않는다면 고통에서 벗어나 복덕과 구원을 얻고 천상에 태어나며 깨닫게 될 것이다. 이것이 둘째 큰 선이다."

부처님은 다시 말씀하셨다.
"셋째 악이란 다음 같은 것이다.

무릇 세상 사람들은 서로 의지하여 도우면서 같은 세상에서 살고 있다. 그러나 그 수명은 그렇게 길지도 않다. 위로는 어진 이와 덕이 높은 이와 부자 등이 있고, 아래로는 가난한 사람과 미천한 자와 불구자와 어리석은 자가 있다. 이 가운데는 착하지 않은 자도 있어 항상 삿되고 나쁜 마음을 품어 단지 음란함과 질투만을 생각한다. 번뇌가 가슴속에 가득 차 있고 애욕이 어지럽게 얽혀 있다. 그리하여 앉으나 일어서나 편안하지 않고, 탐하는 생각으로 질투하며 부질없이 얻으려고만 한다. 미색을 갖춘 여자에게 눈독을 들이고, 밖에서는 제멋대로 삿된 행동을 하고, 자신의 아내를 싫어하고 미워하여 사사로이 망령된 곳에 드나든다. 그 결과 가산을 탕진하고 마침내는 법에 걸리게 된다.

또 어느 때는 무리를 이루어 군대를 일으켜 서로 정벌하며, 공격하고 겁탈하고, 살육하며, 강탈하는 무도한 짓을 한다. 또한, 삿된 마음으로 남의 재산을 탐내어 스스로 부지런히 일하지 않는다. 말없이 남의 재물을 훔치고 그것이 성에 차지 않으면 더욱 큰일을 저지른다. 두려워 떨면서도 겉으로는 허세를 부려 남의 재물을 훔쳐 그것으로 처자를 양육한다. 일가친척이나 상하 구별 없이 제멋대로 나쁜 짓을 하기 때문에 집안사람들과 친척들은 이를 걱정하고 괴로워한다.

이와 같은 자는 나라의 법도 두려워하지 않지만, 어쨌든 이런 악행은 사람들이나 귀신에게 알려지고 해와 달도 비쳐 보고 천신들도 기억한다. 그러므로 그는 저절로 삼악도에 떨어져 끝없는 고통을 받으면서 헤매게 되고, 무량겁을 지내도 헤어날 기약이 없는 것이다. 거기에서 받는 고통이란 이루 말할 수 없다.

이것이 셋째의 악, 현재의 죄보, 미래의 악보다. 그 괴로움은 마치 훨훨 타오르는 불길에 몸을 태우는 듯하다.

만약 누구든지 이와 같은 악독한 세상에서 일심으로 마음을 거두어 잡고 몸과 행동을 바르게 갖고 몸소 나서서 착한 일을 하고 여러 가지 나쁜 짓을 범하지 않는다면, 그 고통에서 벗어나 복덕과 구원을 얻고 천상에 태어나며 깨닫게 될 것이다. 이것이 셋째 큰 선이다."

부처님은 또 이렇게 말씀하셨다.

"넷째 악이란 다음 같은 것이다.

세상 사람들은 선행을 닦아야 함을 생각하지 않고, 오히려 서로 거짓말하는 것을 가르치고, 함께 온갖 악한 짓을 저지르며, 이간질하고 험악한 말을 하고 거짓말 하고 쓸데없이 꾸미는 말을 한다.

그리고 남을 적대시하고 싸우며, 착한 사람을 미워하고 질투하며 현명한 사람을 무너뜨린다. 그리고 젊은 부부는 부모 곁에서 버릇없이 굴고, 부모에게 불효하며, 스승과 연장자를 우습게 여기고 벗들 사이에는 신용과 성실성이 전혀 없다. 스스로 잘난 체 뻐기며 남을 깔본다. 자기 분수를 알지 못한 채 나쁜 짓을 저지르고도 부끄러워할 줄 모른다. 그러므로 천지신명도 두려워하지 않고 나서서 선행을 닦으려고 하지도 않는다. 이러한 사람은 제도할 길이 없다. 그는 편안히 지내려고만 하면서 근심도 걱정도 없이 항상 교만한 생각으로 꽉 차 있다.

이와 같은 온갖 악을 천신들은 기억한다. 그러므로 전생에 얼마쯤 복덕을 쌓은 결과 금생에 조그마한 선의 과보를 얻기는 했지만, 이생에서 새로운 악을 범하기 때문에 그 복덕이 다하게 되고 선신들은 모두 그의 곁을 떠나 버린다. 그는 이 세상에서 홀로 되어 무엇 하나 의지할 데가 없게 된다. 그러다가 수명이 다하면 여러 가지로 저지른 악의 보가 저절로 그에게 다가선다. 천신들은 그의 악행을 분명히 기억하고 있으므로 그는 자기가 지은 죄의 무게에 눌려 반드시 지옥에 떨어지게 된다.

죄의 갚음을 받는 것은 자연의 도리라 아무도 여기에서 벗어날 수 없는 것이다. 전생에 지은 악행 때문에 그는 쇳물이 펄펄 끓는 가마 속에 들어가 처절한 고통을 겪어야 한다. 이때 와서 후회한들 무슨 소용이 있으랴. 인과응보의 도리는 저절로 움직이는 것이라 조금도 어김이 없다. 그러므로 이 사람은 저절로 삼악도에서 한량없는 괴로움을 받으면서 무량겁을 지내도 나올 기약이 없다. 그 괴로움은 말로 다 할 수 없다.

이것이 넷째의 악, 현재의 죄보, 미래의 악보다. 그 고통은 마치 훨훨 타오르는 불길에 몸을 태우는 듯하다.

만약 누구든지 이와 같은 악독한 세상에서 한결같이 마음을 가다듬고 몸과 행동을 바르게 갖고 몸소 나서서 착한 일을 하고 여러 가지 나쁜 짓을 범하지 않는다면 그 고통에서 벗어나 복덕과 구원을 얻고 천상에 태어나며 깨닫게 될 것이다. 이것이 넷째의 큰 선이다."

부처님은 다시 말씀하셨다.

"다섯째 악이란 다음 같은 것이다. 세상 사람들은 게을러 빈둥거리면서 일을 하지 않기 때문에 가족들은 추위와 굶주림에 떨게 된다. 부모가 타이르면 그는 눈을 부라리며 대든다. 부모의 말을 듣지 않고 마치 원수라도 대하듯 대드는 불효자식이 있다. 그래서 부모에게는 이런 자식이라면 차라리 없는 것만도 못하다.

또 물건을 주고받을 때에 절제하는 마음이 없어 사람들은 다 같이 미혹한다. 그래서 은혜를 등지고 갚을 생각마저 없다. 그러기 때문에 더욱더 가난하게 되고 두 번 다시 남에게서 은혜를 입을 수 없게 된다. 자기의 이익에만 탐착하고 남의 소유를 탈취하여 닥치는 대로 써버린다.

이와 같은 부정을 되풀이하면 그것이 습성이 되어 자기 생활을 방종하게 만든다. 주색에 빠져 먹고 마시는 데 절제가 없다. 마음 내키는 대로 방탕만을 일삼는 것이다. 어리석기 때문에 남과 곧잘 충돌하고, 맞은편의 기분을 알려고는 하지 않고 억누르려고만 한다.

남이 하는 착한 일을 보고는 미워하고 질투하며, 의리도 예절도 없고 자기 분수를 살피거나 양보하는 일도 없다. 잘난 체하여 자기만을 주장하므로 누구 하나 충고하는 일이 없다. 부모 형제 처자와 생계가 어찌 되건 전혀 걱정하지 않고 부모나 스승이나 친구의 은혜를 모르고 있다. 마음으로는 항상 악을 생각하고, 입으로는 악을 말하며, 몸으로는 악을 행하여 지금껏 한 가지도 선한 일을 한 적이 없다.

또한, 옛날의 성인이나 부처님의 가르침을 믿지 않고, 보리도를 닦아 미혹에서 벗어날 수 있다는 것을 믿지 않는다. 죽은 뒤 영혼이 다른 세상에 다시 태어난다는 것도 믿으려고 하지 않고, 좋은 일을 하면 좋은 과보를 받고 나쁜 일을 하면 나쁜 과보를 받는다는 것도 믿지 않는다.

심지어 아라한을 죽이거나 화합된 승단을 교란하려고 도모하고 어버이와 형제와 권속을 해치려고 생각한다. 그러므로 부모 형제 처자는 그를 미워하고 모두 그를 싫어하고 증오하여 차라리 죽기를 바란다.

대체로 사람들은 마음이 어리석어 자기에게는 지혜가 있다고 생각한다. 태어날 때 어디에서 오는지 죽을 때 어디로 가는지에 대해서 모르면서 아랫사람한테는 자비를 베풀지 않고, 윗사람에게는 순종하지도 않는다. 천지의 도리를 거역하고도 요행을 바라고 오래 살기를 바라지만, 결국에는 반드시 죽음을 맞이하게 된다.

자비로운 마음으로 가르치고 훈계하여 그로 하여금 선한 것을 기억하게 하고, 생사와 선악의 도리를 일러 주어도 그들은 그것을 믿으려 하지 않다. 간절한 마음으로 말해 보아도 아무런 보람이 없으며, 마음속으로 빗장을 걸어 잠그고 있어 그 마음이 열리고 풀릴 수 없다.

이러한 자들이 마침내 목숨이 다하게 되었을 때 비로소 후회와 두려움이 번갈아 가며 엄습하지만, 일찍이 착한 일을 닦지 않고, 마지막에 이르러 후회하여도 되돌릴 수 있는 일이란 없다.

이 세상에는 분명히 다섯 가지 악도를 헤매는 윤회의 도리가 있고, 이 도리는 우리 힘으로 헤아릴 수도 없을 만큼 크고 넓고 깊다. 선악의 원인이 복과 재앙의 과보를 낳게 되고, 그 과보는 마땅히 내 자신이 받는 것이다. 아무도 나를 대신해 줄 수 없다. 인과응보의 도리가 저절로 이루어진 것이라 자기가 지은 악업에 대해서는 반드시 그 허물이 붙어 다녀서 거기에서 벗어날 수가 없는 것이다.

어진 사람은 선행을 하여 즐겁고 화평한 데 들어가지만, 악인은 악을 행해 괴롭고 어두운 데로 들어간다. 이런 도리를 아무도 모르고 있다. 다만 부처님만이 알고 계실 뿐이다. 그러므로 부처님은 불법의 가르침을 설하고 열어 보여 주지만 이를 믿는 사람은 드물다. 그리하여 삼악도에 떨어져 삶과 죽음이 되풀이됨이 끊어지지 않는다. 이와 같은 중생의 무리들은 다 없어지기 어려워 생사고해에 넘치며, 자연히 삼악도의 한량없는 고통과 괴로움을 겪게 된다. 그 속에서 세세생생 윤회하기를 몇 겁을 거듭하여도 나올 기약이 없고 벗어날 수도 없으니, 그 고통은 이루 말할 수 없다. 이것이 오대악(五大惡)이며, 오통(五痛)이며, 오소(五燒)인데, 그 고통스러움은 마치 큰 불길이 사람의 몸을 불태우는 것과 같다.

만약 누구든지 이와 같은 악독한 세상에서 한결같이 마음을 가다듬고 몸과 행동을 바르게 갖고 몸소 나서서 착한 일을 하고 여러 가지 나쁜 짓을 범하지 않는다면, 그 고통에서 벗어나 복덕과 구원을 얻고 천상에 태어나며 깨닫게 될 것이다. 이것이 다섯째 큰 선이다."

부처님께서 미륵보살에게 말씀하셨다.

"내가 그대들에게 말한 바와 같이 이 세상은 오악(五惡)으로 가득 차 있어 고통과 괴로움을 받는다. 그로 인하여 다섯 고통[五痛, 오통]과 다섯 불길[五燒, 오소]이 서로 원인이 되어 경쟁하듯 생기는 것이다. 그리하여 오직 온갖 악한 짓만을 저지르고 착한 일을 행하지 않으니, 모두 자연히 삼악도에 떨어지게 된다.

또는 지금 세상에서 먼저 재앙을 당하고 병에 걸려 죽고 싶어도 죽지 못하고, 살기를 구하여도 그럴 수 없으며, 그래서 자신이 지은 죄악의 과보를 대중들이 보게 된다. 그러다가 몸이 죽으면 업에 따라 삼악도에 떨어져 한량없는 고통 속에서 스스로 자신을 불태우게 된다.

이것은 오랜 세월이 지난 후에도 지속되어 원한의 결박을 만들게 되니, 처음에는 적고 미세하던 것이 나중에는 크나큰 악을 이루게 된다. 이 모두가 재물과 애욕에 탐착하여 보시하고 은혜를 베풀지 못한 탓이며, 어리석음과 욕망에 쫓기고 마음으로 생각하는 것마다 번뇌에 묶여서 풀려나지 못한 탓이다. 또한, 자신의 이익을 돈독히 하고자 남과 다투면서도 돌이켜 반성하지 않은 탓이다.

혹여 부귀영화를 누리는 때가 있을지라도 다만 자신의 쾌락을 즐길 뿐 절제할 줄 모르고, 착한 일을 하지 않았으므로 그 위세는 얼마 가지 않아서 소멸하여 없어진다. 그리고 자신의 한 몸을 살리기 위하여 고생하지만, 그 후에는 더 큰 비극을 맞게 될 뿐이다.

천지의 도리는 바르고 곧아서 미치지 않는 곳이 없으며, 자연히 지은 바가 드러나고, 형벌이 펼쳐진 그물처럼 상하에 상응하는 것이다. 의지할 곳도 없이 오직 홀로 그곳에 들어갈 뿐이며, 이것은 예전이나 지금이나 똑같나니 참으로 애처롭고 가엾은 일이다.”

부처님께서 미륵보살에게 말씀하셨다.

“세상이란 이와 같으니 부처님은 그러한 모든 이를 가엾게 여기고, 위신력으로 온갖 악을 부수어 없애고 선으로 나아가게 한다. 그러므로 악을 범하려는 생각을 포기하여 버리고, 경전과 계율을 받들어 지니고 수행하여 어긋나거나 잃어버리지 않게 한다면 결국 생사고해를 벗어나 열반으로 향하는 길을 얻게 된다.”

8. 미륵보살의 이해

부처님은 이와 같이 가르치신 뒤, 다시 미륵보살에게 말씀하셨다.

“그대들은 이제 모든 천신과 인간과 후세 사람들이 내가 말하는 불법을 마땅히 깊이 생각하고, 능히 그 가운데에서 마음을 단정히 하고 행위를 바르게 하도록 해야한다. 윗사람은 선을 행함으로써 아랫사람을 통솔하고 교화하며, 서로 가르침을 전하고 각자가 스스로 단정히 지키며, 성인을 존대하고 선한 자를 공경하며 어질고 인자한 마음으로 널리 자비를 베풀어야 한다.

부처님의 가르침과 교훈을 결코 어기거나 비방해서는안 되며, 마땅히 해탈을 구하되 나고 죽는 사이에 저지르는 온갖 악의 근본을 뽑아 버리고, 삼악도의 한량없는 근심과 두려움과 괴로움과 아픔의 길을 여의어야 한다.

또한, 그대들은 이 세상에서 널리 공덕의 근본을 쌓고 은혜를 베풀어 여래가 정한 계율을 범해서는 안 된다. 참을성 있게 용맹정진하여 마음의 통일을 얻고 지혜를 닦아 얻은 덕을 남에게 가르치며, 한층 더 공덕을 짓고 선을 행해야 한다.

마음을 바르게 갖고 팔계를 지켜 마음과 몸을 청정하게 하는 것은 단 하루만을 그렇게 할지라도, 그 사람은 무량수불의 극락세계에서 백 년 동안 선을 행한 일보다 더 수승하다. 왜냐하면, 그 불국토는 이 세상에서 만들어진 것과는 달리 저절로 깨달음의 경계로 존재하고 많은 선업이 쌓여 터럭 끝만치도 나쁜 것이 없기 때문이다.

또 이 세상에서 열흘 동안에 닦은 선업은 다른 불국토에서 천 년 동안 닦은 선업보다 뛰어나다. 왜냐하면, 다른 불국토에서는 선업을 닦는 이가 많고 악업을 짓는 이는 적으며, 복과 덕이 저절로 갖추어져 악을 짓는 일이 없기 때문이다. 그러나 이 세상에는 악한 것이 많으므로 자연히 부지런히 바라기만 하며, 서로 속이고 또한 해치니, 그 마음은 수고롭고 몸이 고달프기가 마치 쓰디 쓴 독약을 마시는 것과도 같다. 이처럼 얽매인 채 애써 보지만 아직껏 한 번도 편안하게 쉬어 보지 못하는 것이다.

그래서 나는 그대를 비롯하여 여러 신과 인간들을 가엾이 여겨 간곡히 가르치고 깨우쳐 선업을 닦게 한다.

근기에 따라 가르쳐 이끌고 거기에 합당한 경전을 말하기 때문에 이를 받들어 행하면 소원하는 바대로 모두 저마다의 깨달음을 얻을 것이다.

여래가 두루 다니시는 나라와 도시, 마을마다 교화를 입지 않은 곳이 없다. 천하가 화평하고 유순하며 해와 달은 청명하여 바람과 비가 때를 맞춘다. 재앙과 전염병이 발생하지 않으며, 나라는 풍요롭고 백성은 안정되어 병사와 무기는 소용이 없으니, 덕을 숭상하고 어진 마음을 가지고 힘써 예절과 겸양을 닦을 것이다."

부처님은 다시 이렇게 말씀하셨다.

"내가 그대들을 가엾이 여기고 사랑하는 것은 어버이가 자식을 생각하는 것보다 더할 것이다. 이제 나는 이 세상에서 부처가 되어 그대들을 위해 오악(五惡)을 가라앉히고 현세의 과보인 오통(五痛)과 내세의 과보인 오소(五燒)를 없애고, 선으로써 악을 멸해 어리석은 윤회의 고통을 제거하며 다섯 가지 선한 덕을 얻어 깨달음의 경지에 이르게 했다. 그러나 내가 이 세상을 떠난 뒤에는 가르침의 도가 점점 사라지고 사람들을 아첨하고 속이게 되어 다시 온갖 악한 짓을 행할 것이다. 그래서 오악(五惡)과 그 죄보를 다시 그전처럼 받게 되고 후대에 이를수록 극도에 달하게 되니, 그 모든 것은 이루 다 말할 수는 없지만, 그대들을 위하여 이것을 간략하게 말했을 뿐이다."

부처님은 다시 미륵보살에게 이렇게 말씀하셨다.

"그대들은 저마다 이것을 잘 기억하여 서로 가르치고 깨우쳐 주면서 여래가 말한 대로 실천하여라. 결코 여기에 등지는 일이 있어서는 안 될 것이다."

이때 미륵보살은 부처님께 합장한 채 말씀드렸다.

"세존께서 말씀하신 가르침은 참으로 간절한 것입니다. 이 세상 사람들이 다섯 가지 악에 괴로워하고 있는 것은 말씀하신 그대로입니다. 그러기 때문에 세존께서는 성불하시어 일체중생을 두루 사랑하고 가엾게 여기사 빠짐없이 제도하십니다. 저희들은 이제 부처님의 간절하신 가르침을 받은 이상 결코 이것을 등지지 않겠습니다."

부처님은 아난다에게 다음과 같이 말씀하셨다.

"아난다여, 일어서서 서쪽을 향해라. 의복을 단정히 하고 합장하여 공손히 아미타부처님께 예배를 드려라. 왜냐하면 시방세계에 계신 부처님들이 유창한 말씀으로 아미타불을 칭송하고 있기 때문이다."

이때 아난다는 일어서서 의복과 몸매를 단정히 하고 서쪽을 향해 아미타부처님께 공손히 예배를 드리고 나서 이와 같이 말했다.

"세존이시여, 원컨대 저희들이 저 아미타부처님의 국토인 극락세계와 거기에 살고 있는 많은 보살과 성문들을 볼 수 있도록 해 주십시오."

이 말이 끝나자마자 문득 아미타부처님은 그 몸에서

커다란 광명을 놓아 한량없는 여러 불국토를 두루 비추었다. 철위산과 수미산과 그 밖에 크고 작은 산과 이 세상의 모든 것은 다 황금빛으로 빛났다. 마치 이 세상의 종말이 와서 큰 홍수가 세계에 넘칠 때 모든 것이 그 속에 잠겨 눈에 보이는 것은 물뿐이듯이, 아미타부처님의 광명은 성문이나 보살들을 모두 덮어 버리고 그 광명만이 찬란하게 빛나고 있었다.

그때 아난다는 아미타부처님을 친견하게 되니, 부처님의 높고 큰 위덕은 마치 수미산이 모든 세계 위에 높이 솟아 있는 것과 같았다. 그 부처님의 수승한 몸에서 발한 광명은 비추지 않은 데가 없었다. 설법의 자리에 모인 사부대중도 똑같이 아미타부처님을 친견하였다. 또한 그 불국토에 있는 성인들도 이곳 설법의 자리를 보게 되었다.

9. 거듭하는 말씀

이때 부처님은 아난 존자와 미륵보살에게 말씀하셨다.

"너희들은 저 불국토로부터 정거천(淨居天)*에 이르기까지 그 가운데 있는 모든 미묘하고 장엄하고 청정한 자연의 만물을 다 보았느냐?"

아난다가 답하여 말씀드렸다.

"예, 이미 보았습니다."

"그럼, 너희들은 아미타부처님이 큰 소리로 모든 세계를 향해 법을 설해 중생을 교화하고 계시는 것도 들었느냐?"

아난다가 답하여 말씀드렸다.

"예, 이미 들었습니다."

"또 저 불국토의 사람들이 백천유순이나 되는 칠보 궁전에 살면서 마음먹은 대로 시방세계를 다니면서 부처님들을 공양하고 있는 것을 보았느냐?"

아난다가 답하여 말씀드렸다.

"이미 보았습니다."

"그리고 저 불국토의 사람들 속에 모태에서 태어난 태생이 있는데 그것도 보았느냐?"

아난다가 답하여 말씀드렸다.

"이미 보았습니다. 사람의 태에서 태어난 자들이 거처하는 궁전은 백 유순 혹은 오백 유순이나 되는데, 그들이 그 안에서 여러 가지 기쁨을 누리고 있는 것은 이 세상의 타화자재천에서 저절로 받는 것과 같았습니다."

이때 미륵보살은 부처님께 여쭈었다.

"세존이시여, 무슨 까닭으로 이 불국토의 사람 중에는 태생(胎生)과 화생(化生)의 구별이 있습니까?"

부처님께서 미륵보살에게 말씀하셨다.

"어떤 중생은 의혹의 마음가짐으로 여러 공덕을 닦으

---

* 정거천(淨居天) : 색계(色界)의 제사선천(第四禪天)에 아홉 개의 하늘이 있는 가운데, 욕계에 다시 태어나지 않는 불환과(不還果) 즉 아나함과(阿那含果)를 증득한 성인이 태어나는 하늘이다. 곧 무번천(無煩天)·무열천(無熱天)·선현천(善現天)·선견천(善見天)·색구경천(色究竟天)의 다섯 하늘을 말한다. 오정거천(五淨居天)이라고도 한다.

며 저 불국토에 태어나기를 원하는 경우가 있다. 그는 부처님의 지혜가 불가사의한 지혜[不思議智, 부사의지]이며, 가히 헤아릴 수 없는 지혜[不可稱智, 불가칭지]이며, 대승의 넓은 지혜[大乘廣智, 대승광지]이며, 동등함이 없고 비교할 데 없는 최상의 지혜[無等無倫最上勝智, 무등무륜최상승지]임을 알지 못했기 때문이다.

그러나 그들은 부처님의 이 모든 지혜를 의심하여 믿지는 않지만, 그래도 죄와 복에 대한 인간의 도리를 믿고 선을 닦아 그 나라에 태어나기를 서원하는데, 이러한 여러 중생들이 저 칠보 궁전의 변두리에 태어나 수명이 오백 세가 될 때까지 부처님을 친견하지 못하고 법문도 듣지 못하며, 보살과 비구는 물론 거룩한 성중(聖衆)들을 보지 못하므로 저 나라에서는 이들을 태생(胎生)이라고 한다.

이에 비해서 어떤 중생이 부처님의 지혜로부터 최상의 지혜에 이르기까지 분명하게 믿고 여러 공덕을 지어 다른 이들에게 두루 돌린다면, 이 중생은 칠보로 된 연꽃 속에 자연히 화생(化生)하여 연화대 위에 가부좌를 하고 앉게 된다. 그리고 문득 그 국토의 보살처럼 몸 모양과 광명과 지혜와 공덕을 온전히 갖추는 것이다.

미륵이여, 다른 불국토의 보살들도 발심하여 아미타부처님을 섬기려고, 그리고 보살이나 성문들을 공양하려고 원한다면 그들은 죽은 뒤 아미타불의 국토에 태어난다. 즉 칠보 연꽃 속에 저절로 태어나 화생할 것이다.

미륵이여, 잘 들으라. 저 화생한 이는 지혜가 수승하므로 칠보 연꽃 속에 태어난다. 그런데 태생한 이는 모두 지혜가 낮아 오백 년 동안 부처님을 친견할 수도 없고 설법을 듣거나 보살과 성문들을 만나 볼 수도 없다. 부처님께 공양할 수도 없고 보살행을 알 수도 없으며 몸소 공덕을 쌓을 수도 없다. 이와 같은 사람은 전생에 지혜를 닦지 않고 부처님의 지혜를 의심했기 때문인 것이다."

부처님은 다시 미륵보살에게 말씀하셨다.

"이를테면 전륜성왕(轉輪聖王)의 궁전에 특별히 칠보로 된 방이 있는데. 거기에는 여러 가지로 찬란하게 장식되어 있고 훌륭한 침상이 놓이고 휘장과 깃발들을 드리워 놓았다고 가정해보자. 그때 전륜성왕의 왕자들이 부왕으로부터 벌을 받고 그 방에 들어와 황금 족쇄에 결박되어 있다면, 그들은 부왕과 똑같은 방 안에 있으면서도 거기에 머물고 싶어 하겠느냐?"

미륵보살이 답하여 말씀드렸다.

"그렇지 않습니다. 그들은 온갖 방편을 써서 힘이 센 장사를 구하여 스스로 그곳을 벗어나려 할 것입니다."

부처님은 다시 미륵보살에게 말씀하셨다.

"태(胎)에서 나온 이들도 그와 같다. 저 부처님의 지혜를 의심한 까닭에 태생의 궁전에 태어나는데 거기에서는 아무런 벌도 받지 않는다. 나쁜 일을 하고 싶은 생각조차 없지만 오백 년 동안 부처님과 부처님의 가르침과 부처님의 가르침을 실천하는 사람들을 볼 수가 없다. 그리고 부처님을 공양하여 여러 가지 선근을 심을 수도 없는 것이다.

이것이 태생한 이에게는 괴로운 일이다. 다른 즐거움은 있지만, 그 궁전에 있고 싶어 하지 않는다.

그러나 만일 그들이 일찍이 부처님의 지혜를 의심한 허물을 알고 스스로 깊이 뉘우쳐 그 궁전을 떠나고저 원한다면 즉시로 아미타부처님의 곁에 가서 공경하고 공양할 수 있고, 한량없는 부처님들의 처소에 가서 여러 가지 공덕을 쌓을 수 있다.

미륵이여, 마땅히 알아야 할 것이다. 어떤 보살이 부처님의 지혜를 의심하는 자가 있다면, 그는 큰 이익을 잃게 된다. 그러므로 마땅히 여러 부처님의 위없이 높은 지혜를 분명히 믿어야 한다.”

미륵보살은 부처님께 여쭈었다.

“세존이시여, 이 세계에서 깨달음의 자리에 이르는 일이 결정되어 물러나지 않는 보살이 얼마만큼 저 불국토에 태어나는 것입니까? ”

“미륵이여, 이 세계에는 67억의 불퇴전 보살이 있어 저 불국토에 태어날 것이다. 그 보살들은 지금까지 한량없는 부처님들을 공양한 이들로 그대의 뒤를 이을 보살들이다.

이 밖에 수행과 공덕이 적은 보살들은 헤아릴 수 없을 정
도로 많으나, 장차 그들도 모두 왕생하게 될 것이다."

부처님은 계속해서 미륵보살에게 말씀하셨다.

"내가 가르침을 펴고 있는 나라의 보살들만이 저 불국
토에 태어나는 것은 아니다. 다른 불국토에 있는 보살들
도 마찬가지다.

첫 번째 부처님은 원조불(遠照佛)이라고 이르며, 그곳
에 있는 180억의 보살들이 모두 반드시 왕생할 것이다.

두 번째 부처님은 보장불(寶藏佛)이라고 이르며, 그곳
에 있는 90억의 보살들이 모두 반드시 왕생할 것이다.

세 번째 부처님은 무량음불(無量音佛)이라고 이르며, 그
곳에 있는 220억의 보살들이 모두 반드시 왕생할 것이다.

네 번째 부처님은 감로미불(甘露味佛)이라고 이르며, 그
곳에 있는 250억의 보살들이 모두 반드시 왕생할 것이다.

다섯 번째 부처님은 용승불(龍勝佛)이라고 이르며, 그
곳에 있는 14억의 보살들이 모두 반드시 왕생할 것이다.

여섯 번째 부처님은 승력불(勝力佛)이라고 이르며, 그곳
에 있는 1만 4천의 보살들이 모두 반드시 왕생할 것이다.

일곱 번째 부처님은 사자불(師子佛)이라고 이르며, 그곳
에 있는 5백억의 보살들이 모두 반드시 왕생할 것이다.

여덟 번째 부처님은 이구광불(離垢光佛)이라고 이르며,
그곳에 있는 80억의 보살들이 모두 반드시 왕생할 것이다.

아홉 번째 부처님은 덕수불(德首佛)이라고 이르며, 그

곳에 있는 60억의 보살들이 모두 반드시 왕생할 것이다.

열 번째 부처님은 묘덕산불(妙德山佛)이라고 이르며, 그곳에 있는 60억의 보살들이 모두 반드시 왕생할 것이다.

열한 번째 부처님은 인왕불(人王佛)이라고 이르며, 그곳에 있는 10억의 보살들이 모두 반드시 왕생할 것이다.

열두 번째 부처님은 무상화불(無上華佛)이라고 이르며, 그곳에는 헤아릴 수 없이 많은 보살 대중이 있는데, 모두 불퇴전(不退轉)의 지위에 있고 지혜를 갖추고 있으며 용맹스럽다. 이들은 이미 일찍이 수없이 많은 부처님을 공양하여 겨우 칠일 동안에, 다른 보살들이라면 백천억 겁에 걸쳐 닦아야 얻을 수 있는, 견고한 법력을 갖추었다. 그러므로 그들 보살은 모두 반드시 왕생할 것이다.

열세 번째 부처님을 무외불(無畏佛)이라고 이르며, 그곳에 있는 790억의 대승 보살들과 그리고 작은 공덕의 여러 보살들과 비구들까지 합하면 헤아릴 수조차 없는데, 그들은 모두 반드시 왕생할 것이다."

부처님께서 미륵보살에게 말씀하셨다.

"다만 이러한 열네 곳의 불국토에 있는 보살들만이 반드시 왕생하는 것은 아니다. 시방세계의 헤아릴 수 없이 많은 불국토에서도 왕생하는 이들은 이처럼 매우 많아 그 수를 헤아릴 수가 없다.

그러므로 내가 단지 시방세계의 모든 부처님의 명호

(名號)와 그 나라에서 극락세계에 왕생하는 보살들과 비구들의 수를 헤아린다면 밤낮으로 1겁에 걸쳐서 설한다고 해도 다 할 수 없을 것이니, 다만 그대를 위하여 간략하게 말하였을 뿐이다."

10. 미륵보살에게 부촉하다

부처님은 미륵보살에게 이와 같이 말씀하셨다.

"만약 아미타불의 이름을 듣고 크게 기뻐하여 이 부처님을 한 번만이라도 염(念)한다면, 이 사람은 커다란 이익을 얻을 것이다. 잘 알아 두어라. 마침내 이 사람은 그 위에 없는 공덕을 온전히 갖추게 될 것이다.

미륵이여, 설사 큰불이 삼천대천세계에 가득하다 할지라도 마땅히 그 불을 뚫고 나아가 이 경의 법문을 듣고 환희심을 내어 믿고 또한 즐겁게 받아 지니고 독송하며, 설해진 그대로 수행해야 한다.

왜냐하면, 이 법문은 많은 보살들이 이 경전의 가르침을 얻고자 하여도, 과거의 큰 공덕이 없으면 들을 수 없는 귀중한 진리이기 때문이다.

만일 중생으로서 이 법문을 듣는다면, 위없는 도에서 끝내 물러나지 않을 것이다. 그러므로 그대들은 마땅히 오직 한마음으로 믿고 지니고 독송하며 가르침대로 행해야 한다."

부처님께서 말씀하셨다.

"미륵이여, 나는 이제 여러 중생들을 위해 이 가르침을 펼쳐 아미타부처님과 그 국토에 있는 모든 것을 보게 하였으니, 그대들은 마땅히 실천하여 모두 왕생을 구해야 한다.

내가 열반에 든 이후에도 다시는 의혹을 품어서는 안 된다. 먼 미래 세상에 경전과 불법이 없어진다고 하더라도 나는 자비로써 말세 중생들을 가엾게 여겨 특별히 이 〈무량수경〉만은 백 년 동안 더 머물게 할 것이다. 그리하여 만일 어떤 중생이든 이 경전을 만나 가르침을 따르는 이는 원하는 바에 따라서 모두 불국토에 태어날 것이다."

부처님께서 미륵보살에게 말씀하셨다.

"미륵이여, 이 세상 사람들로서 부처님의 출현을 만나기는 매우 어렵고 부처님의 가르침을 듣기도 어려운 일이다. 보살의 뛰어난 법과 모든 바라밀(波羅蜜)을 듣는 것 또한 역시 어렵다. 선지식(善知識)을 만나 법을 듣고 능히 수행하는 것도 역시 어려우며, 더구나 이 경전을 듣고 기뻐하여 믿으며 머리에 새겨 간직하기는 더욱 어려운 일이니, 이보다 더 어려운 일은 없다.

그러므로 나의 법문을 이와 같이 짓고[如是作, 여시작], 진리를 이와 같이 말하고[如是說, 여시설], 진리를 이와 같이 가르치는[如是敎, 여시교] 것이니, 마땅히 믿고 의지하여 가르침대로 행해야 할 것이다."

11. 법을 듣고 기뻐하는 대중들

부처님께서 이 법을 설해 마치니 한량없는 중생들은 모두 위없는 보리심(菩提心)을 일으켰다. 그들 중에서 일억 이천만 인은 청정한 법안(法眼)을 얻었고, 22억의 여러 천신과 사람들은 아나함과(阿那含果)를 얻었으며, 80만의 비구들은 번뇌를 모두 끊고 지혜를 얻었다.

또한 40억 보살들이 불퇴전의 지위를 얻었으니, 그들은 큰 서원을 세운 공덕으로 스스로를 장엄하고 장차 다가오는 세상에서 마땅히 정각을 이룰 것이다.

이때 삼천대천세계(三千大千世界)*는 여섯 가지로 진동하여 기특한 상서를 보였다. 큰 광명이 두루 시방세계를 비추고 백천가지 음악이 저절로 연주되며 아름다운 꽃이 한량없이 흩날렸다.

부처님께서 〈무량수경〉의 설법을 마치자, 미륵보살과 시방세계에서 모여든 여러 보살 대중과 장로 아난다를 비롯한 여러 훌륭한 비구들과 그 모든 대중은 부처님의 설법을 듣고서 환희하지 않는 이가 없었다.

---

*삼천대천세계(三千大千世界) : 고대 인도인의 세계관에서 전우주를 가리키는 말이다. 수미산을 중심으로 해·달·사대주·육욕천·범천 등이 있는데 이를 합하여 한 세계라 하고, 이것의 천 배를 소천세계, 소천세계의 천 배를 중천세계, 중천세계의 천 배를 대천세계라 한다. 소천·중천·대천세계를 모두 합하여 삼천대천세계라고 한다.

제 2 장

정토에 관한 열 가지 문답

淨土十疑論

정토십의론 서 (淨土十疑論 序)

정토십의론 (淨土十疑論)

정토십의론 후서 (淨土十疑論 後序)

정토십의론 서 (淨土十疑論 序)

송(宋) 무위자(無爲子) 양걸(楊傑) 씀

애착이 질기지 않으면 사바세계에 태어나지 않고, 염불이 한결같지 않으면 극락세계에 왕생하지 못한다.[愛不重 不生 娑婆 念不一 不生極樂, 애불중 불생사바 염불일 불생극락]

사바세계는 더러운 땅[穢土, 예토]이며, 극락세계는 깨끗한 땅[淨土, 정토]이다. 사바세계의 수명은 유한하며, 극락세계의 수명은 무한하다.

사바세계에는 모든 괴로움이 존재하지만, 극락세계는 어떠한 고통도 없이 평안히 수양할 수 있다.

사바세계에서는 업장(業障)에 따라 삶과 죽음의 고해를 끝없이 윤회하지만, 극락세계는 한 번 태어나면 영원히 무생법인(無生法忍)을 증득한다.

또한 만일 중생들을 제도하기를 원한다면 어떠한 집착도 없이 뜻대로 자유자재로운 경지에 이를 수 있다.

사바세계와 극락세계의 깨끗함과 더러움, 수명의 장

단, 괴로움과 즐거움, 생사윤회 등은 이처럼 천지 차이로 판이하게 다르다.

그런데도 중생들은 이러한 사실을 모르고 있으니, 이 어찌 슬프지 아니하리요?

석가모니부처님은 이곳 사바세계에서 극락정토를 안내하시는 큰스승이시며, 아미타부처님은 극락정토에서 중생들을 섭수(攝受)하시는 대교주이시다.

그리고 관세음보살과 대세지보살은 부처님들을 도와 널리 중생교화를 펼치시는 분들이시다.

이러한 까닭에 석가모니부처님께서 일생 동안 설하신 경전 곳곳에서는 간곡하고 자상하게 극락왕생을 권유하고 계신다.

아미타부처님과 관세음보살, 그리고 대세지보살은 큰 원력의 배를 타시고, 생사해(生死海)에서 차안(此岸)인 사바세계에도 머물지 않으시고 피안(彼岸)인 극락정토에도 머물지 않으시며, 그 중간인 중류(中流)에도 머물지 않으시면서 오직 중생들을 제도하신다.

그래서 〈아미타경(阿彌陀經)〉에서는 이렇게 말씀하셨다.

"만약 선남자·선여인이 아미타부처님 명호를 듣고 그 명호를 하루 내지 이레 동안 지니며 한마음 흐트러지지 않으면[一心不亂, 일심불란], 그 사람의 목숨이 다할 때 아미타부처님께서 뭇 성인 대중과 함께 그 사람 앞에 나타나시리니, 이 사람은 목숨이 끊어질 때 마음이 뒤바뀌지 아니하면 곧장 극락국토에 왕생하게 되느니라."

또 〈무량수경(無量壽經)〉에서는 이렇게 말씀하셨다.

"시방세계의 중생들이 나의 명호를 듣고 나의 국토(극락정토)를 생각하며, 온갖 공덕의 뿌리를 심으면서 나의 국토에 태어나기를 지극한 마음으로 회향 기도함에도 불구하고 그 소원이 이루어지지 않으면 나는 결코 정각(正覺)을 이루지 않으리라."

그래서 기원정사(祇園精舍)의 무상원(無常院)에서는 병든 환자들에게 서쪽을 향해 극락정토에 왕생하게끔 생각하도록 했다고 한다.

대저 아미타부처님의 광명은 막힘이 없고 한량이 없는지라, 시방법계를 두루 비치면서 염불하는 중생들을 빠뜨림 없이 모두 섭수하신다.

부처님과 범부중생은 원래 한 몸이라, 기연(機緣)이 맞으면 서로 감응(感應)하여 통하기 마련이다.

모든 부처님 마음 안의 중생은 티끌티끌마다 극락세계이고, 중생들 마음 속 정토는 생각생각마다 아미타부처님이다.[諸佛心內衆生 塵塵極樂 衆生心中淨土 念念彌陀, 제불심내중생 진진극락 중생심중정토 염염미타]

내가 이러한 이치로 관찰하니, 누구나 쉽게 극락왕생할 수 있다.

지혜로운 이는 미혹(迷惑)하지 않으므로 쉽게 왕생할 수 있고, 선정(禪定)에 드는 이는 마음이 산란하지 않으므로 쉽게 왕생할 수 있다.

또한 계율(戒律)을 잘 지키는 이는 온갖 오염에서 벗어나므로 쉽게 왕생할 수 있고, 보시(布施)를 즐겨 하는 이는 '나(我)'라는 생각에 걸리지 않으므로 쉽게 왕생할 수 있다.

또한 인욕(忍辱)을 잘하는 이는 성을 내지 않으므로 쉽게 왕생할 수 있고, 용맹스럽게 정진(精進)하는 이는 깨달음에서 물러나지 않으므로 쉽게 왕생할 수 있다.

그리고 선(善)도 행하지 않고 악(惡)도 짓지 않는 자는 생각이 오로지 한결같으므로 쉽게 왕생할 수 있고, 온갖 죄악을 지어 업보가 눈 앞에 나타나는 이는 정말로 부끄러워하고 두려워하므로 쉽게 왕생할 수 있다.

그러나 비록 온갖 선행을 쌓았더라도, 정성과 신심이 없고 깊은 마음[深心, 심심]도 없으며 극락왕생하기를 회향하여 발원하는 마음도 없는 이는 상품상생(上品上生)에 왕생할 수 없다.

오호라! 아미타부처님의 명호는 지니고 염송하기가 매우 쉬우므로 극락정토에 왕생하기가 매우 쉽다.

그러함에도 불구하고 중생들이 염불을 하지 않아 극락정토에 왕생하지 않는다면, 부처님인들 그런 중생들을 어찌하랴!

정토십의론(淨土十疑論)

수(隨) 천태지자(天台 智者, 538~597) 지음

문 대승경전에 이르기를, 모든 부처님과 보살들은 큰 자비와 서원(誓願)으로서 중생들을 구제한다고 합니다. 그렇다면 지금 염불하는 사람들은 마땅히 삼계(三界)에 몸을 나타내시어 오탁악세(五濁惡世)에서 번뇌로 인하여 고통 가운데 괴로워하는 중생들을 제도하여야 마땅할진대, 어찌하여 극락정토에 태어나 자신의 평안만을 추구하는 것입니까?

이는 고통받는 중생들을 멀리하였으니 큰 자비가 없음이요, 또한 자신의 이익에만 치우쳤으니, 보살이 추구하는 보리도(菩提道)에 어긋나는 것이 아닙니까?

답 보살의 경지에는 두 가지가 있는데 하나는 오랫동안 보살도(菩薩道)를 닦고 행하여 무생법인을 얻은 경지이고, 다른 하나는 아직 무생법인을 얻지 못한 분들과 이제 막 보살의 마음을 낸 초발심(初發心)의 범부들입니다.

만일 오랜 세월 동안 보살의 도를 수행하여 무생법인을 성취한 사람이라면 책망받아 마땅하지만, 아직 무생법인을 얻지 못하였거나 처음 마음을 낸 사람이라면 항상 부처님을 가까이하여 번뇌가 소멸된 모든 법의 진실한 모습[實相, 실상]을 깨달아야만 비로소 삼계 안에 몸을 나타내시어 오탁악세에서 고통받는 중생들을 구제할 수 있습니다.

그래서 대지도론(大智度論)에서 이렇게 말씀하셨습니다.

"범부 중생으로서 설사 큰 자비심을 내었다 하더라도, 오탁악세에 태어나 고통 속에 살아가는 중생들을 제도하려는 것은 불가능한 일이다. 왜냐하면 오탁악세는 번뇌가 매우 어지러워 스스로 무생법인의 법력을 깨닫지 못하면 바깥 사물의 경계에 따라 마음이 변하기 때문이다. 자기 마음이 빛과 소리에 사로잡혀 삼악도에 떨어질 지경인데, 어찌 능히 다른 중생을 제도할 수 있겠는가?"

가령 인간 세상에 태어난다고 할지라도 부처님의 법을 만나기 어렵습니다.

행여 보시하고 계행을 잘 지켜 그 복으로 인간세상에 태어나 국왕이나 대신이 된다고 할지라도 전생의 복덕으로 부귀영화와 세상의 즐거움을 방일하게 누리다 보면, 모든 것을 제멋대로 판단하여 비록 선지식을 만나더라도 그 가르침을 믿지 아니하고 무지와 어리석음으로 여러 가지 악한 업을 짓기 마련입니다.

이렇게 지은 죄업으로 인해 삼악도(三惡道)에 한 번 들어가면 한량없는 세월을 지나야만 비로소 지옥에서 나올 수 있게 되며, 설령 지옥세계를 벗어나더라도 여전히 가난하고 천한 신분으로 태어나고, 만약 선지식을 만나지 못하면 다시 괴로움과 고통스러운 인생을 살다가 지옥에 떨어지기 십상입니다.

이렇게 생사의 윤회를 되풀이하면서 오늘에 이르렀으며 대부분의 사람들이 이러하니, 이를 일컬어 실로 행하기 어려운 길이라는 뜻으로 난행도(難行道)라 합니다.

그래서 〈유마경(維摩經)〉에서 이렇게 말씀하셨습니다.

"자신의 병도 고치지 못하면서 어떻게 남의 병을 고치겠는가."

또 대지도론에서는 이렇게 말씀하셨습니다.

"두 사람이 강물에 빠졌는데, 마침 그들에게 각기 자기 권속이 있었다. 그중 한 사람은 성격이 조급하여 자신의 입장을 돌아보지 않고 바로 물에 뛰어들어 구하려다가 적절한 방편의 힘이 없어 물에 빠진 사람이나 구하려던 권속도 모두 익사하고 말았다.

그런데 다른 한 사람은 훌륭한 방편을 생각하고 지혜롭게 잘 대처하여 곧장 배나 뗏목을 가져다가 물에 빠진 권속을 무사히 건져 올렸다."

새로 마음을 발한 초발심의 보살도 또한 이와 같아서, 모든 번뇌가 사라진 무생법인을 얻지 못하면 중생을 제도할 수 없습니다.

그래서 지성으로 염불수행하여 극락정토에 왕생한 뒤 아미타부처님과 여러 정토의 불보살님을 가까이 모셔서 수행하고 깨달음을 성취한 후에라야 비로소 중생을 제도할 수 있습니다. 이는 마치 위의 비유에서 배를 얻은 사람과 같습니다.

또 논(論)에서 이렇게 말씀하셨습니다.

"비유하자면 젖먹이 어린아이는 어머니의 품을 떠날 수 없는 것과 같다. 만일 어머니 품을 떠난다면 여러 어려움에 처하게 되어 결국 위험에 빠지게 될 것이다.

또한 비유하자면 마치 새끼 새의 날개가 다 자라기 전에는 나무에 의지하여 이 가지 저 가지로 옮겨 다닐 수 있을 뿐 멀리 공중으로 날아다니지 못하는 것과 같다. 날개가 온전히 자라나고 날아다니는 법을 다 배운 후에라야 비로소 허공으로 자유로이 날아다닐 수 있다."

이와 같이 범부 중생은 스스로 힘이 없으므로 오직 아미타불을 일심으로 생각하고 염송(念誦)하여 왕생을 구하여야 할 것입니다.

그렇게 염(念)하여 믿는 마음이 성취되면 임종시에 염불의 힘으로 정토에 왕생할 것이 틀림이 없으며, 아미타부처님을 친견하고 무생법인의 깨달음을 증득한 뒤 다시 삼계에 돌아와서 번뇌를 끊게 하는 해탈의 가르침으로 고통에 빠진 모든 중생들을 제도하며, 자기의 발원대로 자유자재로 여러 불사(佛事)를 널리 펼치게 될 것입니다.

그러므로 논에 이렇게 말씀하셨습니다.

"지옥 같은 세계에서 헤매는 사람은 염불수행을 통해 먼저 극락정토에 태어나 참된 깨달음을 얻은 후 욕망의 세계로 돌아와 고통과 괴로움에 신음하는 중생들을 교화한다."

이런 큰 인연으로 말미암아 보살들도 극락정토에 왕생하길 발원하는 것이니, 진실로 그 가르침을 잘 관찰하여 이해하기를 바랍니다.

그래서 용수보살(龍樹菩薩)의 십주비바사론(十住毘婆沙論)에서 정토염불법문을 '쉽게 수행하는 길[易行道, 이행도]'이라고 이름을 붙인 것입니다.

문 모든 법의 본체는 텅 비워져[諸法體空, 제법체공] 본래부터 나는 것이 아니고 평등하며 고요한 것인데, 지금 우리가 사는 이 세계를 버리고 서방정토에 왕생하기를 바란다면, 이는 이치에 어긋나는 것이 아닙니까?

또 경전에서 이렇게 말씀하셨습니다.

"만일 정토에 태어나려거든 먼저 자기 마음을 청정하게 해야 하고, 마음이 청정하면 곧 불국토도 청정해지리라."

그렇다면 이 말씀을 어떻게 설명할 수 있는 것입니까?

답 이 의문에 대한 답은 두 가지로 내리겠습니다. 하나는 전체(全體)적인 답이고, 다른 하나는 개별(個別)적인 답입니다.

전체적인 답은 이렇게 말할 수 있습니다.

만일 그대가 아미타부처님의 서방정토에 태어나기를 원하는 것이 이곳을 버리고 저곳에 나기를 구한다 하여 이치에 맞지 않는다고 한다면, 거꾸로 그대가 이곳에 집착하여 서방정토에 태어나기를 원하지 아니하는 것이니, 그것 또한 저곳을 버리고 이곳에 집착하는 행위가 되므로 그것 역시 장애가 되어 이치에 맞지 않습니다.

다시 생각하건대, 저곳에 왕생하기를 원하지도 않고 이곳에 또한 태어나기를 원치 않는다면 이것은 '아주 없다는 소견'인 단멸견(斷滅見)입니다.

그래서 〈금강경〉에서 이렇게 말씀하셨습니다.

"수보리여, 네가 생각하기를 아뇩다라삼먁삼보리(阿耨多羅三藐三菩提)를 내는 사람은 모든 법이 아주 없다고 설한다고 하느냐? 그런 생각은 하지 말아라. 왜냐하면 보리심을 발한 사람은 법에서 단멸의 모습[斷滅相, 단멸상]을 설하지 않는 법이기 때문이니라."

두 번째 개별적인 답은 이렇게 말할 수가 있습니다.

대저 태어남도 멸함도 없다는 것은 모든 존재가 생겨 나는 인연 가운데서 모든 법이 화합할 따름이며, 스스로의 성품을 지키지 아니합니다. 그러므로 생겨나는 본 체에서 무엇인가를 구하려 하여도 아무것도 얻을 수가 없습니다.

즉, 모든 존재가 생겨날 때 어디서부터 오는 바가 없 으므로 불생(不生)이라 하고, 또 불멸(不滅)이란 모든 존재가 흩어져 사라질 때 역시 스스로의 성품을 지키지 아니하므로 내가 흩어져 사라진다고 말하지 않습니다. 그러므로 모든 존재가 흩어져 사라질 때 가는 곳이 없 으므로 불멸이라고 말합니다.

인연화합에 의해 생겨나는 것 이외에 따로 불생불멸 이 있는 것이 아니며, 또한 극락정토에 왕생하기를 원 치 않는다고 하여 무생(無生, 無生法忍)이라고 말하지 도 않습니다.

그러므로 용수보살(龍樹菩薩)이 지으시고 구마라습 (鳩摩羅什)이 한역하신 중론(中論)의 게송에는 이런 말 씀이 있습니다.

"인연으로 나타나는 법을
내가 말하여 공(空)이라 하고

또는 붙인 이름[假名, 가명]이라 하기도 하고
또는 중도(中道)의 뜻이라 하기도 한다."

또한 중론에는 이런 말씀이 있습니다.

"모든 법이 스스로 생기지 않고
또한 다른 것으로부터 생기지도 않으며
더불어 생기는 것도 아니며
원인이 없는 것도 아니니
그러므로 생겨남이 없는 줄을 안다."

그리고 〈유마경〉에서는 이렇게 말씀하셨습니다.
"여러 불국토(佛國土)와 중생들이 공(空)한 줄은 알지
만 항상 정토를 수행하여 모든 중생을 교화한다."
또 〈유마경〉에는 이런 비유가 있습니다.
"비유컨대 집을 지을 때 텅 빈 땅을 의지한다면 생각
대로 장애 없이 집을 지을 수 있을 것이지만, 만일 허공
에 의지하면 끝내 이루지 못한다."
모든 부처님들께서 법을 설하심은 항상 이 두 가지 이
치에 의거하는 것입니다.
즉 임의로 붙인 이름[假名, 가명]을 없애지 않으면서
도 모든 법의 실상(實相)을 설하시는 것입니다.
지혜로운 사람은 열심히 극락정토에 왕생하길 구하면
서도, 왕생하는 본체는 얻을 수 없는 것임을 깨닫고 있
으므로 그것이 곧 참으로 태어남이 없는 무생입니다.

이것이 이른바 "마음이 청정하면 곧 정토가 청정해진다."라고 말하는 것입니다.

하지만 어리석은 사람은 왕생한다는 소견에 얽매여서 왕생한다는 말을 들으면 곧 생겨난다는 견해를 내고, 태어남이 없다는 말을 들으면 곧 태어남이 없다는 것에 견해를 냅니다. 그래서 태어남이 곧 태어남이 없는 것이요[不生, 불생], 태어남이 없는 것이 곧 태어나는 것[不滅, 불멸]인 줄을 전혀 알지 못합니다.

이러한 이치를 깨닫지 못하므로 함부로 시비를 다투며, 다른 이들이 극락정토에 태어나기를 구하는 것에 대하여 핏대를 올리면서 비판까지 하니, 이 얼마나 커다란 잘못입니까? 이러한 사람들은 정법을 비방하는 죄인이며, 사견(邪見)에 빠진 외도(外道)일 따름입니다.

문 온 우주의 모든 부처님의 정토와 법의 성품과 그 공덕이 평등합니다. 따라서 수행하는 사람이 널리 모든 부처님의 공덕을 염(念)하여 여러 많은 정토에 왕생하기를 서원해야 할 것입니다.

그런데 어찌하여 꼭 한 분의 부처님(아미타부처님)만 염하면서 한 편으로 치우쳐 서방극락정토만을 구하는 것입니까? 그것은 평등한 본래의 성품과 어긋나는 것이니 어찌 정토에 왕생하겠습니까?

답 온 우주의 모든 부처님의 정토가 모두 평등하지만 중생들의 근기가 낮고 마음이 혼탁하여 어지러운 사람이 많습니다.

그러니 만일 한 경계에 일심으로 마음을 두지 않으면 삼매(三昧)를 이루기 어렵습니다. 오로지 아미타불만을 염하는 것은 일상삼매(一相三昧)이니, 마음이 한 곳으로 온전히 갈무리되므로 극락정토에 왕생하게 되는 것입니다. 그래서 〈수원왕생경(隨願往生經)〉에서 이렇게 말씀하셨습니다.

"보광보살(普廣菩薩)이 부처님께 여쭈었다.

'우주에 온갖 여러 부처님 정토가 존재하는데 세존께서는 무슨 까닭에 오직 서방 아미타부처님의 극락정토만 찬탄하시며 극락왕생하라고 권하시나이까?'

그러자 부처님께서 말씀하셨다.

'사바세계 중생들은 마음이 흐리고 어지러움이 많아서 서방의 한 부처님의 정토만 치우쳐 찬탄하느니라. 모든 중생들이 한 경계에만 마음을 두게 하여 매우 쉽사리 정토에 왕생할 수 있도록 이끌어 줌이니라. 만일 일체의 여러 부처님을 모두 생각한다면 염불의 경계가 너무 넓고 마음이 산만해져서 삼매를 이루기 어려우며, 따라서 정토에 왕생할 수 없기 때문이니라.'"

또한 한 부처님의 공덕을 구한다고 하더라도 일체 부처님들의 공덕을 구하는 것과 다르지 아니한데, 그것은 부처님 법의 성품이 근본적으로 똑같기 때문입니다.

그러므로 아미타불을 염하는 것이 곧 일체 모든 부처님을 염하는 것이요, 하나의 정토에 태어나는 것이 곧 모든 정토에 태어나는 것입니다.

그래서 〈화엄경〉에 이렇게 말씀하셨습니다.

"일체 모든 부처님의 몸은
곧 한 부처님의 몸이요,
한 부처님의 마음과 지혜이며
힘과 무외심 또한 그러하네."

또 이렇게 말씀하셨습니다.

"마치 깨끗하고 밝은 보름달이
모든 물에 두루 비칠 때
물 위의 그림자가 비록 한량이 없지만
창공에 뜬 달은 하나이네.
이와 같이 걸림 없는 지혜로
위없는 깨달음을 성취하신 분
일체 국토에 두루 몸을 나타내시어도
부처님의 몸은 하나일 뿐이네."

지혜가 있는 사람은 이 비유로 알 수 있습니다. 모든 달의 그림자가 곧 하나의 달그림자인 줄 안다면, 하나의 달 그림자가 모든 달의 그림자인 것이니, 달 자체는

본래 둘이 아닙니다,

　이와 같이 한 부처님이 곧 모든 여러 부처님이요, 모든 부처님이 곧 한 부처님이니, 곧 법신(法身)은 둘이 아니기 때문입니다.

　이러한 까닭에 한 부처님을 치열하게 염송하는 것이 곧 일체 모든 부처님을 염송하는 것입니다.

문 위에서 말한 대로 한 부처님만을 염하여 정토에 태어나길 바라는 것이 정토에 왕생하는 것과 같다고 한다면, 온 우주에 있는 수많은 부처님 정토 가운데서 자기 마음대로 어느 한 부처님의 정토를 염하여 그곳에 왕생하면 될 것인데, 어찌하여 그렇게 하지 않고 하필 아미타부처님만을 염송하는 이유는 무엇입니까?

답 범부 중생들은 지혜가 부족하여 감히 마음대로 할 수 없으므로 부처님의 가르침에 의지하여야 합니다.

　그러므로 아미타부처님만 택하여 염송하라고 하는 것입니다. 석가모니부처님의 거룩한 가르침 곳곳에는 항상 이런 간곡한 말씀이 있습니다.

　"오직 중생들이 아미타부처님을 택하여 한마음으로 염하여 서방 극락세계에 태어나길 구하라."

예컨대 〈무량수경(無量壽經)〉이나 〈관무량수경(觀無量壽經)〉, 〈왕생론(往生論)〉 등의 수십여 부의 경전과 논장에서 한결같이 서방정토에 왕생하라고 설하고 계시므로 아미타부처님을 일심으로 염송하라고 하는 것입니다.

또 아미타부처님께서는 대자대비하신 사십팔원(四十八願)으로 중생들을 인도하고 계시며 나아가 〈관무량수경〉에서는 이렇게 설하고 계십니다.

"아미타부처님은 팔만 사천의 모습이 있고, 하나하나의 모습마다 각각 팔만 사천 호(好)가 간직되었고, 하나하나의 호(好)마다 각각 팔만 사천의 광명을 나타내시어 온 우주의 염불하는 중생에게 두루 비추시면서 하나도 빠짐없이 모두 거두어들이시느니라. 그래서 만일 아미타부처님을 염하는 사람이 있으면 염불의 인연으로 그 착한 근기와 정성이 부처님의 서원과 서로 통하여 반드시 극락정토에 태어날 것이니라."

또 〈아미타경〉이나 〈무량수경〉, 혹은 〈고음왕다라니경(鼓音王陀羅尼經)〉 등에서도 석가모니부처님께서 이들 경전을 설하실 때, 모두 한결같이 갠지스강의 모래수만큼 많은 온 우주의 한량없는 부처님들께서 각각 그 혀를 길게 드리우시어 삼천대천세계를 두루 뒤덮으신 뒤 칭찬하시기를, "모든 중생들이 아미타부처님을 염하면 아미타부처님께서 그것을 증명하시므로 부처님의 대자대비하신 본원의 힘으로 반드시 극락정토에 태어난다."라고 하셨습니다. 그러므로 우리는 아미타부처님이 이 사바세계와 각별한 인연이 있음을 알 수 있습니다.

왜냐하면 무량수경에 이르기를, "말세(末世)에 이르러 부처님 법이 소멸할 때, 특별히 이 경전만 남아서 백년 동안 세상에 있으면서 중생을 인도하여 극락정토에 태어나게 하리라."라고 말씀하셨기 때문입니다.

그러므로 아미타부처님께서 이 사바세계에 죄와 번뇌가 많은 중생들과 인연이 있음을 알 수 있습니다.

물론 그 밖의 다른 부처님들의 정토도 한두 경전에서 말씀하고 계십니다. 그러나 여러 경전과 논장에서 아미타부처님의 극락정토만큼 간절하게 왕생하기를 전하시는 것과는 같지 않습니다.

문 번뇌 망상에 얽매여 살아가는 범부 중생들은 업장(業障)이 매우 두텁고 무거워 현실적으로 수행하기 쉽지 않습니다. 그런데 서방의 극락정토는 삼계(三界)를 벗어나 멀리 존재하는데 이처럼 번뇌 망상에 얽매인 범부중생들이 어떻게 왕생할 수 있습니까?

답 번뇌 망상에 얽매인 중생들이 극락정토에 왕생하는 방법은 두 가지가 있으니, 그중 하나는 자력(自力)이요, 다른 하나는 타력(他力)입니다.

자력이라 함은 자기 스스로 이 사바세계에서 수행하고 닦는 것이니, 이렇게 수행을 하면 서방정토에 왕생하는 것이 쉽지 않습니다. 그래서 〈영락경(瓔珞經)〉에서는 이렇게 말씀하셨습니다.

"번뇌망상에 얽매인 범부중생이 인연이 없어 부처님과 법과 스님들을 알지 못하고 또 선과 악의 인과를 알지 못하다가, 불현듯 처음 깨달음에 대한 마음을 발한다. 이때부터 믿음이 근본이 되어 부처님의 가르침 안에 머물면서 계행(戒行)을 뿌리로 삼아 보살계를 받고 몸과 마음을 서로 경계하여 바른 이치에 어긋나지 않으면 1겁, 2겁, 3겁을 지나 초발심주(初發心住)에 이르게 된다.

이와 같이 열 가지 신심(十信), 열 가지 바라밀(十波羅蜜) 등 수많은 행과 원을 잠시도 쉬지 않고 계속하여 수행 정진하여 일만 겁이 지나면 제6 정심주(正心住)에 이르게 된다. 여기에서 다시 더 정진하면 제7 불퇴주(不退住)에 이르게 되니, 이는 곧 종성위(種性位)이다."

이상은 자력 수행의 대강을 설하신 것으로, 자신의 힘으로는 끝내 서방정토에 왕생하기 어렵습니다.

이에 반해 타력 수행이라 함은, 아미타부처님께서 대자대비하신 원력으로 염불하는 중생을 보호하고 정토로 이끌어 주심을 굳게 믿고, 곧장 신심과 원력을 내어 염불삼매(念佛三昧)의 수행을 하는 것입니다.

그리하여 시방의 삼계에 있는 중생의 몸을 다시 받는 것을 지긋지긋하게 싫어하여, 윤회의 굴레를 벗어나고자 보시와 지계로 복을 닦고, 모든 수행마다 아미타부처님의 정토에 왕생하기를 회향하고 발원하는 것입니다.

그러면, 아미타부처님의 원력과 염불하는 사람의 신심과 발원이 서로 이어져 곧바로 서방정토에 왕생할 수 있습니다.

그래서 용수보살의 십주비바사론(十住毘婆沙論)에서는 이렇게 말씀하셨습니다.

"이 사바세계에서 도를 닦는 길은 두 가지가 있다. 그 하나는 행하기 쉬운 도[易行道, 이행도]이고, 다른 하나는 행하기 어려운 도[難行道, 난행도]이다.

행하기 어려운 난행도라 함은, 수행하는 데 있어 모든 것이 번뇌에 속박된 이 세계에서 한량없는 부처님께서 이 세상에 나오시어 중생을 제도하셔도 중생이 다음 생에 성불이 결정되는 아비발치(阿毘跋致)의 경지를 구하여도 그 지위에 오르기가 매우 어렵다는 것을 말한다. 그 어려움은 수 없는 티끌처럼 많지만 대강 다섯 가지를 들 수 있다.

첫째, 외도(外道)의 삿된 이치가 선량한 모습으로 다가와 눈과 귀를 어지럽게 하여 부처님의 진리를 미혹하게 한다. 둘째, 그릇되고 악한 사람들이 진리를 실천하는 사람들의 덕행을 파괴한다. 셋째, 사람들이 좋은 결과[善果, 선과]에 집착하여 법에 맞는 수행[梵行, 범행]이 무너지기 쉽다. 넷째, 자신을 위한 소승적인 성문(聲聞)의 견해에만 머물러 부처님의 큰 자비에 장애가 된다. 다섯째, 자신의 힘을 지나치게 믿는 나머지 부처님의 원력[他力, 타력]을 믿지 않는다.

비유하자면 마치 다리가 불편한 사람이 하루에 얼마 가지 못해서 자신의 고통을 호소하는 것과 같이 이것이 자력수행에 해당한다.

이에 반해 행하기 쉬운 이행도라 함은, 석가모니부처님의 말씀을 믿고 염불삼매의 가르침에 따라 정토에 왕생하기를 발원하는 것이다.

즉, 아미타부처님의 원력을 의지하여 반드시 정토에 태어남을 의심하지 않는 것이다.

비유하자면, 평범한 사람이라도 전륜성왕(轉輪聖王)의 부하가 되면 하루 밤낮 사이에 사천하(四天下)를 두루 둘러볼 수 있게 되는데, 이는 그 사람의 능력 때문이 아니라 전륜성왕의 힘으로 인한 것이다.”

만일 번뇌 망상에 얽매인 유루(有漏)의 중생들이 극락정토에 갈 수 없다고 한다면 부처님의 몸도 또한 친견할 수 없다는 말이 됩니다.

그러나 번뇌 망상을 여읜 무루(無漏)의 경지를 위해

청정하고 착한 마음을 일으킨 이치를 본다면, 염불삼매를 통해 번뇌가 치성한 중생도 자신의 신심(信心)으로 인하여 부처님의 모습을 희미하게나마 볼 수 있고, 깨달음에 가까운 보살의 경지에 이른 분들은 좀 더 밝게 보는 것입니다.

극락정토도 이와 같아서 비록 번뇌 망상을 여읜 청정하고 착한 마음을 일으킨 이들이 왕생하지만, 번뇌가 많은 중생들도 큰 보리심(菩提心)을 일으켜 정토에 왕생하기를 구한다면, 항상 염불한 인연으로 번뇌를 소멸시키고 극락정토에 왕생할 수 있는 것입니다.

다만 염불하는 그 사람의 신심과 경계에 따라 부처님과 정토의 모습을 희미하게 보거나 부처님의 경지에 가까운 보살들이 조금 밝게 보는 것이니, 이러한 이치를 어찌 의심할 수 있겠습니까?

그래서 화엄경에 "모든 부처님 세계가 평등하게 청정하지만 중생들의 업장과 수행이 달라서 보는 경계가 서로 같지 않다."라고 하신 말씀이 바로 그런 뜻입니다.

문 가령 번뇌 망상에 얽매인 평범한 중생들이 설령 아미타부처님의 원력과 가피로 저 서방정토에 태어난다 하더라도 평소에 익혀 왔던 그릇된 견해[邪見, 사견]와 탐진치(貪嗔癡) 삼독(三毒) 등이 늘 일어날 것인데, 어떻게 서방정토에 왕생한 뒤 곧 불퇴전(不退轉)의 경지를 얻어 삼계를 벗어날 수 있겠습니까?

답 서방정토에 왕생하게 되면 다섯 가지 인연으로 불퇴전의 경지에 들 수 있습니다.

첫째, 아미타부처님께서 크신 원력 가운데 있기 때문에 불퇴전에 머물 수 있습니다.

둘째, 부처님의 광명이 언제나 비치므로 더욱 깨달음에 정진하여 물러나지 않습니다.

셋째, 물소리·새소리·나무소리·바람소리 등의 음악 소리가 모두 괴로움(苦)과 공(空)과 무상(無常), 그리고 무아(無我)를 설법하기 때문에 이를 듣는 사람은 항상 부처님을 생각하고[念佛], 부처님의 법문을 생각하며[念法] 스님들을 생각하는[念僧] 마음을 일으키므로 불퇴전에 머물 수 있습니다.

넷째, 저 서방정토에서는 깨달음 가운데 살아가는 보살님들만 있어 훌륭한 벗이 되기 때문에 나쁜 인연이 없습니다. 또 밖으로 귀신과 삿된 도를 행하는 사람과 마장(魔障)이 없으며 마음 안으로는 탐진치가 없어서 번뇌가 존재하지 않으므로 불퇴전에 머무를 수 있습니다.

다섯째, 서방정토에 왕생하면 수명이 보살이나 부처

님과 같이 한량없이 지속되므로 불퇴전에 머무를 수 있습니다. 우리가 사는 이 고해의 사바세계는 여러 장애가 수없이 많고 목숨도 아주 짧아 덧없지만, 극락정토에는 오랜 겁이 지나도록 번뇌나 여러 장애가 일어남이 없이 오랫동안 도를 닦을 수 있으니 반드시 무생법인을 얻게 됩니다. 이러한 이치가 매우 분명하므로 더 이상 의심하지 말아야 할 것입니다.

문 미륵보살님은 일생보처(一生補處)에 계시면서 다음 생에 부처를 이루실 분입니다. 우리 중생들은 열 가지 착한 행[十善道, 십선도]을 닦으면 미륵보살님이 계시는 도솔천(兜率天)에 왕생할 수 있다고 합니다.

그렇다면 도솔천에서 미륵보살님을 친견하고 수행하다가 미륵보살님이 사바세계에 내려오실 때 함께 따라서 이 세상에 태어나면, 미륵부처님의 삼회(三會) 설법에서 교화를 받아 자연스럽게 아라한과를 얻을 수 있을 것인데, 애써 서방정토에 왕생하기를 구할 필요가 있습니까?

답 도솔천에 왕생하기도 쉽지 않거니와, 미륵보살님을 뵙고 법문을 들을 수 있는 것이 아미타부처님의 서방정토에 왕생하는 것과 비슷한 것 같지만 비교하여 따져 보면 현격한 차이가 있습니다.

그 이유를 두 가지만 들어보겠습니다.

첫째, 비록 열 가지 착한 행을 실천하여 지닌다 하더라도 꼭 도솔천에 올라간다는 보장은 없습니다.

왜냐하면 〈미륵상생경(彌勒上生經)〉에 이르기를, "여러 삼매를 수행하여 올바른 선정에 깊이 들어가야만 비로소 도솔천에 올라갈 수 있다[行衆三昧 深入正定 方始得生, 행중삼매 심입정정 방시득생]."라고 말씀하셨습니다. 이것으로 미루어 보아 미륵보살님께서는 아미타부처님처럼 왕생을 원하는 중생들을 특별히 이끌어 맞아들이는 방편법문을 가지시지 않는 것입니다.

이와 달리 아미타부처님께서는 본래 세우신 서원과 자재하신 광명의 힘으로 염불하는 사람이 있으면 항상 가까이 계셔서 왕생을 도우시고 계십니다.

또 석가모니부처님께서 중생들을 교화하실 때 구품(九品)연화의 방편법문으로 말씀하시되 서방정토에 왕생하도록 은근하게 이끄시고 권하셨습니다.

그래서 중생들이 아미타부처님을 생각하면서 그 명호를 염불하기만 하면, 그 근기와 성정이 두 부처님의 자비와 원력에 마치 메아리가 서로 울리듯이 서로 감응(感應)하여 반드시 서방정토에 왕생할 수 있습니다.

마치 사바세계에서 어떤 사람이 누군가와 인간관계를 맺고자 할 때, 그 상대방이 관계 맺기를 원하는 사람을 받아들이기만 하면 서로 의지가 작용하여 관계가 맺어지는 것과 같은 이치입니다.

둘째, 도솔천궁은 욕망의 세계를[欲界, 욕계]를 벗어난 곳이 아니므로 수행하는 경지에서 물러나는 이들이 많습니다. 그리고 극락정토처럼 보리심을 내게 하는 물소리·새소리·나무소리·바람소리 등의 미묘한 소리가 들리지 않습니다.

또 도솔천에는 여인들이 있어 그곳의 천상 사람들로 하여금 오욕락(五慾樂)에 애착하게 하는 마음을 내게 합니다. 더군다나 도솔천의 여인들은 매우 미묘하고 아름다워서 그들과 더불어 놀고 즐기느라 스스로 수행에 힘쓰기가 어렵습니다. 그러니 도솔천은 아미타부처님의 극락정토와 같지 않습니다.

극락세계에는 물소리·새소리·나무소리·바람소리 등이 울려 퍼지는데, 중생들이 이 소리들을 들으면 한결같이 신심을 내어 염불을 하며 보리심을 발하기 때문에 모든 번뇌가 일어날 수가 없습니다.

또한, 여인이 극락정토에 왕생하면 여인의 몸이 사라지고, 모든 이들이 성문(聲聞)이나 연각(緣覺)과 같은 이승(二乘)의 마음을 초월하며, 주변에는 오로지 대승의 보살들이 도반으로 계십니다.

그러므로 번뇌와 업장이 일어나지 않아 끝내는 무생법인의 경지에 이르게 되는 것입니다. 이것만 비교하더라도 극락정토와 도솔천궁은 아주 다르다는 것을 알 수 있습니다.

예컨대, 석가모니부처님께서 세상에 계시면서 몸소 교화하실 때에도, 부처님을 직접 뵙고 그 가르침대로 수행했음에도 불구하고 아라한과를 얻지 못한 이들이 갠지스강의 모래 수만큼이나 한량없이 많았습니다.

그러므로 앞으로 미륵부처님께서 도솔천에서 이 세상에 내려오실 때도 마찬가지로, 미륵부처님을 직접 친견하고 가르침을 받으면서도 성인의 경지에 이르지 못할 이들이 수없이 많을 것입니다.

그러니 도솔천과 아미타부처님의 서방정토는 비교할 수가 없는 것이니, 마땅히 아미타부처님이 계신 극락세계에 태어나기만 하면 모두 무생법인을 얻게 되고, 동시에 어느 한 사람이라도 다시 삼계로 물러나 윤회하는 일이 없을 것입니다.

또 서국전(西國傳)에는 이런 이야기가 있습니다.

실제로 인도에는 세 명의 보살이 있었는데, 한 분은 무착(無着)이었고, 다른 한 분은 세친(世親)이었으며, 또 다른 한 분은 사자각(師子覺)이셨습니다.

이 세 분은 서로 뜻이 맞아 다 함께 도솔천에 올라가 미륵보살님을 친견하기로 서로 약속하고, 누구든지 먼저 입적하여 미륵보살을 친견하는 이가 반드시 다른 이들에게 알려 주기로 약속하였습니다.

그러다가 사자각보살이 먼저 입적하였는데, 한 번 가고 난 후 몇 년이 지나도록 연락이 없었습니다.

그 뒤에 세친이 입적하게 되었을 때, 무착이 지극하게 당부했습니다.

"그대가 만일 미륵보살님을 친견하거든 반드시 나에게 알려 주게나."

그런데 세친이 입적한 지 3년이 지나서야 비로서 찾아왔길래 무착이 궁금해하며 물었습니다.

"도대체 무슨 이유로 이렇게 오랜 시간이 지나서야 비로소 찾아왔는가?"

그러자 세친이 이렇게 대답했습니다.

"도솔천궁에 올라가 미륵보살님의 설법을 한 번 듣고 곧장 내려와 소식을 전하는 것입니다. 도솔천의 시간이 매우 길어 그곳에서 잠깐 머물렀는데도 이곳 사바세계에서는 3년의 세월이 흐른 것입니다."

무착은 세친에게 다시 물었습니다.

"그렇다면 사자각은 지금 어디에 있는가?"

세친의 대답은 가관이었습니다.

"사자각은 천상의 즐거움에 빠져 오욕락을 즐기느라 이미 천궁 밖의 권속이 되어 버렸습니다. 그는 한 번 도솔천에 올라간 뒤에 지금까지 한 번도 미륵보살님을 친견한 적이 없습니다."

이렇듯 사자각과 같은 보살도 도솔천에 올라가면 오

욕락에 집착하기 십상이거늘, 하물며 범부중생이야 말할 나위가 있겠습니까? 그러므로 마땅히 서방정토에 왕생하여 다시 물러나지 않기를 발원해야 하며, 도솔천에 올라가 미륵보살님을 뵙기를 구해서는 안 됩니다.

문 우리 중생들은 오랜 세월 동안 윤회하여 오면서 수많은 업을 지어 왔습니다. 금생에 다행히 사람의 몸을 받았지만 참다운 선지식을 만나지 못하였고, 그래서 욕망에 의지하여 살아가므로 또다시 한량없는 죄업을 짓고 있습니다.

그런데 어떻게 임종 시에 "나무아미타불"을 열 번만 염불(十念)하면 곧 극락정토에 왕생하여 생사윤회의 악업을 끊고 삼계(三界)를 벗어날 수 있다고 하십니까? 이것은 어떠한 이치입니까?

답 중생들이 오랜 세월 동안 윤회하여 오면서 지어온 선행과 악한 업의 종자가 얼마나 많고 그 업의 세력이 얼마나 강한지는 결코 알 수 없습니다.

다만 임종할 때 선지식의 가르침에 '나무아미타불'을 열 번만이라도 염불을 할 수 있는 사람이라면, 모두 숙세(宿世)의 선한 공덕이 그만큼 크므로 그런 기회가 오는 것입니다. 만일 악한 업이 많은 중생이라면 그런 선지식을 만날 수조차 없는 법인데 어떻게 임종하는 순간에 염불할 마음이 일어나겠습니까?

또 그대의 말을 들어보면 오랜 세월 동안 지은 악한 업만 깊다고 생각하고, 임종시에 '나무아미타불'을 열 번 염불하는 공덕은 가벼이 여기는 것 같은데, 다음의 세 가지 도리로 비교해 본다면 공덕의 경중이라는 것이 꼭 일정하게 정해지는 것도 아니고 또한 시간의 길고 짧음에만 달린 것이 아님을 알 수 있을 것입니다.

그 세 가지의 도리는 첫째 마음[心]에 달려 있고, 둘째 인연[緣]에 달려 있고, 셋째 의지 결정(決定)에 달려 있습니다.

첫째, 마음에 달려 있다는 것은 다음과 같습니다.

중생이 죄를 지을 때는 망상으로 헛된 경계를 받아들임에 있는 것이지만, 염불을 한다는 것은 선지식으로부터 아미타부처님의 진실한 공덕과 명호에 대해 설법을 들음으로서 비롯되는 것입니다. 그러니 이러한 허망함과 진실됨은 나란히 비교할 수 없는 것입니다.

비유하자면 마치 만 년 동안이나 어둡던 집에 태양 빛이 잠깐만 비쳐도 어둠이 단박에 사라지는 것과 같습니다. 어찌 오래 묵은 어둠이라 순간의 햇빛에 없어지지 않겠습니까?

둘째, 인연에 달려 있다는 것이 다음과 같습니다.

죄를 지을 때는 어리석은 마음으로 허망한 경계의 인연을 만나고 그것을 받아들여 죄악을 짓는 것이지만, 염불을 하는 마음은 부처님의 청정하고 진실한 공덕과 명호를 듣고 크고 한없는 지혜의 마음과 인연을 맺는 가운데 생기는 것입니다. 그러니 이러한 허망함과 진실됨은 나란히 비교할 수 없는 것입니다.

비유하자면 마치 어떤 사람이 독화살을 맞아 살에 깊이 박히고 독 기운이 온몸에 퍼져 살과 뼈가 상해 있더라도 독을 멸하는 북소리를 한번 듣기만 하여도 화살과 독이 풀리는 것과 같습니다. 이 경우에 화살이 조금 더 깊이 박히고 독이 조금 더 극렬하다고 해서 어찌 화살이 빠지지 않거나 해독되지 않을 수 있겠습니까?

셋째, 의지 결정에 달려 있다는 것은 다음과 같습니다.

죄를 지을 때는 그냥 한번 해 볼까 하는 한가한 마음[閑心, 한심]과 나중에 속죄할 수 있다고 생각하는 은근히 기대하는 마음[後心, 후심]이 있기 마련입니다. 하지만 임종을 당할 때 염불하는 마음은 그런 한가한 마음과 뒷날을 기대하는 마음이 있을 수가 없습니다.

즉, 한가한 마음과 뒷날을 기대하는 안일한 마음이 없이 착한 마음으로 정신을 차려 염불하는 것이므로 극락정토에 왕생할 수 있는 것입니다. 비유하자면 마치 열 겹으로 묶은 밧줄은 천 명이나 되는 사람이 서로 당긴다 하여도 끊을 수 없지만, 어린 소년이 칼을 대게 되면 순식간에 잘리는 것과 같습니다. 또 설사 천년 동안 쌓아 놓은 큰 나뭇더미도 조그마한 불씨 하나로 잠깐 동안에 죄다 태울 수 있는 것과 같습니다.

그리고 반대로 말하자면 어떤 사람이 일생동안 열 가지 착한 행동[十善業, 십선업]을 꾸준히 닦아 천상에 태어날 인연을 지었더라도, 임종 시에 한 생각, 결정(決定)적인 삿된 생각[邪見, 사견]을 일으키면 곧장 아비지옥에 떨어지는 것과 같은 이치입니다.

악한 업이라는 것이 허망한 것임에도 불구하고 임종시에 한 생각이 맹렬했던 까닭에 오히려 일생 동안의 착한 공덕을 모두 물리치고 악도에 떨어지게 되는 것입니다.

하물며 임종 시에 진실한 마음으로 크게 염불한다면 그 마음이 진실하여 번뇌가 들어설 자리가 없는데 어찌 정토에 왕생하지 않겠습니까?

그러한 결연한 마음의 염불 공덕으로도 오랜 세월 동안 윤회하면서 지어온 악업을 모두 물리치고 극락정토에 왕생하지 못한다면 그것은 이치에 맞지 않는 것입니다.

또 경전에 말씀하시기를, "잠깐 동안의 염불공덕으로 80억 겁 동안 윤회하여 지은 죄가 사라진다."라고 하였는데, 이는 염불할 때 그 마음이 크고 진실하기 때문입니다. 이렇게 악한 업을 소멸한다면 반드시 극락정토에 태어날 것이니 의심하지 말아야 할 것입니다.

예로부터 전해 내려오는 말씀 중에서 임종시에 한마음

으로[十念, 십념] '나무아미타불'을 염불할 수 있는 것은 금생의 과보를 얻는 것이 아니라 다음 생을 기약하는 인연으로 파악하는 견해가 더러 있지만 그것은 잘못된 견해입니다. 왜냐하면 섭론(攝論, 무착보살이 지은 섭대승론)에는 "오직 발원만 하는 까닭에 수행이 전혀 없다"는 말씀이 나오고 대승잡집론(大乘雜輯論)에는 "만약 극락세계에 태어나기를 발원하면 곧 왕생할 수 있고, 만약 무구불(無垢佛)의 명호만 들어도 곧장 아뇩다라삼먁삼보리를 얻을 수 있다고 하는 것은 모두 다른 때의 인연[別時之因, 별시지인]으로 전혀 수행이 없다."라고 하고 있습니다. 그렇지만 임종할 때 단지 발원하는데 그치지 않고 한가한 생각 없이 진실한 마음으로 크게 염불하는 십념(十念)의 선행 공덕까지 내생에 극락왕생을 위한 인연종자 정도로 다른 때[前生]의 의미로 파악한다면 얼마나 많은 사람들을 오도(誤導)하는 잘못된 일이겠습니까?

원컨대, 염불수행하는 여러분들께서는 이 이치를 깊이 생각하여 자기 마음을 굳게 가져야 하며, 다른 견해를 잘못 믿어 스스로 신심을 잃는 일이 없기를 간절히 바랍니다.

문 서방정토는 여기서 십만억 세계를 지나서 있다고 하였는데, 의지와 신심이 약한 범부중생이 어떻게 거기까지 갈 수 있겠습니까? 또 왕생론(往生論, 세친이 지은 무량수경우파제사원생게, 일명 정토론)에 이르기를, "여인과 불구자와 이승(二乘)들은 극락세계에 왕생할 수 없다."라고 하였는데, 그렇다면 여인과 불구자는 진정 극락왕생을 할 수 없다는 것이 아닙니까?

답 그 말은 범부중생의 육안(肉眼)과 번뇌에 얽매여 생사에 헤매는 마음에 대하여 설하신 법문일 따름입니다. 그러한 관점에서 아미타경에서는 서방정토가 여기서부터 십만억 불국토나 떨어져 있다고 하였습니다.

그러나 범부로써 정토왕생에 대한 믿음을 마음속에 굳게 지닌 사람이라면 임종 시에 간절하고 한결같은[一心不亂, 일심불란] 염불의 마음이 곧 극락정토에 태어나는 마음이고, 그 생각을 움직이면[動念, 동념] 곧 정토에 왕생하는 때가 됩니다.

그래서 〈관무량수경(觀無量壽經)〉에서는 "아미타부처님의 국토가 여기서 멀리 떨어져 있지 않다."라고 말씀하셨고, 또 "업의 힘은 생각하기 어려운 불가사의한 것이어서 간절하고 한결같은 염불의 마음이라면 바로 극락정토에 태어나는 것이니 거리와 시간에 얽매여 멀다고 탄식할 일이 아니다."라고 하신 것입니다.

또 비유하자면 사람이 잠들어 꿈을 꿀 때, 몸은 침상

에 있지만 마음은 평소와 같이 여기저기로 모든 세계에 두루 돌아다니는 것과 같습니다.

극락정토에 왕생하는 것도 이와 같아서 태어나고 싶은 마음을 내는 것과 동시에 곧장 이를 수 있으니, 이는 전혀 의심할 필요가 없는 것입니다.

그리고 여자나 불구자와 성문·연각의 이승들이 극락세계에 태어나지 않는다고 설하신 뜻은, 단지 극락세계에 생겨나는 대중이 여인도 없고 장님·벙어리·귀머거리 따위도 없다는 것이지, 이곳 사바세계의 여인이나 불구자가 극락세계에 왕생할 수 없다는 뜻이 아닙니다.

만약 그렇게 말하는 이들이 있다면, 그들은 경전의 의미를 전혀 이해하지 못하는 어리석은 이들입니다.

예컨대 관무량수경에서 위제희(韋提希) 부인이 범부의 입장을 대신하여 석가모니부처님께 극락정토에 왕생하길 원하여 그를 비롯한 오백 시녀들이 모두 정토에 왕생하였습니다.

다만 우리가 살아가고 있는 이곳 사바세계의 여자나 장님이나 벙어리나 귀머거리의 장애를 가진 사람들도 지극한 마음으로 아미타불을 부르면[念] 모두 극락정토에 왕생하여 다시는 여인이나 불구의 몸을 받지 않는다는 뜻입니다.

또 성문·연각의 이승들 또한 정토에 나기를 원하면 그 세계에 태어나 소승에 집착하는 어리석은 허물을 벗어나게 되는 것입니다.

이러한 까닭에 "여인과 불구자와 이승들은 극락정토에 태어나지 않는다."라고 말씀하신 것이지 이곳 사바세계의 여인이나 불구자가 극락왕생할 수 없다고 말씀하신 것이 아닙니다.

그래서 무량수경에서 아미타부처님께서는 사십팔원(四十八願) 가운데에는 이렇게 설하고 계십니다.

"만일 내가 부처를 이룰 때, 온 우주 법계에 모든 여인이 나의 이름을 부르며 여인의 몸을 다시 받는 것을 싫어함에도 불구하고 그 여인이 목숨이 다한 뒤 다시 여인의 몸을 받는다면 나는 결코 부처를 이루지 않겠나이다."

하물며 어찌 아미타부처님께서 계신 극락정토에 태어나는데 여인의 몸이나 불구자의 몸을 받을 수 있겠습니까?

문 이제 반드시 서방정토에 왕생할 것을 발원하여 구하고자 합니다. 그런데 어떤 수행의 공덕을 쌓아야 할지 모르겠습니다. 서방정토 극락세계에 태어나려면 반드시 실천해야 할 수행은 무엇입니까? 또 세속에서 가정을 가지고 생활하는 일반 불자들은 배우자와 자식들이 있어 여러 가지 집착과 번뇌가 끊이지 않습니다. 그런데도 극락정토에 왕생할 수 있겠습니까?

답 극락정토에 태어나려는 사람은 반드시 이 두 가지 실천행을 하여야 정토의 태어남을 기약할 수 있습니다.

첫째는 싫어서 멀리하려는 염리행(厭離行)과, 둘째는 좋아서 원하는 흔원행(欣願行)입니다.

범부중생들이 오랜 전생부터 윤회를 거듭하면서 오욕(五欲)에 얽매여 온갖 고통을 받으면서도 오욕을 멀리하려는 마음을 내지 않으므로 윤회를 벗어날 기약이 없습니다. 그러므로 이 육신을 피고름과 똥오줌 등 더러움으로 가득 차 있는 것으로 여겨 항상 잘 살펴보아야 하니, 이것이 싫어서 멀리하려는 염리행이라는 것입니다.

그래서 〈열반경(涅槃經)〉에서 이렇게 말씀하셨습니다.

"이와 같은 육신은 어리석은 나찰이나 머무는 것이지 지혜 있는 사람이 가히 누가 좋아하겠는가?"

그리고 또 경전에 이렇게 말씀하셨습니다.

"이 몸은 모든 괴로움의 원천이므로 온갖 허물이 많으니, 아무리 높고 훌륭한 하늘나라 사람들의 몸도 다를 바 없다. 그러므로 수행하는 사람은 다니거나 앉거나 자거나 깨어 있거나 간에 항상 이 몸은 즐거움이란 조금도 없이 오직 고통일 뿐이라는 것을 관찰하여 이 몸을 싫어하고 떠나려는 마음을 내야 한다."

그리고 가정생활에 있어서도 부부관계 역시 탐하는 마음과 번뇌로 만들어진 인연이니, 비록 단박에 끊지는 못하더라도 집착이 지나치지 말아야 합니다.

인간의 육신은 결국 소멸되고 허물어지는 것이니 집착할 것이 못 되는 것입니다.

더불어 다른 사람의 몸 역시 그러하여 사랑하는 사람의 몸에 대하여도 싫어하는 마음을 내게 되면 마음속에 육신에 대한 애착이 점점 없어질 것이라고 여러 경전에서 말하고 있습니다.

그러므로 마음속 깊이 원을 세우기를, '진실로 욕락(慾樂)만을 탐하는 남자와 여자의 몸을 영원히 멀리하고 극락정토에 태어나 진리의 몸[法身, 법신]을 얻어지게 하소서'라고 하면서, 다음의 일곱 가지 부정관(不淨觀)을 행하면 좋겠습니다.

첫째, 이 육신은 탐착과 애욕의 번뇌에서 생겨났으니, 바로 그 근본이 깨끗하지 못하다는 것을 관찰하는 것입니다.

둘째, 부모님이 나를 가질 때 붉은 난자와 흰 정자가 화합하였으니, 이는 곧 생명을 받는 과정 자체가 깨끗하지 못하다는 것을 관찰하는 것입니다.

셋째, 모태(母胎) 안에 머물러 있을 때, 내 위로는 소화되지 않은 음식물이 떠받치고 있었으니, 이는 곧 내가 거주하던 곳이 깨끗하지 못하다는 것을 관찰하는 것입니다.

넷째, 또 모태 안에 있을 때, 오로지 어머니의 피를

통해 양분을 공급받았으니 이는 곧 음식물 섭취가 깨끗하지 못하다는 것을 관찰하는 것입니다.

다섯째, 출산할 시기가 되어 어머니의 문을 향해 나올 때, 피고름이 흥건히 넘쳐흘렀으니 이는 곧 출생과정이 깨끗하지 못하다는 것을 관찰하는 것입니다.

여섯째, 우리의 육신은 겉만 살갗으로 그럴듯하게 뒤덮여 있고 그 안은 모두 피와 고름으로 가득 차 있으니, 이는 바로 온몸이 깨끗하지 못하다는 것을 관찰하는 것입니다.

일곱째, 우리가 죽은 뒤에는 시신이 부어오르고 뼈와 살은 곪아 짐승들이나 벌레들의 먹이가 되고 마니, 이는 바로 육신이 궁극까지 깨끗하지 못하다는 것을 관찰하는 것입니다.

이와 같이 자기의 육신이 깨끗하지 못할진대, 하물며 남의 몸이 깨끗하지 못하다고 관찰하는 것은 당연한 일입니다.

더 좋고 이끌리는 것을 사량분별(思量分別)하여 남녀의 육신에 집착하는 것은 모두 깨끗하지 못한 것이니, 항상 그렇게 관조하여 싫어하고 멀리 떠나려는 마음을 굳게 가져야 할 것입니다.

만일 이와 같이 관찰할 수 있는 사람이면 음욕과 번뇌 망상이 점점 줄어들 것입니다.

그리고 부정관과 함께 경전에서 설하고 계시는 열 가

지 생각[十想, 십상]의 관찰법도 행하면 좋을 것입니다.

그리고 마음속으로 이렇게 발원해야 합니다.

"제가 삼계에서 인간의 육신을 영원히 여의고 극락정
토의 법성의 몸[法性身, 법성신]을 받아 왕생하기를 간
절히 바라옵니다."

그리고 좋아서 원하는 흔원행(欣願行)에는 두 가지가
있습니다.

첫째는 서방극락에 왕생한다는 뜻을 분명히 밝히는
것이고, 둘째는 그 뛰어나게 장엄된 극락정토의 모습을
관찰하고 즐거운 마음으로 태어나기를 원하는 것입니
다. 우선 왕생의 뜻을 분명히 밝힌다는 것은 이와 같이
스스로 발심하는 것과 같습니다.

'극락정토에 왕생하기를 구하는 것을 모든 중생의 고
통을 구제하기 위함이다. 그러나 지금 내 스스로를 돌
아보면 아무런 힘이 없으니, 이렇게 번뇌 망상이 질기
고 악한 세상에서는 내 스스로 업장에 얽매여 삼악도에
떨어지고 한없는 세월 동안 윤회의 굴레를 벗어나지 못
할 것이다. 이렇게 방황하기를 오랜 옛적부터 한 번도
쉬지 못하였으니, 어느 세월에 고통받는 중생들을 구제
하겠는가? 그래서 정토에 태어나서 부처님을 가까이 모
시고 수행하여 무생법인을 증득하여 그때 비로소 번뇌
가 많은 악한 세상에서 고통 받는 중생들을 건지리라.'

그러므로 왕생론(往生論)에서 이렇게 말씀하셨습니다.

"보리심을 낸다[發菩提心, 발보리심]는 것은 바로 부처님의 마음을 얻으려 하는 것이고, 부처님의 마음을 구한다는 것은 곧 고해의 바다에서 중생들을 건지겠다는 마음이며, 중생들을 건지겠다는 마음은 곧 중생들을 부처님 세계에 태어나게 하려는 마음이다."

그리고 극락정토에 왕생하려면 다음의 두 가지 수행을 갖추어야 합니다.

첫째는 보리문(菩提門)을 가로막는 세 가지 나쁜 법을 반드시 멀리 떠나야 하고, 둘째는 보리문을 따르는 세 가지 좋은 법을 모름지기 얻어야 합니다.

보리문을 가로막는 세 가지 나쁜 법을 멀리 떠난다는 것은 다음과 같습니다.

하나, 지혜의 법문에 의지하여 자신의 즐거움을 구하지 않는 것이니, 마음이 내 자신에 집착하는 것을 멀리하는 것입니다.

둘, 자비의 법문에 의지하여 모든 중생을 괴로움에서 구제함이니, 이는 중생들을 편안하게 하려는 생각이 없는 인색한 마음을 멀리하는 것입니다.

셋, 방편의 법문에 의지하여 모든 중생을 연민하여 그들에게 즐거움을 주려 하는 것이니, 이는 자신을 공경하고 공양하려는 마음을 멀리하는 것입니다.

이와 같이 하여 보리문을 가로막는 세 가지 장애를 멀리한다면 곧 보리문을 따르는 세 가지의 법을 얻게 됩니다.

보리문을 따르는 세 가지의 좋은 법을 얻는다는 것은 다음과 같습니다.

첫째, 자기 자신을 위해 온갖 즐거움을 구하지 않으면, 그 인연으로 번뇌에 물들지 않은 청정한 마음[無染淸淨心, 무염청정심]을 얻게 됩니다.

보리심은 마음이 청정하여 번뇌에 물들지 않는 것과 같습니다. 만약 자신을 위해 즐거움을 구한다면, 이것은 번뇌에 물든 마음으로 보리문을 막는 것입니다.

그러므로 번뇌에 물들지 않은 청정한 마음은 보리문을 따르는 것입니다.

둘째, 중생의 괴로움을 구제하면, 그 인연으로 편안하고 청정한 마음[安淸淨心, 안청정심]을 얻게 됩니다.

보리심은 모든 중생을 편안하게 하려는 것과 같습니다. 만약 모든 중생을 생사윤회의 고통에서 구제하고 벗어나게 해야겠다는 마음을 일으키지 않는다면, 이것은 번뇌에 물든 마음으로 보리문을 막는 것입니다.

그러므로 편안하고 청정한 마음은 보리문을 따르는 것입니다.

셋째, 일체 중생으로 하여금 대보리(大菩提)와 열반을 얻게 하려고 발심하면, 그 인연으로 즐거운 청정한 마음[樂淸淨心, 락청정심]을 얻게 됩니다.

보리와 열반은 궁극적으로 항상 즐거운[常樂, 상락] 곳입니다. 만약 모든 중생들로 하여금 항상 궁극의 즐거움을 얻게 하려는 마음을 내지 않는다면, 이것은 보리문을 막는 것입니다. 그러므로 즐거운 청정한 마음은 보리문을 따르는 것입니다.

그렇다면 이 보리는 어떻게 얻어지겠습니까?

가장 중요한 것은 바로 극락정토에 왕생하여 항상 부처님 곁을 떠나지 않는 것에 있습니다.

그곳에서 무생법인을 얻은 뒤에 다시 사바세계에 나와 생사윤회의 괴로움을 받고 있는 중생들을 구제하되, 마음속에 자비와 지혜가 밝게 충만해 있으며 항상 선정(禪定)에 머물러 있으면서 조금도 걸림 없이 자유자재로운 것이 곧 참된 보리심입니다.

이것이 흔쾌한 마음으로 극락정토 왕생을 구한다는 뜻의 첫 번째입니다.

흔쾌한 마음으로 극락정토 왕생을 구한다는 것의 두 번째 뜻은 다음과 같습니다.

극락왕생을 구하는 마음이 일어나는 것은 아미타부처님의 인연 때문이니, 기쁘게 구하는 마음으로 아미타불을 생각하는 것입니다.

아미타부처님께서는 법신(法身)이나 보신(報身)의 금색 광명이 찬란한 가운데 팔만 사천 가지의 큰 모습[相]을 나타내시고, 그 큰 모습 하나하나마다 다시 팔만 사천 가지의 작은 모습[好]을 나타내시며, 또한 그 작은 모습 하나하나마다 또다시 팔만 사천 가지의 광명을 나타내시어, 항상 온 법계를 두루 비추시면서 염불하는 중생들을 극락정토로 이끌어 주시는 것입니다.

그러므로 우리 중생들은 저 국토의 칠보장엄(七寶莊嚴)이 미묘한 것과 그 즐거움과 편안함을 관찰하며, 또한 무량수경의 설법이나 관무량수경의 16관법 등의 가르침을 바르게 생각하고 관찰하여, 항상 염불삼매와 보시와 지계 등의 여러 선행을 함께 닦아 나가야 합니다.

이와 같은 수행의 공덕을 일체중생들에게 회향하여 모두 극락세계에 왕생하게끔 기도한다면 반드시 극락정토에 왕생할 수 있습니다.

이것이 바로 흔쾌한 마음으로 극락왕생을 구하는 것입니다.

정토십의론 후서(淨土十疑論後序)

송(宋) 좌선의랑(左宣義郎) 진환(陳瓘) 씀

사람의 마음은 덧없고, 법 또한 일정함이 없다.

마음과 법은 천차만별이지만, 그 근본은 여기에 있다.

이것을 믿으면 두루 믿게 되니, 그래서 화엄경에서 열 가지 믿음[十信, 십신]을 설하셨다.

반대로 이것을 의심하면 두루 의심하게 되니, 그래서 천태 지자대사께서 정토에 대한 열 가지 의심을 해설하셨다.

의심을 벗어나서 믿음으로 들어가되 한 번 들어가면 영구히 들어가게 되니, 여기에서 떠나지 않고 확실히 믿으면 궁극의 경지[究境處, 구경처]를 얻는다.

극락정토는 바로 그러한 궁극의 경지이다.

이 곳에 설법하시는 부처님이 바로 무량수불(無量壽佛)이시다. 이 부처님께서 설법하심은 일찍이 쉬거나 끊인 적이 없지만, 우리 중생들은 의심하여 귀를 막으니 마치 귀머거리처럼 그 설법을 듣지 못하고, 또한 우리 중생들은 의심하여 마음을 오염시키고 흐리게 하니 깨닫지 못하고 있을 뿐이다.

이와 같이 듣지 못하고 깨닫지 못하니, 죄악의 업습(業習)에 갇혀 있는 것이다.

그래서 염불하지 않는 것을 찬탄하며, 산만하고 거친 마음가짐을 기뻐하면서, 극락정토에서 태어나는 것이 허황된 거짓이라는 망령스러운 말을 서슴지 않는다.

그러면서 썩어 없어질 이 육신이 어떻게 생겨나고 어디에서 왔는지는 끝내 생각하지 않는다.

이 육신은 자기 스스로의 생각과 행동을 결박하는 모태의 감옥[胎獄, 태옥]이니, 도대체 진실(眞實)은 어떻게 볼 수 있는가?

생사의 굴레에 결박된 업식(業識)만을 믿고 의지하는 중생들은 진실을 바로 통찰할 수 없다.

마치 꿈 속과 같은 경계에서 진실을 보지 못하고 업식(業識)에만 매달린 까닭에, 세세생생마다 성인의 길에서 멀어지는 것이다.

이와 같은 까닭에 석가모니부처님께서는 대자비와 연민심으로 사바세계의 오탁악세에서 사자후(獅子吼)로 서방정토의 지극하고 미묘한 즐거움을 찬탄하셨다.

석가모니부처님께서는 생사윤회의 고해 가운데 위대한 뱃사공[船師, 선사]이 되시어, 우리 중생들을 진리의 배[法船, 법선]로 실어 날라 극락세계로 건네주시면서, 바른길로 인도하신 것이다.

그러나 아미타부처님의 극락세계는 본래 사바세계인 피안과 극락정토인 차안이 따로 없고, 석가모니부처님의 배도 실제로는 오고 감이 없다.

비유하자면, 마치 등불이 팔방의 거울에 각각 나누어 비칠 때, 거울에 비치는 불빛은 여러 쪽에 있더라도 빛과 그림자는 결코 둘이 아닌 것과 같은 이치이다.

즉, 아미타부처님의 법문의 빛은 팔방의 거울에 두루 빛을 비추는데, 석가모니부처님의 방편 법문은 오로지 서쪽 거울만을 가리키고 있는 것이다.

그러므로 이미 피안에 다다른 이는 피안과 차안을 분별하는 경지를 넘어설 수 있지만, 아직 법계에 들어가지 못한 중생들이 어떻게 스스로 동쪽과 서방의 정토를 분별하지 않을 수 있단 말인가?

이 법문 가운데 있으면서도 아직 궁극의 경지에 이르지 못했다면, 동쪽이니 서쪽이니 하는 방향에 얽매이지 말고, 피안과 차안도 가리지 말며, 단지 부처님 말씀을 올바른 생각으로 굳게 믿기만 하면 된다.

이 점이 바로 아미타부처님과 석가모니부처님의 참된 가르침이며, 또 천태 지자대사께서 신심을 내신 까닭이다. 신심은 모든 선행의 어머니이며, 의심은 모든 죄악의 뿌리이다.[信者 萬善之母 疑者 衆惡之根, 신자 만선

지모 의자 중악지근]

선행의 어머니인 믿음에 순응하여 죄악의 뿌리인 의심을 솎아낼 수 있다면, 의심의 업장으로 귀와 마음이 막힌 중생들도 귀와 마음이 열려 듣고 깨닫게 된다.

또 아직 생사윤회의 굴레를 벗어나지 못한 중생들은 생사윤회의 굴레를 벗어나게 되고, 극락정토에 왕생하지 못한 중생은 극락정토에 왕생하게 된다. 석가모니부처님의 가르침에 수순(隨順)하여 아미타부처님의 극락정토에 왕생하면 다시 아미타부처님의 원력에 따라 사바세계에서 석가모니부처님을 돕게 될 것이다.

이렇듯 시방세계를 두루 돌아다니면, 서방을 향하여 팔방의 모든 거울에 두루 들어가는 것이 된다.

석가모니부처님과 아미타부처님께서 정토법문을 세우신 이래 이와 같이 행한 사람들이 마치 갠지스강의 모래 수만큼이나 많은데, 무엇을 의심하며 어찌 믿지 않는다는 말인가?

이러한 이치를 스스로 체득하였다면, 적절한 방편으로써 아직 믿지 못하는 뭇 사람들에게 신심이 일어나도록 일깨워야 하리라.

이러한 이유로 천태 지자대사께서 커다란 자비심을 일으켜 이 정토십의론을 설하신 것이다.

명지(明智)대사께서 한가운데 우뚝 서서 지자대사의 도를 배우셨는데, 그 문장은 따라갈 수 없으나 그 커다란 자비심만은 능히 따르실 만하다.

　그래서 다시 이 정토십의론을 인쇄하여 발행하게 되었는데, 앞의 서문은 양공스님께서 쓰셨다.

　이에 정토십의론이 더욱 널리 전해지는데 조금이나마 보탬이 되고자 하여 몇 자 부연 서술하였다.

제 3 장
선사들의 염불법문
念佛法門

염불요문(念佛要門)

고려 보조국사 지눌(普照國師 知訥, 1158~1210)

요즘 사람들은 그 마음이 흐리고 어두워서 욕망과 삶의 버릇이 짙고 두텁기만 합니다. 그래서 오래도록 어둠에 막히고 길이 애욕에 빠져 온갖 괴로움에서 벗어나지 못하고 있습니다.

만약 저들이 벗과 같은 스승이나 스승과 같은 벗의 깨우침을 따르지 않는다면 끝내 괴로움을 벗어난 참 행복을 얻기란 참으로 어렵고 어려울 것입니다.

나는 여러분들이 지난날 저지른 잘못들을 잘 일깨워 주는 좋은 벗이 되고 싶습니다. 그래서 여러분이 다섯 가지 잘못된 마음의 흐름을 멈춰 쉬고, 행복한 삶을 가로막고 있는 다섯 가지 거침새들을 밝게 안 뒤, 다섯 가지 어둡고 흐린 삶을 훌쩍 뛰어넘어, 아홉 층 연꽃 세상 위로 둥근 보름달처럼 밝게 떠오르게 하고 싶습니다. 여러분들은 부디 뜻을 모아 내 말에 귀를 기울여 주십시오.

다섯 갈래 잘못된 마음의 흐름을 멈춰 쉬게 하는 길인 오정심(五停心)이란 무엇입니까.

첫째는 탐심이 많은 중생들로 하여금 사랑하는 나의 몸이 깨끗하지 않음을 보게 함이요, 두 번째는 화 잘 내는 중생들로 하여금 들이쉬고 내쉬는 숨길을 보게 함이요, 세 번째는 마음이 어지러운 중생들로 하여금 들이쉬고 내쉬는 숨길을 보게 함이요, 네 번째는 어리석은 중생들로 하여금 끝없는 인연의 바다를 보게 함이요, 다섯 번째는 살아가는 데 거침새가 많은 중생들로 하여금 부처님의 이름과 모습이 끊임없이 피어나고 있음을 밝게 보게 함이 그것들입니다.

그러나 이 다섯 가지 잘못된 마음의 흐름이 멈춘다 해도 세상의 인연을 여의지 못하는 이는 다시 다섯 가지 걸림새에 걸리고 맙니다.

다섯 가지 걸림새란 무엇입니까.

첫째는 애욕이 끊임없이 흐르는 번뇌의 걸림새요, 두 번째는 진리라는 것에 덥석 집착하는 앎의 걸림새요, 세 번째는 몸뚱이를 아끼고 사랑해서 갖가지 업을 지어 만든 과보의 걸림새요, 네 번째는 아무 생각 없이 고요함만을 지키는 이치의 걸림새요, 다섯 번째는 이런저런 사물들을 헤아려 따지는 사물의 걸림새가 그것들입니다.

이 다섯 가지 걸림새들을 밝게 깨닫지 못하면 다섯 가지 어둡고 흐린 삶에 걸려들어 헤어나지 못하게 됩니다.

다섯 가지 어둡고 흐린 삶인 오탁이란 무엇입니까.

첫 번째는 사람의 수명이 차차 감하여 30, 20, 10세로 됨에 따라 기근(饑饉)·질병(疾病)·전쟁(戰爭)이 일어나 시대가 흐려짐에 따라 입는 재액(災厄)인 겁탁(劫濁)입니다. 두 번째는 한 생각이 일어나자마자 공과 색의 참모습을 알지 못하게 되는, 시간의 어두움인 겁탁을 어지럽히는, 생각의 어두움인 견탁(見濁)입니다. 세 번째는 어지럽게 그릇된 생각을 일으켜, 앎을 내서 바깥 세계를 지어내는, 번뇌의 어두움인 번뇌탁(煩惱濁)입니다. 네 번째는 일어나고 사라짐이 쉬지 않고 생각, 생각에 흐르는, 중생의 어두움인 중생탁(衆生濁)입니다. 다섯 번째는 저마다 의식의 시킴을 받으면서도 그 근원을 돌아보지 않는, 목숨의 어두움인 명탁(命濁)입니다.

이 다섯 가지 잘못된 마음의 흐름을 쉬지 않으면 어떻게 다섯 가지 걸림새를 밝게 알겠습니까.

또 다섯 가지 걸림새를 밝게 알지 못한다면 다섯 가지 어둡고 흐린 삶을 어찌 맑게 할 수 있겠습니까. 다섯 가지 잘못된 마음의 흐름을 멈추지 않는 이는 걸림새도 많고 어둡고 흐림 또한 클 것입니다.

그러므로 이런 이들은 반드시 열 가지 염불 삼매의 힘으로 점차로 청정한 계율의 문에 들어가야 티 없이 깨끗한 삶을 생각, 생각마다 이루게 됩니다.

이렇게 된 뒤에야 잘못된 마음의 흐름을 멈춰 쉬어서

저 다섯 가지 걸림새와 다섯 가지 어둡고 흐린 삶을 훌쩍 뛰어넘어 곧바로 극락세계에 이를 수 있습니다.

그리고는 세 가지 새어나감이 없는 배움인 삼무루학(三無漏學)을 맑게 닦아서 저 아미타부처님의 위없는 큰 깨달음을 함께 증득할 수 있는 것입니다.

이 같은 아미타불의 큰 깨달음을 증득하려면 마땅히 열 가지 염불을 수행(修行)해야 합니다.

열 가지 염불이란 어떤 것입니까.

몸가짐의 염불인 계신염불(戒身念佛),
말가짐의 염불인 계구염불(戒口念佛),
마음가짐의 염불인 계의염불(戒意念佛),
움직이면서 하는 동억염불(動憶念佛),
움직이지 않고 하는 정억염불(靜憶念佛),
말하면서 하는 어지염불(語持念佛),
말하지 않고 하는 묵지염불(默持念佛),
부처님 모습을 그리면서 하는 관상염불(觀想念佛),
무심하게 하는 무심염불(無心念佛),
부처님이 부처님을 염(念)하는 진여염불(眞如念佛)
등이 그것들입니다.

이 열 가지 염불은 모두 한결같은 참 깨달음의 자리에서 피어나 부처님과 하나를 이루게 하는, 더할 수 없이 지극한 수행법입니다.

그러므로 염불에서 말하는 염(念)이란 바로 지킴(守)을 뜻합니다. 참 성품을 늘 드러나게 하고 끝없이 기르려면 그것을 지키어 잃어버리지 않아야 합니다. 그리고 염불에서 말하는 불(佛)이란 깨달음이라는 뜻입니다. 깨달음이란 참 마음을 밝게 비춰서, 늘 깨어 있어 어둡지 않음을 말합니다. 그러므로 한결같은 무념(無念)으로 밝고 뚜렷하게 깨닫고, 이렇듯 밝고 뚜렷하게 깨달으면 온갖 생각이 끊어지니, 이것을 일러 참 염불이라 합니다.

열 가지 염불이란 어떤 것들입니까.

첫 번째는 몸가짐의 염불인 계신염불(戒身念佛)입니다. 죽이고, 훔치고, 음행하는 짓들을 말끔히 없애어 몸을 청정하게 해서 계율의 거울이 밝고 뚜렷해지게 합니다. 그런 뒤로 몸을 단정히 하고 바르게 앉아서 합장하고 서쪽을 향해 마음 다해 공경히 나무아미타불을 염(念)하되, 그 수가 끝이 없도록 합니다.

그리하여 생각, 생각에 끊어짐이 없어 마침내 앉아 있음마저 없어져서, 앉아 있지 않을 때도 염(念)하는 일이 한결같이 밝고 분명합니다. 이를 계신염불이라고 합니다.

두 번째는 말 가짐의 염불인 계구염불(戒口念佛)입니다. 실없는 말, 속이는 말, 두 말, 험한 말짓들을 말끔히 없애고 입을 지켜 마음을 거둡니다. 몸을 맑게 하고 입을 깨끗이 한 뒤에 마음 다해 공경히 나무아미타불을 염(念)하되 그 수가 끝이 없도록 합니다.

그리하여 생각, 생각에 끊어짐이 없어 마침내 입마저 없어져 입으로 부르지 않을 때에도 스스로 염(念)하는 일이 밝고 분명합니다. 이를 계의염불(戒意念佛)입니다.

욕심부리고, 화내고, 어리석은 마음을 말끔히 없애고 뜻을 거두고 마음을 맑게 합니다. 마음 거울에 번뇌의 때가 사라진 뒤에 마음 다해 깊게 나무아미타불을 염(念)하되 그 수가 끝이 없도록 합니다. 그리하여 생각, 생각에 끊어짐이 없어 마침내 마음마저 없어져 마음을 내지 않을 때에도 스스로 염(念)하는 일이 밝고 분명합니다. 이를 계의염불이라 합니다.

네 번째는 움직이면서 하는 동억염불(動憶念佛)입니다. 열 가지 모질고 나쁜 짓거리를 말끔히 없애고 열 가지 계를 올바로 지닙니다. 움직이고 오고 감에 한 틈에도 염불하고 찰라에 염불하여 마음 다해 늘 아미타불을 염(念)하되 그 수가 끝이 없도록 합니다. 그리하여 생각, 생각에 끊어짐이 없어 마침내 움직임이 다해서, 움직임이 없을 때에도 스스로 염(念)하는 일이 밝고 분명합니다. 이를 동억염불이라 합니다.

다섯 번째는 움직임이 없이 하는 정억염불(停憶念佛)입니다. 저 열 가지 계율이 이미 깨끗해져서, 고요할 때나 일 없을 때나 깊은 밤 홀로 있을 때나 염불하는 마음이 한결같아 마음 다해 나무아미타불을 염(念)하는 일이 밝고 분명합니다. 이를 정억염불이라 합니다.

여섯 번째는 말하면서 하는 어지염불(語持念佛)입니다. 사람을 맞이해 말을 나누고, 아이를 부르고, 함께 일하고, 일을 시킴에 있어 밖으로는 그런 일들을 따르되 안으로는 염불하는 마음이 흔들림이 없습니다. 한마음으로 아미타불을 고요히 염(念)하되 그 수가 끝이 없도록 합니다. 그리하여 생각과 생각에 끊어짐이 없어, 마침내 말이 없어져서 말을 하지 않을 때도 스스로 염(念)하는 일이 밝고 분명합니다. 이를 어지염불이라 합니다.

일곱 번째는 말없이 하는 묵지염불(默持念佛)입니다. 입으로 부르면서 하는 염(念)이 다하고 다해 생각의 때가 없는 염(念)을 하되 그 수가 끝이 없도록 합니다. 그리하여 생각과 생각에 끊어짐이 없어, 마침내 말없음마저 없어져 염(念)하지 않을 때에도 스스로 염(念)하는 일이 밝고 분명합니다. 이를 묵지염불이라 합니다.

여덟 번째는 부처님의 거룩한 모습을 그리면서 하는 관상염불(觀想念佛)입니다.

저 부처님의 몸이 법계에 가득하며 묘한 광명과 눈부신 금빛이 모든 중생들 앞에 두루 나타남을 관합니다. 또 부처님의 맑고 밝은 자비의 광명이 나의 몸과 마음을 비추고 계심을 깨닫습니다. 눈을 감아도, 눈을 떠도 보이는 것, 들리는 것들이 모두 부처님의 빛임을 밝게 깨달아서, 뜻을 다하고 정성을 다해 한결같은 마음으로 나무아미타불을 끝까지 염(念)하되 그 수가 끝이 없도록 합니다.

그리하여 생각과 생각에 끊어짐이 없어 하루 내내 다니고 머물고 앉고 누움에 있어 늘 삼가고, 늘 깨어서 찰나도 어둡지가 않습니다. 이를 관상염불이라 합니다.

아홉 번째는 무심히 하는 무심염불(無心念佛)입니다. 염불하는 마음이 오래되어 공을 이루면 차차로 무심삼매(無心三昧)를 얻게 됩니다. 생각의 때가 없는 진실한 염(念)이 애쓰지 않아도 저절로 뚜렷해집니다. 받음이 없이 받아들이고, 함이 없이 다 이룹니다. 이를 무심염불이라 합니다.

열 번째는 부처님이 부처님을 염(念)하는 진여염불(眞如念佛)입니다. 염불하는 마음이 이미 끝머리에 이르러 깨달음이 없이 깨닫습니다. 스스로 심(心)·의(意)·식(識)이 본디 텅 빈 것임을 알아서, 한 가지 밝은 성품이 움직이지 않습니다. 모자람 없는 깨달음의 큰 지혜가 밝고 뚜렷하게 드러납니다. 이를 진여염불이라 합니다.

염불하는 이치가 이와 같으니, 만약 열 가지 악(惡)과, 저 여덟 가지 행복한 삶의 길인 팔정도(八正道)에 맞서는, 여덟 가지 그릇됨을 끊어 버리지 않는다면 어떻게 저 열 가지 계율의 맑고 깨끗함을 따를 수 있겠습니까.

또 몸이 맑고 깨끗하고 계율의 거울이 환히 밝지 않으면 어떻게 저 열 가지 염불법과 한 몸이 되겠습니까. 그러니 몸을 맑고 깨끗하게 한 뒤에야 진리의 온갖 보배들을 쌓고 모을 수 있으며, 계율의 거울을 환히 밝게 한 뒤에야 부처님께서 자비의 빛을 드리워 주실 것입니다.

부처님께서는 이렇게 말씀하셨습니다.

"가장 뛰어난 맛을 지닌 제호를 얻더라도 보배 그릇이 아니면 그것을 담아 두기 어렵다."

그러니 염불하는 수행자가 몸이 청정하고 계율의 거울이 밝고 뚜렷하면 어떻게 진리의 기막힌 맛을 부처님만이 담아 지닐 수 있다고 하겠습니까.

요즈음 욕심투성이인, 옳지 않은 무리들이 열 가지 악(惡)과 여덟 가지 그릇됨을 끊지 않고, 또 다섯 가지 계율과 열 가지 착함을 닦지 않고도 그릇된 앎과 혼자만의 생각으로 헛되이 염불 수행법을 찾아 그릇된 바람들을 드러내 놓고 극락세계에 태어나고자 합니다.

이것은 모난 나무로 둥근 구멍을 막으려는 것과 같습니다. 이런 사람들은 스스로는 염불 수행을 한다고 생각할지 몰라도 부처님의 뜻이야 어찌 그런 삿된 생각과 함께하시겠습니까. 쉼 없이 파계(破戒)하는 몸으로 순간순간 부처님을 비방하면서도 되려 실없이 참되고 깨끗한 세계를 구하는 죄는 참으로 풀어 줄 수 없고 무겁기 그지없는 죄인 것입니다. 죽어 지옥에 떨어져 스스로 몸과 마음을 해치는 것이 이 누구의 허물이겠습니까?

여러분은 계율을 벗으로 삼고 이제까지 밝힌 이치를 거울삼아 비춰 보고, 먼저 열 가지 악(惡)과 여덟 가지 그릇됨을 끊고 이어서 다섯 가지 계율과 열 가지 착함을 굳게 지녀서 앞서 저지른 잘못들을 참회하고 깨달음의 열매 얻기를 굳게 다짐해야 합니다. 그리고 그런 다짐과 더불어 힘쓰고 애쓰며, 나고 죽음을 벗어나겠다는 뜻을 야무지게 다져야 합니다.

해마다 선악의 업이 드러나므로 정월, 오월, 구월에 정해진 수행을 하듯이 염불 수행을 놓지 않아야 합니다. 또 날씨가 엇바뀌는 여덟 절기마다 염불 수행을 새롭고 새롭게 힘써 닦아야 합니다. 그리고 달마다 여섯 재일(齋日)의 가르침을 본받아 저 열 가지 염불을 참 살림살이로 삼아야 합니다. 오래 공들이고, 있는 힘을 다 모아 저 진여염불(眞如念佛)과 하나됨을 이루면 날마다 시간마다 가고 오고 앉고 누움에 있어 아미타불의 참모습이 그윽이 앞에 나타나셔서 그대 머리 위에 향기로운 손을 얹으시고 길이 길이 피어나는 큰 기쁨을 주실 것입니다.

또 목숨을 마칠 때에 이르러서는 아미타부처님께서 몸소 극락 세계의 아홉 층 연꽃 세계로 맞아들이사 반드시 가장 뛰어난 저 아홉 번째 연꽃 세계에서 여러분을 맞으시고 길이 길이 그곳에 머물게 하실 것이니, 아, 부디 애쓰고 또 애쓰십시오.

권염불문(勸念佛文)

명나라 연지대사(運池大師, 1535~1615)

무릇 불도(佛道)를 배우는 이는 아무리 장엄한 모습과 자취를 갖추었다고 할지라도 오직 진실한 수행[眞實修行]을 귀하게 여길 따름입니다.

집에 있는 거사[在家居士]는 반드시 잿빛 법복이나 도포를 입어야 할 필요는 없습니다. 머리를 기른 속세의 사람은 평상복 차림으로 염불하면 되고, 꼭 목탁이나 북을 쳐야 할 필요는 없습니다.

고요함을 좋아하는 사람은 혼자 차분하게 조용히 염불하면 되고, 반드시 대중과 함께 모여 법회를 이루어야 하는 것도 아닙니다. 번잡한 일을 싫어하는 사람은 홀로 집안에서 문을 닫고 염불해도 됩니다.

꼭 절에 나가 경전 강의나 설법을 들어야 하는 것도 아닙니다. 글자를 아는 사람은 스스로 경전의 가르침에 따라 염불하면 됩니다.

천 리 먼 길 찾아가 향을 사르는 일도 편안히 집안에 앉아 염불하는 것만 못합니다.

삿된 스승[邪師]을 섬기는 것은 부모에게 효도하면서 홀로 염불하는 것만 못합니다.

악마 같은 친구(魔友)를 널리 사귀는 것은 홀로 청정하게 염불하는 것만 못합니다.

내생(來生)을 믿고 기대하는 것은 현세에 복덕을 지으며 염불하는 것만 못합니다.

발원을 하며 재앙 해소를 기도하는 것은 스스로 잘못을 뉘우치고 새롭게 태어나며 염불하는 것만 못합니다.

쓸데없는 잡다한 글이나 기예를 배우는 것은 한 글자도 모르는 까막눈으로 지성스럽게 염불하는 것만 못합니다.

제대로 알지도 못하면서 참선의 이치(禪理)를 함부로 지껄이는 것은 착실하게 계율을 지키며 염불하는 것만 못합니다.

요정과 귀신의 영험스런 신통을 바라는 것은 인과응보의 법칙을 올바로 믿으며 염불하는 것만 못합니다.

요컨대, 마음을 단정히 갖고 죄악을 소멸시켜[端心滅惡, 단심멸악] 염불하는 이를 착한 사람[善人]이라 일컫고, 마음을 추스려 산만을 제거하고[攝心除散, 섭심제산] 염불하는 이를 어진 사람[賢人]이라 부르며, 마음을 깨달아 미혹을 끊고[悟心斷惑, 오심단혹] 염불하는 이를 우리는 거룩한 사람[聖人]이라 이릅니다.

지극히 한가한 사람들에게 염불을 권하노니, 자녀들 시
집 장가 모두 마쳐 집안 평안히 다져 놓고 한가하게 별일
없으니 정말 마음과 힘을 다해 염불하기 좋지 않습니까?

매일 몇천 번부터 몇만 번까지 지성으로 염불하십시오.
반쯤 바쁘고 반쯤 한가한 사람들에게 염불을 권합니다.

반쯤 끝낸 듯 완전히 끝나지는 않아 비록 아주 한가한
것은 아니지만, 바쁠 때는 바쁜 대로 일 보고 한가한 틈
을 타서 염불해도 좋습니다. 매일 몇백 번부터 몇천 번
까지 형편 닿는 대로 염불하십시오.

지극히 바쁜 사람들에게도 염불을 권합니다.

국사(國事)나 공무(公務)에 부지런히 종사하고 집안일
까지 분주히 돌보느라 비록 한가할 겨를이 없겠지만, 바
쁜 가운데도 한가한 틈을 엿보아 염불을 꾸준히 해야 하
지 않겠습니까?

매일 이른 아침 단 열 번의 염불이나, 또는 일과 중에
몇 백 번의 염불이라도 끊이지 말고 계속하십시오. 우리
모두 극락정토에 왕생합시다.

〈아미타경(阿彌陀經)〉에는 "만약 사람이 염불하면 수
명이 다할 때 반드시 그 나라(극락정토)에 나게 된다."
라고 말씀하였습니다. 또 〈관무량수경(觀無量壽經)〉에
는 "염불하는 사람이 극락정토에 나게 되는 연화(蓮花)
는 아홉 품계(九品)로 나뉜다."라고 말씀하였습니다.

이는 염불 법문이 남녀노소나 빈부귀천을 가리지 않을

뿐만 아니라 출가 승려와 속세 거사, 그리고 현명한 자와 어리석은 자를 묻지 않고 누구나 쉽게 수행할 수 있음을 뜻합니다. 단지 한 마음으로 흐트러지지 않고[一心不亂] 염불을 계속하면, 수행 공덕의 크고 작음에 따라 각자 아홉 품계의 연화에 나뉘어 왕생하게 됩니다.

그래서 세상에 누구 한 사람도 염불하지 못할 리가 없습니다. 부귀한 사람은 쓰고 지낼 재산이 넉넉히 갖추어져 먹고 살 걱정이 없으니 염불하기에 정말 좋고, 가난한 사람은 집안이 단초롬하여 신경 쓸 일이 적으니 염불하기에 정말 좋습니다.

또한, 자식을 이미 둔 사람은 조상 제사와 가문을 맡길 수 있으니 염불하기에 정말 좋고, 자식이 없는 사람은 홀몸으로 자유자재로우니 염불하기에 정말 좋으며, 자식이 효성스러운 사람은 편안히 봉양 받을 수 있으니 염불하기에 정말 좋고, 자식이 불효막심하면 낳아 길러준 은애(恩愛)를 떨칠 수 있으니 염불하기에 정말 좋습니다.

아무 질병도 없는 사람은 몸이 건강하니 염불하기에 정말 좋고, 몸에 질병이 많은 사람은 덧없음[無常, 죽음]이 절박할테니 염불하기에 정말 좋습니다. 나이가 많이 든 노인은 남은 세월이 얼마 남지 않았으니 염불하기에 정말 좋고, 나이가 적은 젊은이는 정신이 맑고 기력이 넘치니 염불하기에 정말 좋습니다.

한가롭게 여유 있는 사람은 마음을 흩트릴 일이 없으

니 염불하기에 정말 좋고, 바빠서 정신없는 사람은 바쁜 가운데 틈을 내어 염불하기에 정말 좋습니다.

출가 수행하는 사람은 세속 만물 밖에 소요유(逍遙遊, 웅대한 일을 계획하고 있음을 비유하는 말)하니 염불하기에 정말 좋고, 세속의 집에 있는 거사는 세속의 집안이 불타는 집[火宅, 화택]인 줄 알아 염불하기에 정말 좋습니다.

총명한 사람은 정토 법문을 훤히 통달하여 염불하기에 정말 좋고, 어리석은 사람은 달리 특별한 재능이 없으니 염불하기에 정말 좋습니다.

계율을 지니고 수행하는 사람은 계율이 곧 부처님의 법도이니 염불하기에 정말 좋고, 경전을 보며 수행하는 사람은 경전이 곧 부처님의 설법(說法)이니 염불하기에 정말 좋으며, 참선을 하며 수행하는 사람은 참선이 곧 부처님의 마음이니 염불하기에 정말 좋고, 도를 이미 깨달은 사람은 깨달음이 곧 부처님의 증명이니 염불하기에 정말 좋습니다.

그래서 우리 모두에게 두루 염불을 권하오니, 발등에 불 떨어진 것처럼 시급히 염불하여 아홉 품계의 연화에 왕생합시다. 연화가 피어 나면 부처님을 뵈올 수 있고, 부처님을 뵈오면 법문을 들을 수 있으며, 마침내는 궁극의 불도를 이루어 자기 마음이 본래 부처임을 비로소 알게 될 것입니다. 나무아미타불.

염불법문(念佛法門)

서산대사(西山大師, 1520~1604) 선가귀감(禪家龜鑑) 中

염불이란 입으로 하면 송불이요, 마음으로 하는 것이 염불이니 입으로만 부르고 마음으로 생각하지 않으면, 도를 닦는 데 아무 이익이 없으리라.

'나무아미타불'의 육자 법문은 바로 윤회를 벗어나는 지름길이다. 마음으로는 부처님의 경계를 생각하여 잊지 말고, 입으로는 부처님의 명호를 부르되 분명하고 일심불난(一心不亂)해야 하니, 이와 같이 마음과 입이 상응하는 것이 염불이다.

중국 선종(禪宗)의 오조(五祖) 홍인스님이 이르기를 "자기의 참 마음을 지키는 것이 시방세계의 모든 부처님을 생각하는 것보다 낫다."하시고, 육조(六祖) 혜능스님은 "항상 딴 부처님만 생각하면 생사를 면하지 못할 것이요, 나의 본심을 지키면 곧 저 언덕에 이른다."하시고, 또 이르기를 "부처는 자기 성품 속에서 지을 것이며, 몸 밖에서 찾지 말라."하시며, 또 "어리석은 사람은 염불하여 극락 세계에 나고자 하지만, 깨친 사람은 그 마음을 스스로 깨끗이 할 뿐이다."하시고, 또 이르기를 대저 "중생이 마음을 깨쳐 스스로 건지는 것이지, 부처님이 중생을 거져주는 것은 아니다."라고 하셨다.

위에 말씀한 어른들은 똑바로 본심(本心)을 가리킨 것이요, 딴 방편은 없으시다. 이치대로만 말한다면 참으로 그와 같지만, 현상으로는 아미타불의 사십팔원(四十八願)이 분명히 있고, 극락세계가 확실히 있는 것이다.

그러므로 누구나 열 번만 염불하는 이는 그 원의 힘으로 연꽃 탯속에 왕생하여 바로 윤회에서 벗어난다는 것을 삼세(三世)의 모든 부처님이 다 같이 말씀하였고, 시방세계의 보살들도 모두 그곳에 왕생하기를 발원하는 것이다. 하물며 고금에 극락세계에 왕생한 사람들의 행적이 분명하게 전해 오고 있으니, 바라건대 공부하는 이들은 삼가 그릇 알지 말고 힘쓰고 힘쓸지어다.

범어 '아미타(阿彌陀)'는 우리말로 '끝없는 목숨[無量壽, 무량수]' 또는 '끝없는 광명[無量光, 무량광]'이라는 뜻이니, 시방삼세에 첫째가는 부처님의 명호다.

그분이 수행하실 때의 이름은 법장비구이니, 세자재왕 부처님 앞에서 마흔 여덟 가지 원을 세우시고 말씀하기를, "제가 성불을 할 때는 시방세계의 무수한 하늘과 인간으로부터 작은 벌레까지라도 나의 이름을 열 번만 부르면, 반드시 저의 극락세계에 나게 하소서. 이 원이 이루어지지 못한다면 저는 성불하지 않겠습니다."라고 하셨다.

옛 성인이 말씀하기를 "염불 한 소리에 천마들은 가슴이 서늘해지고, 그 이름이 저승의 장부에서 지워져 연꽃이 금 못에서 나온다."라고 하였고, 또 "자기의 힘과 남의 힘이 하나는 더디고 하나는 빠르다. 바다를 건너려는 사람이 나무를 심어 배를 만들려면 더딜 것이니, 남의 배를 빌어 바다를 건넌다면 빠를 것이다. 그것은 자기 힘과는 다른 부처님의 힘에 비유한 것이다."

또 이르되, "어린애가 물이나 불의 위험에 쫓기어 큰 소리로 부르짖게 되면, 부모들이 그 소리를 듣고 급히 달려와 구원하는 것같이, 만일 사람이 임종할 때에 큰 소리로 염불하면, 부처님은 신통을 갖추었으므로 반드시 오셔서 맞이하실 것이다. 그러므로 부처님의 자비는 부모보다 더 깊으시고, 중생의 나고 죽는 고통은 물이나 불보다도 더 심하다."라고 하셨다.

어떤 사람이 말하기를 "자기 마음이 정토인데 다시 정토에 나기를 바랄 것이 없으며, 자기 성품이 아미타불인데 따로 아미타불을 보려고 애쓸 것이 없다."라고 한다. 이 말은 옳은 듯하면서도 사실은 그렇지 않다.

저 부처님은 탐내거나 성내는 일이 없는데, 그렇다면 나도 부처님처럼 탐내거나 성내는 마음이 없는가?

저 부처님은 지옥을 바꾸어 연꽃 세계로 만들기를 손

바닥 뒤집기보다 쉽게 하시는데, 나는 죄업으로 항상 지옥에 떨어질까 겁을 내면서 어찌 그것을 바꾸어 연화 세계가 되게 한다는 말인가?

저 부처님은 한량없는 세계를 눈앞에 놓인 듯 보시는데, 우리는 담벼락 너머의 일도 모르면서 어떻게 시방세계를 눈앞에 본다는 말인가?

그러므로 사람마다 성품은 비록 부처이지만 실제 행동은 중생이므로, 그 이치와 현실을 말한다면 하늘과 땅처럼 아득히 멀리 떨어진 것이다.

규봉선사가 말씀하기를 "가령 단박에 깨우쳤다 하더라도, 결국은 점차로 닦아 가야 한다."라고 하셨으니 진실로 옳은 말씀이다.

그렇다면 자기 성품이 아미타불이라는 사람에게 말해 보자. 어찌 천생으로 된 석가여래와 자연히 생긴 아미타불이 있는가? 스스로 자신을 헤아려 보라. 어찌 스스로 알지 못하리요.

임종을 당하여 숨 끊어지는 마지막 큰 고통이 일어날 때 자유자재할 수 있겠는가? 만약 그렇지 못하다면 한때에 만용을 부리다가 길이 악도에 떨어지지는 누를 범하지 말아야 할 것이다.

또 마명보살이나 용수보살이 다 뛰어난 조사 스님이지만, 분명히 말씀하여 왕생하는 길을 간절히 권했거늘, 나는 어떤 사람이기에 왕생의 길을 닦지 않을 것인가?

'나무아미타불' 육자 법문은 바로 윤회를 벗어나는 지름길이다. 마음으로는 부처님의 경계를 생각하여 잊지 말고, 입으로는 부처님의 명호를 부르되 분명하고 일심불난(一心不亂)해야 하니, 이와 같이 마음과 입이 상응하는 것이 바로 염불이다.

염불절요(念佛切要)

명나라 감산 덕청대사(敢山 德淸大師, 1546~1623)

염불 수행으로 극락정토에 왕생하길 구하는 법문은, 원래 생사윤회를 끝마치려는 큰 사업입니다. 그래서 "염불은 생사윤회를 끝마친다."라고 말합니다. 지금 사람들이 마음을 내는 것도, 생사윤회를 끝마치기 위하여 바야흐로 염불하려는 것입니다.

그런데 단지 부처님께서 염불이 생사윤회를 끝마쳐 주실 수 있다고만 말할 뿐, 도대체 생사윤회의 뿌리를 끊어 버리지 못한다면, 결국 어느 곳을 향해 염불한단 말입니까? 그리고 만약 염불하는 마음이 생사윤회의 뿌리를 끊어 버리지 못한다면, 어떻게 생사윤회를 끝마칠 수 있겠습니까? 그러면 도대체 어떤 게 생사윤회의 뿌리란 말입니까?

옛 사람께서 말씀하시길, "업장이 무겁지 않으면 사바 고해에 태어나지 아니하고, 애욕이 끊어지지 않으면 극락정토에 왕생하지 못한다."라고 하셨습니다.

　그래서 애욕의 뿌리가 생사윤회의 뿌리임을 알 수 있습니다. 일체 중생이 생사윤회의 고통을 받는 것은 모두 애욕의 허물일 따름입니다.

　그런데 이 애욕의 뿌리를 더듬어 올라가 보면, 금생에 비로소 생긴 것도 아니고, 과거 한두 생이나 서너 생 전부터 있었던 것도 아닙니다. 이는 시작도 없는 까마득한 옛날에 최초로 생사가 있는 때부터 줄곧 세세생생 끝없이 몸을 받았다가 다시 버리기를 되풀이해 온 것으로, 이 모두가 애욕 때문에 돌고 또 돌아 오늘에까지 이른 것입니다. 그런데 오늘에사 바야흐로 염불 좀 하겠다고 마음을 내면서, 단지 부질없이 서방 정토에 왕생하기만을 기원하며, 애욕이 생사윤회의 뿌리라는 말조차 모른다면, 어떻게 한순간이라도 그 뿌리를 끊을 수 있겠습니까?

　그리고 생사윤회의 뿌리를 모른다면, 한쪽에서는 열심히 한답시고 염불하더라도, 임종 때에 눈앞에 나타나는 것은 단지 계속 자라나고 있는 생사윤회의 뿌리일 뿐입니다.

　이와 같이 염불하는 것은 생사윤회와 서로 아무 상관도 없으며, 이러한 염불은 여러분이 어떻게 하시든지 간에, 임종 때까지 꾸준히 염불하더라도, 임종 때에 눈앞에 나타나는 것은 단지 생사윤회 하는 애욕의 뿌리일 것입니다.

　그때사 비로소 염불에 아무런 힘도 얻지 못함을 알게 되고 부처님이 전혀 영험하지 않다고 원망해 봤자, 그때는 후회해도 늦을 것입니다.

그래서 제가 권하노니, 이제 염불하는 사람들은 먼저 애욕의 뿌리를 끊어 나가십시오. 지금 당장부터 눈앞에서 바로 해 보십시오. 집에서 염불하는 재가불자들한테는 눈에 보이는 자녀·손자·재산 등 어느 것 하나 사랑스럽지 않은 게 없습니다. 그러한즉, 어느 한 가지 일이나 어느 한순간도 생사윤회에 대한 산 교훈이 아닌 게 없습니다. 마치 온몸이 불구덩이 속에 떨어져 타오르는 것처럼!

보통사람들은 염불하는 순간에 마음속에 있는 애욕의 뿌리를 한순간도 머릿속에서 놓아 버린 적이 없는 줄조차 모릅니다. 그러한 염불은 하더라도 절실하지 못한 염불이라고밖에 말할 수가 없습니다.

그런 염불은 겉보기에만 염불일 따름이며, 실은 애욕이 주된 알맹이입니다. 단지 입으로만 염불한다고 할 뿐, 생각으로는 애욕이 자꾸 자라나는 것입니다.

가령 염불할 때 자녀들에 대한 애정이 마음속에 나타나거든, 마음의 지혜광명으로 스스로를 되돌이켜 보면서, 이렇게 물어보십시오.

"이 염불 소리가 과연 이 애정을 이겨낼 수 있을까? 과연 이 애정을 끊어 버릴 수 있을까? 만약 이 애정을 끊어 버리지 못한다면, 어떻게 생사윤회를 끝마칠 수 있을까?"

애정의 인연은 대부분 아주 익숙하고 친한데, 우리의 염불 공부는 이제 마음을 내어 몹시 낯설고 어설프며 또

절실하지 못하기 때문에, 아직 힘을 얻을 수가 없습니다.

지금 눈앞에 있는 애착의 경계가 나의 마음을 흔들어 대며 주인 노릇을 할 수 없어야만, 임종 때에도 그러한 애욕이 끝내 우리의 극락왕생을 방해하지 못하는 것입니다. 그래서 제가 다시 한번 당부하노니, 염불하는 사람들은 제일 먼저 생사윤회 때문에 염불한다는 마음이 간절해야 되고, 생사윤회를 끊겠다는 마음이 간절해야 합니다. 그래서 생사윤회의 뿌리를 일념, 일념마다 싹둑 싹둑 잘라간다면, 이 한순간 한순간의 염불이 바로 생사윤회를 끝마치는 때가 됩니다.

어찌 꼭 섣달 그믐날(임종 때)이 되길 기다려서 바야흐로 생사윤회를 끝마친단 말입니까? 그러면 이미 때가 늦고도 아주 늦을 것입니다. 그래서 흔히들 "눈앞에 모두 생사윤회의 일들이니, 눈앞에서 생사윤회를 깨끗이 끝마치세."라고 하지 않습니까?

이렇듯이 일념, 일념마다 진실하고 간절하게 염불하여, 한칼, 한칼마다 섬뜩이는 피를 봅시다. 이렇게 마음을 써서 염불을 하는데도 만약 생사윤회를 벗어나지 못할 것 같으면, 모든 부처님들이 거짓말 죄의 구덩이에 떨어질 것입니다. 그러므로 재가불자나 출가 스님을 막론하고, 단지 생사윤회의 마음만 제대로 안다면, 그게 바로 생사윤회를 벗어나는 시절이 됩니다. 어찌 그밖에 달리 특별하고 미묘한 법문이 있겠습니까?

염불공덕게(念佛功德偈)

당나라 육조혜능(六祖慧能, 638~713)

옛날 어떤 이가 육조 혜능선사께 여쭈었다.
"염불에 어떤 이익이 있습니까?"
선사께서 답하시기를,

"나무아미타불 여섯 자를 부르는 것이야말로
만세(萬世)토록 세간(出世)을 벗어나는 묘도(妙道)요
부처를 이루고 조사(祖師)가 되는 정인(正因)이요
삼계(三界) 인천(人天)의 안목(眼目)이요

마음을 밝히고 자성(自性)을 보는 혜등(慧燈)이요
지옥을 깨부수는 맹장(猛將)이요
사악한 것들을 베는 보검(寶劍)이요
오천대장(五千大藏)의 골수(骨髓)요
팔만총지(八萬總持)의 중요한 관문이요

시방허공이 멀고 아득하여 끝이 없음이요
광대한 일성(一性)의 원명圓明)이요
흑암(黑暗)을 여의는 명등(明燈)이요
생사(生死)를 벗어나는 뛰어난 방편이요
고해(苦海)를 건너는 배요
삼계(三界)를 뛰어넘는 지름길이다.

이것이 본성미타요, 유심정토이며,
이것이 본사(本師)이고, 화불(化佛)이다.
최존(最尊) 최상(最上)의 묘문(妙門)이고
헤아릴 수도 없고 끝도 없는 공덕이자
위대하고 훌륭한 믿음이니라.

오직 이 나무아미타불 여섯 자를 마음속에 품어서 늘
잃지 말아야 한다.

생각, 생각마다 늘 앞에 나타나고, 항상 마음에서 떠
나지 아니하여, 일이 없어도 이와 같이 염불하고, 일이
있어도 이와 같이 염불하며, 안락할 때도 이와 같이 염
불하고, 병고(病苦)가 있을 때도 이와 같이 염불하며,
살았을 때도 이렇게 염불하고, 죽어서도 이렇게 염불하
여, 이와 같이 한 생각이 분명하면 무엇을 다시 남에게
물어서 갈 길을 찾으랴. 이른바 오직 아미타불만 생각하
면서 다른 생각 없으면 손가락 튕길 수고도 없이 서방극
락 세계에 가느니라."

제 4 장

극락왕생 발원문

極樂往生 發願文

백화도량발원문(白花道場發願文)

신라 의상조사(義湘祖師, 625~702)

삼가 머리 숙여 귀의하옵니다.

대자대비하신 관세음보살님의 위대한 깨달음의 세계 [大圓鏡智, 대원경지]를 살피옵고 또한 이 제자의 본래 밝은 성품을 살피옵니다.

스승이신 관세음보살님의 영원하신 모습은 저 하늘의 밝은 달이 강물마다 비치듯이 거룩한 상호로 장엄하시 건만, 어리석은 이 제자는 허공 속의 꽃과 같이 허망한 이 몸뚱이에 집착하여 마침내는 무너질 육신[正報, 정보]과 이 육신에 의지하여 살아가는 국토[依報, 의보]를 관찰하오니, 차별이 있고 끝이 있어서 깨끗하고 더럽고, 즐겁고 괴로움이 큰 차이가 있나이다.

그렇지만 어리석은 이 제자의 몸과 마음이 저 성인의 완전한 깨달음의 경지를 떠나지 아니하니 이제 관세음 보살님께 지극한 마음으로 귀의하옵니다.

제자의 마음 거울[心境, 심경] 속에 계신 관세음보살님을 우러러 발원하오니 거룩하신 힘으로 보살피고, 가피를 내려 주옵소서.

바라오니 이 제자는 세세생생 관세음보살님을 가장 높은 스승과 성인으로 모시겠습니다.

관세음보살님이 지극한 정성으로 아미타부처님을 이마 위에 이고 받들듯이 저도 또한 관세음보살님을 높이 모시고 받드옵니다.

관세음보살님께서 과거에 수행하실 때 세운 열 가지 큰 서원[十願, 십원]과 여섯 갈래에 몸 나투어 가심[六向, 육향]과 천 개의 손, 천 개의 눈[千手千眼, 천수천안]으로 모든 중생을 보살피는 대자대비심을 갖추셨듯이, 저도 또한 이 세상과 저 세상에서 몸을 버리거나 몸을 받는 곳마다 항상 보살님의 설법을 듣고 중생을 위한 참된 가르침을 따라 함께 돕고 거들렵니다.

모든 세상 온갖 중생이 다 함께 보살의 이름을 생각하게 하고, 신비한 대비주(大悲呪)를 외워서 다 같이 원통삼매(圓通三昧)의 성품바다에 들어가기를 원하옵니다.

또한, 바라옵건데 제자의 이 몸이 다하여 다음 생에 태어날 때 관세음보살님께서 큰 빛을 놓으셔서 저를 친히 이끌어 주옵소서.

그래서 모든 두려움을 멀리 떠나 마음이 편안하게 해 주시고, 한순간에 흰 연꽃으로 장엄된 백화도량(白花道

場)에 왕생(往生)하여 여러 보살님들과 더불어 바른 진리의 법을 듣고 진리의 흐름에 들어 생각마다 묘한 지혜가 더욱더 밝아져서 부처님의 완전한 깨달음의 세계[無生法忍, 무생법인]에 들게 하옵소서.

지극한 마음으로 발원을 마치오며 이 목숨 바쳐 관세음보살님께 예배드리옵니다.

서방원문(西方願文)

명나라 연지대사(運池大師, 1535~1615)

극락세계에 계시사 중생을 이끌어 주시는 아미타불께 귀의하옵고 그 세계에 가서 나기를 발원하옵나니, 자비하신 원력(願力)으로 굽어살펴 주옵소서.

저희들이 네 가지 은혜 끼친 이와 삼계 중생을 위해 부처님의 위없는 도를 이루려는 정성으로 아미타불의 거룩하신 명호를 불러 극락세계에 왕생하기를 원하나이다.

업장은 두터운데 복과 지혜 엷사와 때묻은 마음 물들기 쉽고 깨끗한 공덕 이루기 어려워, 이제 부처님 앞에 지극한 정성으로 예배하고 참회하나이다.

저희들이 아득한 옛적부터 오늘에 이르도록 몸과 말과 생각으로 한량없이 지은 죄와 무수히 맺은 원결(怨結) 모두 다 풀어 버리고, 이제 서원을 세워 나쁜 짓 멀리하여 다시 짓지 아니하고 보살도를 항상 닦아 물러나지 아니하며, 정각(正覺)을 이루어서 중생을 제도하려 하옵나이다.

아미타부처님이시여!

대자대비하신 원력으로 저를 증명하시고 가엾이 여기사 가피를 내리소서.

삼매에서나 꿈속에서나 거룩한 상호를 뵙게 하시고, 아미타불의 장엄하신 국토에 다니면서 감로(甘露)를 뿌려 주시고 광명으로 비추어 주시며 손으로 쓰다듬어 주시고 가사로 덮어 주심 입사와, 업장은 소멸되고 선근은 자라나며 번뇌는 없어지고 무명은 깨어져 원각(圓覺)의 묘한 마음 뚜렷하게 열리옵고 극락세계가 항상 앞에 나타나게 하옵소서.

그리고 이 목숨 마칠 때에 갈 시간 미리 알아 여러 가지 병고 액난 이 몸에서 사라지고, 탐·진·치 온갖 번뇌 씻은 듯이 없어져 육근이 화락(和樂)하고 한생각 분명하여 이 몸을 버리옵기 정에 들듯 하여지이다.

아미타불께서 관음·세지 두 보살과 성중들을 데리시고 광명 놓아 맞으시며 손들어 이끄시와, 높고 넓은 누각과 아름다운 깃발과 맑은 향기·천상 음악·거룩한 서방정토 눈앞에 나타나면 보는 이와 듣는 이들 기쁘고 감격하여 위없는 보리심을 내게 하여지이다.

그때 이내 몸도 금강대에 올라앉아 부처님 뒤를 따라 극락정토 나아가서 칠보로 된 연못 속에 상품상생(上品

上生)하온 뒤에 불보살 뵈옵거든, 미묘한 법문 듣고 무생법인 증득하여 부처님 섬기옵고 수기를 친히 받아 삼신(三身)·사지(四智)·오안(五眼)·육통(六通)·백천 다라니와 온갖 공덕을 원만하게 갖춰지이다.

그런 다음 극락세계를 떠나지 아니하고 사바세계에 다시 돌아와 한량없는 분신(分身)으로 시방세계에 다니면서 여러 가지 신통력과 갖가지 방편으로 무량중생 제도하여 삼독 번뇌 여의옵고 청정한 본심으로 극락세계 함께 가서 물러나지 않는 자리에 들게 하여지이다.

세계가 끝이 없고 중생이 끝이 없고 번뇌 업장 또한 끝이 없사오니 이내 서원도 끝이 없나이다.

저희들이 지금 예배하고 발원하여 닦아 지닌 공덕을 온갖 중생에게 두루 베풀어 네 가지 은혜 골고루 갚사옵고 삼계 중생을 모두 제도하여 다 같이 일체종지(一切種智)를 이루게 하여지이다.

서왕가(西往歌)

불교가사 / 고려 나옹화상(懶翁和尙, 1320~1376)

나도 이럴망정 속세사람의 자식이니
무상(無常)을 생각하니 모든 것이 허망하다.
부모가 주신 얼굴 죽은 후에 속절 없네.

잠시 동안 생각하여 속세 일을 후리치고
부모님께 하직하고 표주박을 하나 차고
반 벌 누더기옷에 명아주 지팡이 빗겨 들고
명산을 찾아 들어 선지식을 친견하여
이 마음을 밝히리라.
천경만론(千經萬論)을 낱낱이 찾고 배워서
육적(六賊)을 잡으리라.

허공마(虛空馬)를 빗겨 타고
마야검을 손에 들고 오온산(五蘊山) 들어가니
제산(諸山)은 첩첩(疊疊)하고

사상산(四相山)이 더욱 높다.
육근문(六根門) 언저리에 자취 없는 도적은
나며 들며 하는 중에 번뇌심(煩惱心) 베어내고
지혜(智慧)로 배를 만들어 삼계(三界) 바다 건너리라.

염불 중생 배에 싣고
삼승(三乘) 돛대에 일승(一乘)은 돛을 달아두니
춘풍은 순히 불고 백운(白雲)은 뒤섞이는데
인간을 생각하니 슬프고 서러운지라.

염불하지 않는 중생들아!
몇 생을 살려고 속세 일만 탐착(貪着)하여
애욕에 잠겼느냐?
하루도 열두 시간이요 한 달도 서른 날인데
어느 날에 한가할 것인가?

청정한 불성(佛性)을 사람마다 가진들
어느 날에 생각할 것이며
무량한 공덕(功德)을 본래 구족한들
어느 때에 내어 쓸까?
서왕(西往)은 멀어지고 지옥(地獄)은 가깝도다.

이보시오 어르신네!
권하노니 종제선근(種諸善根) 심으시오.
금생에서 한 공덕은 후생에서 받으니

백 년에 재물을 탐하는 것은 하루 아침 티끌이요
사흘 동안 한 염불은 백천만겁 다함 없는 보배로세.

아아! 이 보배는 천겁을 지나도 낡지 않고
만세를 지나도 언제나 지금이라.
건곤(乾坤)이 넓다 한들 이 마음에 미칠손가
일월(日月)이 밝다 한들 이 마음에 미칠손가

삼세제불(三世諸佛)은 이 마음 알으시고
육도중생(六道衆生)은 이 마음을 저버리네.
삼계윤회(三界輪廻)를 어느 날에 그칠런가?

잠깐 동안 생각하며 마음을 깨쳐 먹고
큰 하늘[太昊, 태호]을 생각하니
산은 첩첩이고 물은 졸졸 흐르고
바람은 쓸쓸하게 불며 꽃은 밝고
소나무와 대나무는 떨어지는데
화엄(華嚴)바다 건너 저 극락세계 들어가니
칠보금지(七寶錦地)에 칠보망(七寶網)을 둘러
구경하기 더욱 좋네.

구품연대(九品蓮臺)에 염불 소리 자자하고
푸른 학과 흰 학과 앵무새와 공작새
금빛 봉황 푸른 빛 봉황이 하는 것은 염불이네.
맑은 바람 건듯 부니 염불 소리 아련히 들려오네.

아아! 슬프다.

우리도 인간에 나왔다가 염불 말고 어이 할까?

나무 아미타불(南無 阿彌陀佛).

별회심곡(別回心曲)

불교가사 / 조선 서산대사(西山大師, 1520~1604)

세상천지　만물중에　사람밖에　또있는가
여보시오　시주님네　이내말씀　들어보소
이세상에　나온사람　뉘덕으로　나왔는가
석가여래　공덕으로　아버님전　뼈를빌고
어머님전　살을빌어　칠성님전　명을빌고
제석님전　복을빌어　이내일신　탄생하니
한두살에　철을몰라　부모은덕　알을손가
이삼십을　당하여도　부모은공　못다갚고
어이없고　애달고나　무정세월　여류하야
원수백발　돌아오니　없는망령　절로난다
망령이라　흉을보고　구석구석　웃는모양
애달고도　설운지고　절통하고　통분하다
할수없다　할수없다　홍안백발　늙어간다
인 간 에　이공도를　뉘가능히　막을손가

춘 초 는　　만년록이나　왕 손 은　　귀불귀라
우리인생　　늙어지면　　다시젊기　　어려워라
인간백년　　다살아도　　병든날과　　잠든날과
걱정근심　　다제하면　　단사십도　　못살인생
어제오늘　　성튼몸이　　저녁나절　　병이들어
섬섬약질　　가는몸에　　태산같은　　병이드니
부르나니　　어머니요　　찾는것이　　냉수로다
인삼녹용　　약을쓰나　　약효험이　　있을손가
판수불러　　경읽은들　　경의공덕　　입을손가
무녀불러　　굿을하나　　굿덕인들　　있을손가
재미쌀을　　쓸고쓸어　　명산대천　　찾아가서
상 탕 에　　메를짓고　　중 탕 에　　목욕하고
하 탕 에　　수족씻고　　촛대한쌍　　벌려놓고
향로향합　　불갖추고　　소지한장　　든연후에
비나이다　　비나이다　　하느님전　　비나이다
칠성님전　　발원하고　　신장님전　　공양한들
어느성현　　알음있어　　감응이나　　할까보냐
제일전에　　진광대왕　　제이전에　　초광대왕
제삼전에　　송제대왕　　제사전에　　오관대왕
제오전에　　염라대왕　　제육전에　　변성대왕
제칠전에　　태산대왕　　제팔전에　　평등대왕
제구전에　　도시대왕　　제십전에　　전륜대왕

염라국의　부인사자　일직사자　월직사자
열시왕의　명을받아　한손에는　철봉들고
또한손에　창검들며　쇠사슬을　빗겨차고
활등같이　굽은길로　살대같이　달려와서
닫은문을　박차면서　뇌성같이　소리치며
성명삼자　불러내여　어서가자　바삐가자
뉘분부라　거역하며　뉘영이라　지체할까
실날같은　이내몸에　팔뚝같은　쇠사슬로
결박하여　끌어내니　혼비백산　나죽겠네
여보시오　사자님네　노　자　도　갖고가세
만단개유　애걸한들　어느사자　들을손가
애고답답　설은지고　이를어이　하잔말가
불쌍하다　이내일신　인간하직　망극하다
명사십리　해당화야　꽃진다고　설워마라
명년삼월　봄이오면　너는다시　피련마는
우리인생　한번가면　다시오기　어려워라
북　망　산　돌아갈제　어찌갈고　심산험로
한정없는　길이로다　언제다시　돌아오라
이세상을　하직하니　불쌍하고　가련하다
처　자　의　손을잡고　만단설화　다못하여
정신차려　살펴보니　약　탕　관　벌려놓고
지성구호　극진한들　죽을목숨　살릴손가

옛늙은이　　말들으니　　저승길이　　멀다는데
오늘내게　　당하여선　　대문밖이　　저승이라
친구벗이　　많다한들　　어느누가　　동행할까
구사당에　　하직하고　　새사당에　　허배하고
대문밖을　　썩나서니　　적삼내어　　손에들고
혼백불러　　초혼하니　　없든곡성　　낭자하다
일즉사자　　손에끌고　　월즉사자　　등을밀어
풍우같이　　재촉하여　　천방지방　　몰아갈제
높은데는　　낮아지고　　낮은데는　　높아진다
악의악식　　모은재산　　먹고가며　　쓰고가랴
사자님아　　사자님아　　내말잠깐　　들어주오
시장한데　　점심하고　　신발이나　　고쳐신고
쉬어가자　　애걸한들　　들은체도　　아니하고
쇠뭉치로　　등을치며　　어서가자　　바삐가자
이렁저렁　　여러날에　　저승원문　　다달으니
우두나찰　　마두나찰　　소리치며　　달려들어
인정달라　　비는구나　　인정쓸돈　　한푼없다
단배골코　　모은재산　　인정한푼　　써볼손가
저생으로　　옮겨올까　　환전붙여　　가져올까
의복벗어　　인정쓰며　　열두대문　　들어가니
무섭기도　　끝이없고　　두렵기도　　칭량없다
대명하고　　기다리니　　옥사장이　　분부듣고

남녀죄인　등대할제　정신차려　살펴보니
열시왕이　좌개하고　좌판관이　문서잡고
남녀죄인　잡아들여　다짐받고　봉초할제
어두귀면　나찰들은　전후좌우　벌려서서
기치창검　심열한데　형벌기구　차려놓고
대상호령　기다리니　엄숙하기　측량없다
남자죄인　잡아들여　형벌하며　묻는말이
이놈들아　들어보라　선심하랴　발원하고
인간세상　나아가서　무삼선심　하였는고
바른대로　아뢰어라　용방비간　번을받아
임금님께　극간하여　나 라 에　충성하고
부모님께　효도하여　가 범 을　세웠으며
배고픈이　밥을주어　아사구제　하였는가
헐벗은이　옷을주어　구란공덕　하였는가
좋은곳에　집을지어　행인공덕　하였는가
깊은물에　다리놓아　월천공덕　하였는가
목마른이　물을주어　급수공덕　하였는가
병든사람　약을주어　활인공덕　하였는가
높은산에　불당지어　중생공덕　하였는가
좋은밭에　원두심어　행인해갈　하였는가
부처님께　공양올려　마음닦고　선심하여
염불공덕　하였는가　어진사람　모해하고

불의향사　많이하며　탐재함이　극심하니
너의죄목　어찌하리　죄 목 이　심중하니
풍도옥에　가두리라　착한사람　불러들여
위로하고　대접하며　몹쓸놈들　구경하라
이사람은　선행으로　극락세계　가올지니
이 아 니　좋을손가　소원대로　물을적에
네원대로　하여주마　극락으로　가랴느냐
연화대로　가랴느냐　선경으로　가랴느냐
장생불사　하랴느냐　서왕모의　사환되여
반도소임　하랴느냐　네소원을　아뢰여라
옥제에게　주품하사　남중절색　되여나서
요지연에　가랴느냐　백만군중　도독되여
장수몸이　되겠느냐　어서바삐　아뢰어라
옥제전에　주문하여　석가여래　아미타불
제도하게　이문하자　산신불러　의논하며
어서바삐　시행하자　저런사람　선심으로
귀히되어　가나니라

대웅전에　초대하여　다과올려　대접하며
몹쓸놈들　잡아내어　착한사람　구경하라
너희들은　죄중하니　풍도옥에　가두리라
남자죄인　처결할제　여자죄인　잡아들여
엄형국문　하는말이　너의죄목　들어봐라

시부모와　친부모께　지성효도　하였느냐
동생행열　우매하며　친척화목　하였느냐
괴악하고　간특한년　부모말씀　거역하고
동생간에　이간하고　형제불목　하게하며
세상간악　다부리어　열두시로　마음변화
못듣는데　욕을하고　마주앉아　웃음낙담
군말하고　성내는년　남의말을　일삼는년
시기하기　좋아한년　풍도옥에　가두리라
죄 목 을　물은후에　온갖형벌　하는구나
죄지경중　가리어서　차례대로　처결할제
도산지옥　화산지옥　한빈지옥　검수지옥
발설지옥　독사지옥　아침지옥　거해지옥
각처지옥　분부하야　모든죄인　처결한후
대연회를　진설하고　착한여자　불러들여
공경하고　하는말이　소원대로　다일러라
선녀되어　가랴느냐　요지연에　가랴느냐
남자되여　가랴느냐　재상부인　되려느냐
제실왕후　되려느냐　제후왕비　되려느냐
부귀공명　하려느냐　네원대로　하여주마
소원대로　다일러라　선녀불러　분부하야
극락으로　가게하니　그 아 니　좋을손가
선심하고　마음닦아　불의향사　하지마소

회심곡을   업신여겨   선심공덕   아니하면
우마형상   못면하고   구렁배암   못면하네
조심하야   수신하소   수신제가   능히하면
치국안민   하오리니   아무쪼록   힘을쓰오
적 덕 을   아니하면   신후사가   참혹하니
바라나니   우리형제   자선사업   많이하야
내생길을   잘닦아서   극락으로   나아가세
나무아미타불   나무관세음보살

백발가(白髮歌)

불교가사 / 작자, 연대 미상

슬 프 고   슬프도다   어찌하야   슬프던고
이세월이   영원한줄   태산같이   바랐더니
백년광음   못다가서   백발되니   슬프도다
어화청춘   소년들아   백발노인   웃지마라
덧 없 이   가는세월   낸들아니   늙을소냐

저 분 들   늙는것이   한심하고   슬프도다
소문없이   오는백발   귀 밑 에   의막하고
청좌없이   오는백발   털끝마다   점을찍네
이리저리   생각한들   오는백발   막을소냐
위풍으로   제어하면   겁을내어   아니올까
근력으로   쫓아보면   무안하여   아니올까
욕을하여   거절하면   노염내어   아니올까
드는칼로   후려치면   혼이나서   아니올까

휘장으로　　가려보면　　보지못해　　아니올까
소진장의　　구변으로　　달래보면　　아니올까
석숭이의　　억만재로　　인정쓰면　　아니올까
좋은술을　　많이빚어　　권하면은　　아니올까
만반진수　　차려놓고　　빌어보면　　아니올까
할수없다　　저백발은　　사람마다　　다겪는다
인생부득　　항소년은　　풍월중에　　명담이라
삼천갑자　　동박삭은　　전생후생　　초문이요
팔백년을　　사는팽조　　고문금문　　또있는가
부유같은　　이세상에　　초로같은　　우리인생
물위에뜬　　거품이요　　위수중에　　부평이라
칠팔십을　　살더라도　　일장춘몽　　꿈이로다

이내몸은　　늙어지면　　다시젊기　　어렵도다
창 힐 이　　글자낼때　　늙을노자　　왜냈던고
진 시 황　　분서시에　　타지않고　　남아있어
의미없고　　사정없이　　세상사람　　늙히는가
늙 기 도　　설운중에　　모양조차　　늙어지네
꽃 같 이　　곱던얼굴　　검버섯은　　웬일이며
옥 같 이　　희던살이　　광대등걸　　되였구나
삼단같이　　길던머리　　불한당의　　처같으며
볼다귀에　　있던살이　　마고할미　　꾸어갔나
샛별같이　　밝던눈이　　반장님이　　되었으며

거울같이　밝은귀가　절벽강산　되어가네
밥먹을때　볼작시면　아래턱이　코를차고
정강이를　걷고보니　비수같이　날이섰고
팔대기를　걷고보면　수양버들　늘어졌네

무슨설움　쌓였는지　눈물조차　흘러지고
추위한기　들었는지　콧물조차　흐르도다
떡가루를　치려는지　쳇머리는　무슨일꼬
지팡이를　짚었으니　등짐장사　되려는가
묵묵무언　앉았으니　부처님이　되려는가
정 신 이　혼미하니　총명인들　있을소냐
남의말을　참례할때　동문서답　답답하고
집안일을　분별할때　딴 전 이　일수로다
그중에도　먹으려고　비육불포　노래하고
그중에도　입으려고　비백불난　말만하네
누가주어　늙었는지　저를보면　떼만쓰고
소년보면　자세하야　걸핏하면　성만내고
예삿말을　하건마는　걸핏하면　설워하며
육십갑자　꼽아보니　덧 없 이　돌아오고
사시절을　살펴보니　빠르게도　돌아간다

늙을수록　분한말을　다할수가　바이없네
편작이를　데려다가　늙는병을　고쳐볼까
염라왕께　간청하여　늙지말게　하여볼까

밤낮으로　생각하나　늙지않게　할수없고
억 만 번　생각한들　늙지말게　할수없네
어화답답　설운지고　또한말을　들어보소
꽃이라도　시들면은　오던나비　도로가고
나무라도　병이들면　오던새도　아니오고
비단옷도　헤여지면　물걸레로　돌아가고
좋은음식　쉬여지면　수채구렁　찾아가네

세상사를　살펴보니　만사도시　꿈속이라
지 난 날　청춘때에　없든벗이　찾아와서
주란화각　높은집에　화조월석　모여앉아
술 맛 도　아름답고　안 주 도　찬란하다
백 옥 반　교자상에　차 례 로　늘어앉아
잡 거 니　권하거니　몇순배가　돌아오나
패가자세　난봉축과　화류심방　무뢰배가
좋은일을　하는듯이　날 마 다　모이면서
경가파산　하고라도　주색잡기　오입하며
이렇듯이　세월보내　매일장취　오랠런가
봉제사가　꿈밖이라　빈궁친척　구제하며
처자권속　생각할까　집안이라　돌아보니
저녁거리　간데없고　사당문을　열고보면
향로조차　간데없고　신주볼을　볼작시면
삼년묵은　먼지로다　딴방이라　들어가니

늙은아내　몽당치마　어린자식　발을벗고
밥달라고　우짖으니　금 수 가　아니어든
차마어찌　모양보리

어화청춘　소년들아　또한말을　들어보소
가련할사　모든사람　잠잘줄도　모르고서
풍우한서　가리잖고　눈과코를　막게하고
자고새면　하는일이　남속이기　일삼으니
태어날적　생긴성품　저 절 로　그르치네
농 사 는　근본이라　천 하 에　대사언만
불의행사　뜻을두어　놀고먹고　입으려고
광언망설　지어내어　혹세무민　일삼는다
묵은탐심　일워다가　이욕에만　골몰하며
오륜삼강　몰라보고　주야없이　죄만짓네
백발되어　뉘우친들　후회막급　어찌할까
이세월이　견고한줄　허랑방탕　노닐다가
늙은줄도　몰랐구나　안수정등　잠깐이니
젊었을때　공부하소

애고답답　설운지고　늙기설워　어찌하리
밤낮상대　하던권속　부운같이　헤어지고
죽자사자　하던친구　유수같이　흩어져서
저 절 로　홀로되니　허허탄식　뿐이로다
부럽도다　소년들아　젊었을때　덕을닦소

빈객삼천　맹상군도　죽어지면　자취없고
백자천손　관분양도　죽어지면　허사로다
영웅인들　늙지않고　호걸인들　죽잖을까
영 웅 도　자랑말고　호 걸 도　말을마소
만고영웅　진시황도　여산추초　잠들었고
글잘하는　이태백도　기경상천　하여있고
천하명장　초패왕도　오강월야　흔적없고
구선하던　한무제도　분수추풍　한탄이라
천하명의　편작이도　죽 기 를　못면하고
만고일부　석숭이도　할수없이　돌아가니
억조창생　만민들아　이내일신　젊었을제
선한공덕　어서하소

일사일생　공한것을　어찌하여　면할손가
가련하고　한심하다　오는일을　어찌하리
백 발 이　재촉하니　갈 길 을　생각하소
아 마 도　이세상에　선심하고　돌아가소
남에게도　인심얻고　친척에게　화목하소
인간칠십　살지라도　지은공덕　바이없어
좋은일이　얼마런고　속절없이　지내다가
황 천 에　돌아간들　무엇가져　저항하리
그럭저럭　지내다가　세 월 을　몰랐구나
북창청풍　명월하여　다된백발　어이하리

286 백발가

어제 날   청춘몸이   오늘 날   수족없어
한구석에   앉았으니   누가그리   알아줄까
생각하고   생각하니   절통하고   원통하다
이한몸이   돌아가면   다시오기   어렵도다
집을잃고   돌아간들   어디가서   의지하리
다시금   생각하니   청춘시절   뉘우친다
천만년을   살줄알고   걱정없이   지내다가
오늘 날   생각하니   세상일이   가소롭다
진세오욕   탐착말고   선심공덕   어서하소
이말저말   도시말고   후생노자   장만한후
극락세계   들어가서   구품연대   구경하세
이세월을   허송타가   서산락일   다된후에
무간지옥   나타나면   후회막급   쓸데없고
처자권속   쓸데없고   친구벗도   쓸데없고
구산같은   금은옥백   이지경에   소용없네
인생일세   탄생하여   지은공덕   바이없이
부귀공명   바라오며   자손영달   희망할까
금세부귀   하는이는   선세적덕   그아닌가
악한죄를   짓지말고   마음닦아   선심하여
극락세계   들어가세   저세계를   들어가면
청춘백발   도시없고   생로병사   끊어지며
장생불사   하신다니   어서가세   어서가세
극락세계   어서가세   나무 아미타불

몽환가(夢幻歌)

불교가사 / 작자, 연대 미상

몽환일세 몽환일세 세상만사 몽환일세
천상락이 좋다하되 삼 계 가 화택이니
그도역시 몽환이요 인 간 에 전륜왕이
만선복덕 제일이나 생로병사 못면하니
그도역시 몽환이요 역대황후 고금호걸
당 시 에 자재하나 우비고뇌 못면하야
죽어지면 허사되니 그도역시 몽환이요
나의권속 지중하야 생전에는 보배이나
임종시에 이별하니 그도역시 몽환이요
출장입상 부귀인이 위엄형세 웅장하나
임종시에 속수무책 그도역시 몽환이요
진보복장 칠보영낙 인 간 에 대보로되
죽은뒤면 벗겨지니 그도역시 몽환이요
문장명필 백종기예 제일이라 자랑해도

임종시에　쓸데없고　만반고통　뿐일지니
그도아니　몽환인가　여보세상　사람들아
사 대 가　강강하고　육 근 이　견고할제
몽환세간　탐착말고　일체세간　천만사가
몽환인줄　꼭믿어서　몽환삼세　놓지말고
아미타불　대성호를　일념중에　잃지말며
십이시중　주야없이　부지런히　염불하야
저극락에　어서가세　우리세존　대법왕이
백천방편　베풀으사　화택중생　제도할제
금구소설　이른말씀　백천만억　국토중에
극락이라　하는세계　서편쪽에　있사오되
시방세계　염불중생　임명종시　당하오면
아미타불　대성존이　그중생을　데려다가
연화대에　탄생하니　신색광명　진금이요
대인상호　구족하며　칠보궁전　상묘의식
생각대로　절로생겨　임의자재　수용하고
생로병사　괴로움과　온갖근심　모두없고
수 량 이　무궁하여　무상쾌락　받사오되
다시생사　아니받고　아미타불　수기얻어
무상보리　증득하고　지혜신통　자재하며
선근공덕　만족하여　보살도를　성취하니
대각세존　이아닌가　아미타불　대성존이
사십팔원　세워다가　일체중생　제도하여

연화대로　　인도할때　　반야선을　　크게모아
노자없고　　선자없는　　애욕해에　　빠진중생
반야선에　　태워다가　　생사대해　　건너갈제
아미타불　　선주되고　　관음세지　　선공되어
사십팔원　　노를저어　　극락국에　　들어가니
황금으로　　땅이되고　　백은으로　　성이되어
칠중난순　　둘러있고　　칠중나망　　덮혀있어
부는바람　　요풍이요　　밝은광명　　순일이라
금은유리　　칠보로서　　처처에　　충만하고
백천풍악　　진동하니　　소리마다　　염불이요
팔공덕수　　연화지에　　오색연화　　피였거든
날 날 이　　광명이요　　색 색 이　　찬란일세
여보세상　　사람들아　　생사길고　　어둔밤에
대 몽 을　　어서깨어　　노는입에　　염불하되
행주좌와　　어묵동정　　일 체 시　　일체처에
아미타불　　놓지말고　　일구월심　　공부하면
이극락에　　아니갈까　　오래도록　　하노라면
허다망상　　없어지고　　염불삼매　　성취하여
십악업을　　소멸하고　　십만억토　　극락세계
자심중에　　나타나며　　만덕존상　　아미타불
방촌중에　　뵈올지라　　마음밖에　　극락없고
극락밖에　　마음없어　　내마음이　　아미타요
아미타가　　자성일세　　나의일념　　진실하면

왕생극락	하는날에	아미타불	아니볼까
인생일세	덧없어서	부귀영화	좋아한들
일장춘몽	다름없고	인생칠십	오래던가
아침이슬	다름없네	굳건한것	무엇인가
진실한것	별로없네	허다망상	다버리고
부지런히	염불하여	극락정토	어서가세
오탁악세	나온중생	과거죄업	지은대로
삼악도를	돌고돌아	무량고를	받았나니
우리세존	대법왕은	그중생이	불쌍하여
참회문을	열어놓아	남녀노소	할것없이
발원참회	하게되면	무량죄업	소멸하고
자성미타	친견할줄	고구정령	일렀건만
그말씀을	아니듣고	도 리 어	냉소하며
죄업짓는	저중생이	그 아 니	불쌍한가
불에드는	저나비와	고치치는	저누에는
불보살의	대원인들	무슨도리	있겠는가
업보인과	지은대로	무간옥에	떨어지면
나올기약	망연하네	일념지성	참회하야
극락발원	세워다가	노는입에	염불하소
극락가기	발원하면	염라대왕	문서중에
내명호를	가려내고	나의수행	하는대로
연화점점	자라다가	안광락지	하는날에
그연화에	탄생하니	그 아 니	기쁠손가

애욕심에　　사로잡혀　　만당처자　　애착하고
금은옥백　　탐을낸들　　명마치고　　돌아갈때
어느처자　　대신가며　　금은가져　　노자할까
생사광야　　험한길에　　나의고혼　　홀로가되
사자한쌍　　동행되여　　번개같이　　몰아가네
선근공덕　　없사오면　　삼 악 도　　험한구렁
화살같이　　들어가니　　남염부제　　나는사람
결정신심　　전혀없어　　아침에는　　믿다가도
저녁나절　　안믿으니　　무슨효험　　있을손가
염불믿지　　아니할때　　연화대에　　새긴이름
저 절 로　　없어지고　　연화점점　　말라져서
악도중생　　도로되니　　그 아 니　　원통한가
또 다 시　　어떤사람　　평시에는　　염불하다
병이들면　　아주잊고　　아픈것만　　생각하고
살기로만　　바라다가　　생로병사　　빠른길에
삼백육십　　골절마다　　무상살귀　　날아들어
바람칼로　　에워낼제　　황황하여　　손발젓고
호흡사이　　죽는인생　　맑은정신　　벌써날아
명도귀계　　던진후에　　임종염불　　하여준들
무슨효험　　있을손가　　도적간뒤　　문고치고
무 엇 을　　잡을손가　　여보세상　　사람들아
우리세존　　대법왕이　　일체중생　　제도코자
대법고를　　크게치고　　삼계옥문　　열어놓고

갇힌중생　　벗어나라　　대비방편　　일러준들
문을벗어　　아니나면　　그중생은　　할수없네
생전약간　　염불타가　　악한업을　　못이겨서
업을쫓아　　떨어지니　　평생공덕　　소용없네
생 전 에 　 염불하여　　임명종시　　쓰자드니
바른생각　　망실하고　　악 업 을 　 쫓아가니
염불공덕　　쓸데없네　　병이만일　　들거들랑
생사무상　　가끔깨쳐　　이내몸이　　허환하여
괴로움이　　무량하니　　연화대에　　탄생키를
일념으로　　기다리며　　일심으로　　염불하소
병이만일　　중하여도　　귀신에게　　빌지마소
수명장단　　정한것을　　저귀신이　　어찌할까
장병있던　　풍부인은　　염불하고　　병나으며
눈어둡던　　장씨녀는　　염불하고　　눈떴으니
나의정성　　지극하면　　이런효험　　아니볼까
염불비방　　하는사람　　전세적덕　　하온고로
금시부귀　　받거니와　　금세비방　　하온죄는
후세결정　　받느니라　　염불비방　　부디마소
선성비구　　시자되어　　이십년을　　시불타가
생함지옥　　하였으니　　그 아 니 　 무서운가
자고이래　　살피건대　　승속남녀　　존비귀천
내지죄악　　범부라도　　지성으로　　염불하면
아니갈이　　뉘있으리　　만고호걸　　남자들아

장생불사　　하쟀더니　　어 젯 날　　성튼사람
오늘황천　　무덤이라　　그무엇이　　장구한가
여보세상　　사람들아　　잠을깨소　　잠을깨소
생사장야　　잠을깨소　　조개라도　　잠을자면
천년만에　　깨건만은　　언제부터　　자는잠을
몇부처님　　출세토록　　어찌그리　　아니깨오
이제라도　　잠을깨어　　몽환세계　　탐착말고
시시때때　　염불하여　　저극락에　　어서가세
그세계를　　들어가면　　삼계화택　　잃은집을
여래실에　　얻어들고　　삼악도중　　잃은옷은
인욕의로　　바꿔입고　　육도순환　　없던자리
법공좌에　　얻어앉고　　환망진구　　모든때를
팔공덕수　　목욕하고　　탐진번뇌　　더운땀을
보수아래　　식히옵고　　몽환불과　　증득후에
몽환비지　　운전하여　　몽환중생　　제도하고
법 성 토　　넓은뜰에　　등등임운　　노닐면서
무생곡을　　불러보세

나무 아미타불　나무 관세음보살

왕생가(往生歌)

불교가사 / 작자, 연대 미상

1.

오 호 라	슬프도다	세 계 가	무상하고
인 생 도	허망하다	천상인간	제일복도
복다하면	타락하여	삼악도에	들어가니
만사만생	지옥고통	어찌차마	다말하리
우리본사	석가세존	정반왕의	태자로서
오욕락을	버리시고	출가수도	성불하사
팔만장경	설법하되	마음닦아	성불하면
생사윤회	끊어지고	열반진락	무궁하다
닦는법이	허다하나	그중제일	정토법문
간단하고	첩경이다	서방정토	극락세계
황금으로	땅이되고	하늘풍류	들리오며
아미타불	주인되고	관음세지	보처되어
구품연대	벌려놓고	염불중생	데려다가

연꽃중에　화생하니　대인상호　구족하고
칠보궁전　좋은의식　마음대로　수용하며
수 명 이　무궁하여　빨리성불　한다시니
부처님의　금구성언　털끝인들　틀릴손가
허 망 한　세상일을　꿈을알아　탐착말고
아미타불　대성호를　일심으로　부르시되
좋은때도　아미타불　언짢아도　아미타불
일체시와　일체처에　고성이나　묵염이나
염불생각　놓지말고　일구월심　오래하여
염불삼매　현전하면　왕생성불　틀림없다
염불공부　하는데는　신행원이　갖추어사
공부성취　속하나니　첫째신심　깊이세워
극락세계　아미타불　절 대 로　믿고믿어
지성으로　귀의하면　모든악을　짓지말고
모든선을　행하면서　부지런히　염불하고
큰 원 을　발하여서　법계일체　중생함께
극락세계　같이가기　일심으로　원하오며
중한병이　들거들랑　서향하여　눕혀놓고
죽는것을　두려말고　극락가기　바랄지며
타인에게　부탁하되　집안일과　슬픈흔적
내눈앞에　내지말며　외인출입　금지하고
일체잡담　하지말며　고성염불　안끊어져
나의정념　도와주고　나죽은지　오래되어

곡 성 을　내게하라　염불공덕　많사오니
제불보살　큰신장들　항상보호　하여주며
아미타불　광명놓아　염불인을　섭수하며
모든재앙　없어지고　모든소원　성취되며
전생죄업　소멸되고　몸과마음　편안하며
임종시에　정염가져　정토왕생　하느니라
정토발원　하는사람　부모사장　잘섬기고
대승경전　읽으시며　보리심을　발하옵고
삼독심을　없애오며　살생투도　절대말고
사음망어　하지마소　화택중에　있는중생
다생죄업　뉘없으리　아미타불　한소리에
팔십억겁　생사중죄　봄눈같이　녹아지고
하품왕생　한다하니　대단하다　아미타불
반야용선　아니신가　거룩하다　정토법문
육방제불　칭찬하고　항사보살　왕생하네
화엄법화　기타경전　칭찬정토　많사오며
문수보현　그외성현　왕생발원　무수하다
배 위 에　실은돌은　가라앉지　아니하고
지옥불이　나타나도　십념하면　왕생한다
빨리성불　하는법은　일행삼매　최상이요
현세장래　부처봄은　염불법문　뿐이로다
정토수행　하는사람　전 생 에　보살이요
염불믿지　않는이는　생사해탈　어렵도다

보현보살　십중대원　극락으로　회향하고
천친보살　오념문은　정토가는　길이로다
제이석가　용수보살　쉬운길을　말하시고
법안종조　영명선사　만수만거　이르시다
최상최귀　이법문을　누가감히　폄담할까
염불하고　왕생하며　염불하고　병나은이
고금전기　무수하다　어찌모두　말하리요
효자순손　들어보소　혼정신성　하온여가
염불법문　봉권하소　삼생지양　드리시고
양지양체　겸하여도　생전효는　될지라도
한숨지면　내생이니　내생일을　어찌할꼬
석가모니　부처님은　부　왕　과　석종에게
염불법문　설하시와　칠만석종　왕생하니
출천대효　아니신가　부처님을　본받아서
세간출세　겸효하세　여보시요　염불행자
대용맹을　일으켜서　눈　코　를　쥐어뜯고
열심으로　공부하소　사람일생　잠깐이라
하루하루　줄어가니　푸주간에　가는소와
조　금　도　다름없다　만　사　를　제폐하고
부지런히　염불하여　유심정토　증득하고
자성미타　친견하여　환화중생　제도하고
무위진락　수용하세　나무 아미타불

2.

홀 연 히	생각하니	아 득 한	꿈이로다
바람같은	이세월이	물결같이	흘러흘러
이 몸 이	늙어가니	황천객을	면할손가
한 많 은	인간살이	향불속에	붙여두고
구름같이	일던망상	염불속에	붙여두고
천상만겁	지은죄를	발원참회	하옵나니
극락세계	아미타불	나를살펴	인도하소
우리교주	석가여래	영산설법	하옵실때
정토왕생	하올것을	미타경에	찬했으니
나도이제	불제자라	정토발원	하나이다
타고지고	타고지고	반야용선	타고지고
가고지고	가고지고	극락세계	가고지고
보고지고	보고지고	아미타불	보고지고
듣고지고	듣고지고	무상설법	듣고지고
놀고지고	놀고지고	연화봉에	놀고지고
사십팔원	공덕장엄	놀랍고도	장할시고
팔공덕수	맑은물에	상선인과	목욕하고
구품연대	향기속에	비단옷깃	휘날리고
보배영락	목에걸고	연화관도	높이쓰고
보배누각	구름다리	끊임없이	왕래하고
칠보향수	서기속에	가릉빈가	노래듣고
선열위식	법회식에	불기불포	만족하고

팔종청풍　　바람속에　　건달바의　　풍악듣고
화개당번　　묘한장엄　　진주보배　　수실배고
향기꽃에　　비가오니　　옷자락에　　가득담고
오색구름　　발을밟는　　바람길이　　가고오고
제불전에　　꽃공양도　　임의자재　　수용하고
법 성 토　　넓은뜰에　　금탑은탑　　많을시고
우담발화　　꽃밭속에　　금모래도　　좋을시고
항하사수　　대보살과　　노래하며　　춤도추고
밤낮없는　　설법속에　　신통광명　　얻어지고
재재처처　　안락장엄　　무량복락　　받고지고
세세생생　　미타회생　　이별없이　　놀고지고
사바세계　　모든중생　　날과같이　　발원하여
저리좋은　　극락세계　　회향동참　　하시리다
우리도사　　금색여래　　일심정녕　　이구동설
사십팔원　　대원속에　　반야용선　　잡아타고
극락세계　　가봅시다　　극락세계　　가봅시다

제 5 장
사후세계를 맞이하는 기도

영가전에

천혼법어(薦魂法語)

무상계(無常戒)

영가(靈駕)를 위한 발원문

죽음의 두려움에서 보호를 청하는 기도

죽음의 여행길에 구원을 청하는 기원문

영가전에

상용천도의식(常用遷度儀式) / 작자, 연대 미상

1.

영가시여	저희들이	일심으로	염불하니
무명업장	소멸하고	반야지혜	드러내어
생사고해	벗어나서	해탈열반	성취하사
극락왕생	하옵시고	모두성불	하옵소서

사대육신	의지하여	한세상을	살았지만
결국에는	사라지니	허망하기	그지없네
이육신을	집착말고	참된도리	깨달으면
모든고통	벗어나고	부처님을	친견하리

인연따라	모인것은	인연따라	흩어지니
태어남도	인연이요	돌아감도	인연이라
살아생전	애착하던	사대육신	무엇인고
한순간에	숨거두니	주인없는	목석일세

몸뚱이를　가진자는　그림자가　따르듯이
일생동안　살다보면　죄없다고　말못하리
이승저승　오가면서　탐진치로　쌓은죄업
대원력을　발하여서　생사윤회　벗어나리

죄의실체　본래없어　마음따라　생기나니
마음씀이　청정하면　죄업역시　사라지네
죄란생각　없어지고　마음또한　텅비워서
무념처에　도달하면　참회했다　말하리라

한마음이　청정하면　온세계가　청정하니
모든업장　참회하여　청정으로　돌아가면
어느곳에　태어나도　어떤몸을　받더라도
영가님이　가시는길　광명으로　가득하리

가시는길　천리만리　극락정토　어디인가
번뇌망상　없어진곳　그자리가　극락이니
삼독심을　버리고서　부처님께　귀의하면
무명업장　벗어나서　극락세계　왕생하리

제 행 은　무상이요　생 자 는　필멸이라
태어났다　죽는것은　모든생명　이치이니
모여졌다　흩어지고　흩어졌다　모여지며
맺고쌓은　인연따라　생사윤회　돌고도네

일가친척　　많이있고　　부귀영화　　높았어도
죽는길엔　　누구하나　　힘이되지　　못한다네
제왕으로　　태어나서　　온천하를　　호령해도
결국에는　　죽는것을　　영가님은　　모르는가

태어났다　　죽는것은　　중생계의　　흐름이라
이곳에서　　가시며는　　저세상에　　태어나니
오는듯이　　가시옵고　　가는듯이　　오신다면
이육신의　　마지막을　　걱정할것　　없잖은가

맺고쌓은　　모든감정　　가시는길　　짐되오니
염불하는　　인연으로　　남김없이　　놓으소서
미웠던일　　용서하고　　탐욕심을　　버려야만
청정하신　　마음으로　　불국정토　　가시리라

본마음은　　고요하여　　옛과지금　　없다하니
태어남은　　무엇이고　　돌아감은　　무엇인가
삿된마음　　멀리하고　　미혹함을　　벗어나야
반야지혜　　이루시고　　왕생극락　　하오리다

부처님이　　관밖으로　　양쪽발을　　보이셨고
달마대사　　총령으로　　짚신한짝　　갖고갔네
이와같은　　높은도리　　영가님이　　깨달으면
생과사를　　넘었거늘　　그무엇을　　슬퍼하랴

뜬구름이 　모였다가 　흩어짐이 　인연이듯
중생들의 　생과사도 　인연따라 　나타나니
좋은인연 　간직하고 　나쁜인연 　버리시면
이다음에 　태어날때 　좋은인연 　만나리라

사대육신 　흩어지고 　업식만을 　가져가니
탐욕심을 　버리시고 　미움또한 　거두시며
사견마저 　버리시어 　청정해진 　미음으로
부처님의 　품에안겨 　왕생극락 　하옵소서

돌고도는 　생사윤회 　자기업을 　따르오니
오고감을 　슬퍼말고 　환희로써 　발심하여
무명업장 　밝히면서 　무거운짐 　모두벗고
삼악도를 　뛰어넘어 　극락세계 　가오리다

영가시여 　어디에서 　이세상에 　오셨다가
가신다니 　가시는곳 　어디인줄 　아시는가
이세상에 　처음올때 　영가님은 　누구셨고
사바일생 　마치고서 　가시는이 　누구신가

물이얼어 　얼음되고 　얼음녹아 　물이되듯
이세상의 　삶과죽음 　물과얼음 　같사오니
육친으로 　맺은정을 　가벼웁게 　거드시고
청정해진 　업식으로 　극락왕생 　하옵소서

영가시여　사바일생　다마치는　임종시에
지은죄업　남김없이　부처님께　참회하고
한순간도　잊지않고　부처님을　생각하면
가고오는　곳곳마다　그대로가　극락이리

첩첩쌓인　푸른산은　부처님의　도량이요
맑은하늘　흰구름은　부처님의　발자취며
뭇생명의　노랫소리　부처님의　설법이고
대자연의　고요함은　부처님의　마음이니

불심으로　바라보면　온세상이　불국토요
범부들의　마음에는　불국토가　사바로다
애착하던　사바일생　하루밤의　꿈과같고
나다너다　모든분별　본래부터　공이어리

빈손으로　오셨다가　빈손으로　가시거늘
그무엇에　애착하고　그무엇을　슬퍼하랴
그무엇에　집착해서　훌훌털지　못하는가
그무엇에　얽매여서　왕생극락　못하시나

저희들이　일심으로　독송하는　진언따라
이생에서　못다이룬　온갖애착　버리고서
맺은원결　풀어지고　지옥세계　무너져서
아마타불　극락세계　상품상생　하옵소서

파지옥진언 『옴 가라지야 사바하』 (세 번)

해원결진언 『옴 삼다라 가닥 사바하』 (세 번)

상품상생진언 『옴 마니다니 훔훔 바탁 사바하』 (세 번)

광명진언 『옴 아모가 바이로차나 마하 무드라 마니 파드마 즈바라 프라바릍타야 훔』 (세 번)

2.

저희들이	지극정성	염불하고	독송하니
망령으로	고혼으로	헤매도는	영가시여
염불공덕	인연으로	삼독심을	여의옵고
무명업장	소멸하여	번뇌망상	해탈하소
염불하는	공덕으로	반야지혜	드러내어
영가위한	묘한법문	모두통달	하옵시고
해탈열반	성취하사	아미타불	계시옵는
극락정토	왕생하고	모두성불	하옵소서
평생동안	죄업짓고	임종시도	참회없이
저승으로	가신영가	자손들이	정성다해
일념으로	염불하니	맺은원결	풀어지고
모든죄상	소멸되어	극락세계	가오리다

지난생과　살아생전　영가님이　지은죄업
염불하는　공덕으로　남김없이　소멸되고
살아생전　못다하온　기도정진　수행공덕
염불하는　복덕으로　원만하게　갖추오리

신령하고　밝은성품　생각하긴　어려우나
요령소리　낭낭하게　해탈의길　인도하고
정성다해　차린음식　향단가득　장엄하니
번뇌망상　잠시쉬고　이향단에　이르소서

요령울려　청하오니　저승세계　여러영가
망령이여　고혼이여　제령이여　들으소서
삼보님의　위신력을　의심없이　의지하여
염불하는　이자리에　손님으로　강림하소

다생사장　누대종친　형제자매　영가들과
이도량의　창건이래　중건중수　공덕주와
오늘까지　이르도록　인연공덕　지은영가
도량내외　유주무주　홀로도는　영가님들

나라위해　목숨바친　충의장졸　애국선열
세계평화　이루고저　몸을바친　성현영가
지옥계와　아귀도중　고통받는　영가들이
부처님의　대비원력　받아지녀　강림하소

이법회와 이향단에 함께하신 영가시여
삼보님께 예경하고 저희제사 받으시고
영가님들 앞앞마다 저희공양 드리오니
드시고서 길이길이 열반락을 누리소서

저희들의 독송따라 일심정성 염불하며
연화좌에 편히앉아 섭수공양 하시기를
오분진향 받으시고 청정광명 널리놓아
반야명등 공양으로 긴긴어둠 밝히소서

청정명다 드시고서 갈애갈증 모두쉬고
선도과일 드시고서 큰기쁨이 넘쳐나며
향적진수 드시고서 풍족함을 느끼시고
시방세계 두루넘칠 여법공양 받으소서

이법회의 이향단과 이와같은 진수공양
제자들이 지극하고 간절하온 일편단심
영가위한 정성에서 우러나온 공양이니
바라건데 영가시여 감응하고 감응하소

이와같은 공양으로 주린자는 배부르고
잠시라도 어두운길 헤매돌지 마옵시고
서방정토 극락세계 거침없이 바로가서
아미타불 친견하고 미묘법문 들으소서

금일정성 올린제자 일문중은 안락하고
가족들의 수와복은 날로날로 더하여서
뜻하는일 막힘없이 원만하게 이뤄지며
지중하온 크신은덕 널리일체 회향하소

이와같은 염불하며 수승하온 모든행과
한량없는 수승한복 또한널리 회향하여
부처님의 묘한법문 고루고루 닦아가서
고해중의 모든중생 극락세계 왕생하리

나고죽고 이뤄지며 머무르고 무너짐이
허공속의 아지랑이 꽃과같고 환같으니
원수거나 친한이나 지난날의 죄와복을
어디에서 찾을손가 무엇으로 갚을손가

보는것도 듣는것도 허깨비의 장난이라
이세상의 모든것이 허공속의 환화로다
듣는마음 돌이켜서 귀가림을 거둬내면
육진장애 사라지고 깨달음이 원만하리

청정함이 극진하면 그광명이 통달하고
고요한듯 비추임은 저허공을 삼키나니
이와같이 세상일을 돌이켜서 살펴보면
모든것이 꿈과같고 덧없는일 같으오리

부처님이　관밖으로　양쪽발을　내미셨고
달마대사　총령으로　짚신한짝　메고갔네
이와같은　높은도리　영가님이　깨달으면
생과사를　넘어서서　무생법인　요달하리

뜬구름이　모였다가　흩어짐이　인연이듯
중생들의　생과사도　인연따라　나타나니
좋은인연　간직하고　나쁜인연　버리시면
이다음에　태어날때　좋은세상　만나리라

그무엇에　얽매여서　얽힌인연　못끊는가
그무엇을　집착해서　훌훌털지　못하는가
그무엇이　아쉬워서　저승으로　못가는가
그무엇에　미련두어　꿈속에서　헤매도나

돌고도는　생사윤회　자기업을　따르오니
오고감을　슬퍼말고　환희로서　발심하여
무명업장　밝히시면　무거운짐　모두벗고
삼악도를　뛰어넘어　극락왕생　하시리다

겹겹쌓인　푸른산은　부처님의　도량이요
맑은하늘　흰구름은　부처님의　발자취며
뭇생명의　노래소리　부처님의　설법이고
대자연의　장엄함은　부처님의　마음이네

불심으로	바라보면	온세상이	불국토요
범부들의	마음에는	불국토가	사바로다
애착하던	사바일생	하룻밤의	꿈과같고
나다너다	모든분별	본래부터	공이어라
맺고쌓은	모든감정	가시는길	짐만되니
염불하는	인연으로	남김없이	놓으소서
빈손으로	오셨다가	빈손으로	가시거늘
그무엇에	얽매여서	극락왕생	못하시나
저희들이	일심으로	독송하는	진언따라
맺은원결	모두풀고	지옥세계	무너지며
지극하온	정성으로	삼계고해	벗어나서
아미타불	극락세계	상품상생	하옵소서

파지옥진언 『옴 가라지야 사바하』(세 번)

해원결진언 『옴 삼다라 가닥 사바하』(세 번)

상품상생진언 『옴 마니다니 훔훔 바탁 사바하』(세 번)

광명진언 『옴 아모가 바이로차나 마하 무드라 마니 파드마 즈바라 프라바를타야 훔』(세 번)

3.

홀연히도	오셨다가	홀연히도	가시오니
오신길은	어디이며	가실길은	어디메뇨
까마득한	저승길을	다시돌아	못올진대
오시기는	왜왔으며	가시기는	왜가시오
달이밝은	가음밤에	기러기도	옛길찾고
눈이녹은	산기슭에	꽃도다시	피건마는
한번떠난	영원의길	되돌아서	못올지댄
꿈결같은	인생살이	이다지도	허무할까
살아생전	일가친척	의와정이	중하였고
친구사이	또한좋아	오고가며	즐겼건만
인연다한	이세상에	사대육신	흩어질때
어느누가	달려들어	가는길을	막을손가
죽고삶이	있다더니	영가지금	죽었는가
죽고삶이	없다더니	영가지금	살았는가
살았다면	무슨일로	종적마저	끊었는고
죽었다면	무슨일로	설법만은	듣고있소
삶과죽음	여의라니	아니낳고	안죽는가
살았다면	넋이던가	죽었다면	색신인가
색신만을	버린곳에	넋이라도	있다하면
그넋이란	색신떠나	영생불멸	할것인가

도대체가　이넋이란　헛됨인가　실함인가
시방세계　살면서도　종적마저　끊겼으니
있고없음　못가리고　가고옴도　못세우며
삶과죽음　못얻으니　이건어떤　조화일까

있고없음　뛰어넘은　의젓하온　성품이요
가고옴에　걸림없는　자재하온　마음씨요
삶과죽음　여의어서　뚜렷하온　생각으로
쓰고써도　다함없는　보배임을　자각하소

변함없는　이마음은　더함덜함　없으므로
가고옴에　걸림없고　안과밖이　없으면서
낳을때에　아니오고　죽을때에　아니가나
세상사람　이를몰라　죽네사네　탄식하네

오늘영가　이자리에　삿된생각　버리면은
천진면목　내성품을　분명하게　나투리니
두렵구나　이넋이란　신통스런　마음이라
물에들어　아니젖고　불에들어　아니타네

이승이라　저승이라　본래둘이　아닌지라
색신이라　망념이라　그출처가　분명컨만
모든중생　미오차로　일만상을　드러내니
윤회함은　제가낳고　스스로가　감이로다

낳았다고　하는것은　인생놀이　시작이요
죽었다고　일컬음은　다른생애　꾸밈이라
울고웃는　무대위에　모든고락　엮어갈때
끊임없는　윤회고가　수레바퀴　돌듯하네

영가님은　지난날을　애시당초　생각마소
과거사를　들춰내면　온갖업연　살아나니
이곳에는　지옥으로　들어가는　첫고개라
부처중생　나눠지는　갈림길이　여기로다

무간지옥　넘나듦도　헛된마음　바탕이요
이삼계를　뛰쳐남도　바른생각　근본이니
바른마음　곧부처라　옛어른이　일렀거늘
본래성품　안놓으면　극락세계　여길레라

영가지금　어드멘가　두루두루　살펴보소
지옥도에　떠도는가　아귀도에　굴리는가
축생도에　맴도는가　수라도에　날뛰는가
인간도에　들었는가　천상도에　올랐는가

성내는맘　걷어내면　지옥도가　무너지고
탐욕심을　몰아내면　아귀도가　부서지고
어리석음　쓸어내면　축생도가　깨어지니
그어데서　삼악도를　구경이나　하겠는가

청정계율　　안범하면　　수라도를　　벗어나고
깊은선정　　의젓하면　　인간도를　　넘어서고
바른지혜　　증득하면　　천상도도　　초월하니
그어디서　　삼선보의　　오욕락을　　즐기겠소

알지어다　　이당처에　　몸을크게　　굴리면은
원한이라　　친분이라　　헛된마음　　놀음이며
미움이라　　사랑이라　　들뜬생각　　날뜀이라
본래맑은　　그성품에　　티끌만을　　처함이네

비비상천　　좋은곳도　　중생계의　　일부이라
내마음인　　내부처께　　사홍서원　　세우면은
인천복을　　뛰어넘고　　연화대에　　노닐러니
한이없고　　끝이없는　　이공덕을　　남을주랴

마음한번　　움직이면　　모든경계　　나타나서
업의꽃이　　무성하여　　없던죄도　　절로나네
삿된마음　　낼적에는　　업의바람　　몰아치니
바른마음　　굳게써서　　정신차려　　들으소서

만약몸과　　그마음이　　항상아님　　깨달을때
삼계에핀　　헛꽃처럼　　거짓됨이　　틀림없네
죽고삶이　　실다웁지　　아니함을　　알적에는
육진환영　　끓는물에　　얼음녹듯　　하리로다

마음본성　　바로지켜　　즉시밝게　　관을하면
본래슬기　　뚜렷밝아　　모든죄업　　끊어진다
번뇌보리　　구분함은　　한생각속　　일이러니
나고죽고　　오고감이　　그대로가　　삼매라네

인과업보　　오고감은　　지경따른　　일이로다
나고죽는　　업의바람　　한이없이　　불어댐은
꽃을탐한　　벌나비가　　불에듦과　　같음이니
바른마음　　굳게써서　　지혜로써　　벗어나소

태어났다　　좋아하나　　태어난바　　본래없고
죽었다고　　슬퍼해도　　죽은바가　　본래없어
나고죽음　　없는자리　　확연하게　　비었지만
제법실상　　본원자성　　엄연하게　　머무나니

태어날때　　분명하니　　태어남을　　따르잖고
죽을때에　　당당하니　　죽음인들　　따르리까
나고죽고　　오고감에　　걸림없이　　대하소서
본바탕은　　의젓하니　　항시눈앞　　현현하리

과거사도　　버릴지며　　미래사도　　버릴지니
지금현재　　그몸일랑　　애당초에　　생각말라
마음중에　　걸리는것　　모든것을　　버릴때엔
나고죽는　　생사고를　　다시받지　　않는다네

죽음현상　나타나는　순간부터　다음세상
육신받는　순간까지　중음계라　이름하니
사십구일　중음기간　위험들과　공포속에
사실인줄　착각하며　영가들은　헤매이네

죽음이란　무엇인지　철저하게　배우는자
삶까지도　무엇인지　자연스레　배우나니
삶과죽음　차생까지　하나임을　인식하고
그때그때　충실하게　있는대로　바로보라

중음동안　나타나는　모든현상　경험들은
이들모두　사실아닌　꿈과같은　환상이니
상징적인　의미들과　선택위한　환영들로
재탄생과　깨달음의　갈림길을　헤매인다

자기자신　내부중에　깊숙이도　자리잡은
진노심과　어리석음　두려움과　온갖욕망
외적으로　표출되어　나타나는　온갖상징
잠재됐다　나타나는　형상들과　목소리들

끝이없는　위험들과　공포속의　중음계를
헤맬동안　나타나는　모든현상　경험들은
사실아닌　꿈인줄을　스스로가　인식하여
미망에서　깨어날때　마야세계　사라지네

나고죽는　세상이라　따로인것　같지마는
마하본심　한집안에　같이살고　있음이라
신령들은　업연속에　사로잡혀　어두웁고
중생들은　모든상에　걸림으로　못깨치네

이당처에　대오하여　무상도에　오르면은
탐진치가　변하여서　계정혜로　바꿔지며
번뇌망상　돌이켜서　보리열반　이루나니
사바세계　뒤엎으니　신통조화　이아닌가

모든상의　그당처가　텅빈것을　요달하소
죽고삶이　두갈래나　그뿌리가　하나이며
번뇌보리　정반대나　그당처가　둘아니니
이두곳을　끊어내면　본소식을　알게되리

쏟아지는　밝은광채　바로그대　모습이며
들려오는　자연음향　바로그대　목소리라
이를두고　다른길을　따라가는　영가시여
억만겁을　생사유전　다시하려　하시는가

밝은길을　버려두고　어두운길　따라가는
미련하고　어리석은　못난마음　영가시여
잘못된길　갈팡질팡　이제다시　헤매려고
굽은길로　쏜살같이　줄달음을　치려는가

신령스레　홀로밝아　빛나오매　불변체라
안과밖의　밝고보면　조금치도　걸림없네
이곳에서　가지가지　일만법이　좇아나니
이름하여　청정법신　비로자나　부처시라

밖으로는　모든상을　남김없이　여의고서
안으로는　망령되는　일체생각　없앨지니
마음이란　찬란하온　햇살과도　같은지라
시방세계　두루두루　감싸안아　비추이네

보이는것　물물마다　석가여래　진신이요
들리는것　소리마다　묘한음성　관음이라
보고듣는　이것밖에　따로법이　없사오니
돌이켜서　깨달으면　찰나성불　하오리다

탐진치라　삼독번뇌　번뇌의불　아니오라
틀림없는　최승삼매　열반의불　분명하여
시방법계　두루두루　지혜광명　찬란하니
이광명을　얻을지면　찰나간에　성불하네

이세상과　육신에다　너무집착　하지마소
미련일랑　떨쳐내고　마음맑혀　허공같이
번뇌망상　모든숙업　속히멀리　여읠지니
그마음이　향하는곳　그어데도　걸림없네

육문이라　　청정하니　　너와내가　　비인것이
건곤밖을　　홀로가니　　서와동이　　따로없다
뉘라먼처　　깨쳤는가　　초당안의　　이큰꿈을
본래달이　　뚜렷하여　　법신중에　　빛을놓네

모래수의　　큰세계도　　허공중의　　환상이요
나라하는　　그생각도　　망상속의　　헛것이니
질긴반연　　끊어내고　　내성품을　　증득하면
아미타불　　연화회상　　내눈앞에　　열려지네

저희들이　　염불하고　　진언외운　　공덕으로
지옥세계　　무너지고　　모든죄업　　소멸하여
일체모든　　중생들은　　삼계고를　　벗어나서
서방정토　　극락세계　　상품상생　　하옵소서

파지옥진언　　『옴 가라지야 사바하』(세 번)

해원결진언　　『옴 삼다라 가닥 사바하』(세 번)

상품상생진언　　『옴 마니다니 훔훔 바탁 사바하』(세 번)

광명진언　　『옴 아모가 바이로차나 마하 무드라 마니 파드마 즈바라 프라바를타야 훔』(세 번)

4.

한량없는　　생명이신　　무량수불과
한량없는　　광명이신　　무량광불과
한량없는　　자비이신　　아미타불께
지성귀의　　하옵나니　　감응하소서

대자대비　　부처님의　　가피력으로
극락왕생　　큰공덕을　　닦고자하여
이도량에　　법의자리　　마련하옵고
영가님의　　왕림하심　　청하옵니다

재자들이　　지극정성　　바라옵나니
저희들이　　오늘다시　　청한영가와
다생다겁　　인연맺은　　모든이들과
뭇중생들　　천혼위해　　비옵나이다

부처님의　　위신력과　　법력을빌어
이향단에　　함께같이　　내려오셔서
수승하온　　법공양을　　받으시옵고
무생법인　　요달하고　　증득하소서

요령소리　　울리어서　　널리청하니
저세상의　　영가들이　　모두듣고서
삼보님의　　가피력을　　고루입어서
이도량의　　법자리에　　왕림하소서

영가시여   자비광명   비추는곳에
연꽃피고   지옥또한   사라지나니
부처님의   대위신력   받드시오면
찰나속에   성불도를   이루오리다

참마음의   본바탕은   이름여의고
부처님의   근원또한   자취없건만
인연따라   나고짐이   그림자같아
묘한변화   헤아릴수   없사옵니다

오늘청한   영가님을   비롯하여서
앞서가신   일가친척   형제자매와
다생사장   누대걸친   여러종친과
이와같이   인연있는   영가님들과

나라위해   겨레위해   목숨바치신
육해공군   충의장졸   애국선열과
세계평화   인류공영   이루시고자
몸을바친   뛰어나신   성현영가와

이도량의   창건이래   오늘에까지
중건중수   공덕지은   인연영가와
도량내외   유주무주   고혼영가와
법계안의   떠도시는   모든영가여

대자대비　부처님의　위신력으로
이법석에　강림하여　법공양받고
부처님의　비밀신주　가피력으로
자재함을　얻었으니　자리하소서

교법따라　연화대를　마련하옵고
약소하나　진수성찬　차렸사오니
영가시여　차례대로　자리에앉아
법공양을　오롯하게　받으옵소서

영가시여　오늘차린　이공양들은
하늘이나　땅속에서　온것아니며
재자들이　정성다해　마련했으니
마음대로　흠향하고　감응하소서

오분법신　향사루어　올리옵나니
본래자성　큰지혜를　드러내시고
마하반야　밝은등불　밝히옵나니
삼계고해　어두운길　밝히옵소서

조주스님　맑은차를　올리옵나니
생사윤회　고달픔을　모두쉬시고
신선하온　선도과일　올리옵나니
한결같은　법계진리　깨달으소서

향적세계　진수성찬　올리옵나니
다겁생래　배고픔을　벗어나시고
약소하나　정성들여　마련한공양
이와같이　올리오니　흠향하소서

이와같은　법공양은　주림없애고
탐진치와　업화일시　소멸하오니
생각마다　보리심과　귀의삼보요
곳곳마다　부처님의　안락국이네

금일재자　일문중은　안락하옵고
가족들의　수와복은　더해지오며
뜻하는일　원만하게　이뤄지옵고
지중하온　크신은덕　회향하소서

영가시여　이와같은　법공양으로
비밀신주　법력으로　해탈을하고
아미타불　사십팔원　성취했으니
극락세계　연화대로　가시옵소서

이와같은　여법하온　법공양에도
다생다겁　맺은원결　풀지못하고
다생다겁　지은죄장　벗지못하여
이승저승　그사이를　헤매는영가

그무엇에　　얽매여서　　인연못끊고
그무엇이　　아쉬워서　　극락못가나
무얼그리　　집착할게　　그리많다고
미련두어　　아직까지　　꿈속헤매나

빈손으로　　오셨다가　　빈손되가니
맺고쌓은　　모든감정　　짐만되오며
염불하는　　인연으로　　모두놓고서
얽매임을　　끊고나서　　극락가소서

나고죽고　　이뤄지는　　모든생멸이
허공속의　　아지랑이　　환과같으니
원수거나　　친한이나　　죄와복또한
어디에서　　무엇으로　　찾고갚으리

돌고도는　　생사윤회　　업을따르니
오고감을　　슬퍼말고　　발심하여서
무명업장　　밝히시고　　모든짐벗고
삼악도를　　뛰어넘어　　극락가소서

보는것도　　듣는것도　　허깨비장난
이세상의　　모든것이　　허공속환화
보고듣는　　분별없애　　공함관하면
육진장애　　사라지고　　자유로우리

영가님을 　위하여서 　법을설하니
다생다겁 　지은죄업 　소멸되옵고
다생다겁 　맺은원결 　벗어던져서
아미타불 　극락세계 　왕생하소서

한물건이 　천지보다 　먼저있었고
천지보다 　또한오래 　존재하나니
신령스런 　한물건의 　본체안다면
영가님께 　열반세계 　열리오리다

이와같은 　부처경계 　알고자하면
그마음을 　허공같이 　맑게하고서
시원하게 　번뇌망상 　모두여의면
그마음이 　가고옴에 　걸림없으리

부처님의 　둥근성품 　보름달같고
천개의해 　빛을뿜어 　내는것같고
청정하온 　법신성품 　안팎없으니
삶과죽음 　오고감이 　여여합니다

영가님이 　이세상에 　왔을때에도
밝은달이 　강물위에 　비친것같이
자취없어 　간다해도 　간곳없으니
허공같이 　온누리에 　두루합니다

지수화풍　흩어지니　꿈결과같고
육진심식　본래공에　돌아가나니
서산넘어　해가지면　달이떠오는
이경계를　영가님은　아시옵니까

지수화풍　사대색신　이루어지고
사대색신　허망하게　무너질때도
청정자성　함께같이　이뤄지거나
무너지지　않는경계　아시옵니까

참성품은　본래부터　원만하나니
허망하온　모든반연　여의게되면
그자리가　여여하온　부처의세계
영가님은　이경지를　아시옵니까

묘보리좌　훌륭하게　장엄을하고
부처님들　거기앉아　정각이루니
영가님도　이와같은　자리에앉아
다생묵은　업여의고　보리이루리

미혹바다　떠돌기를　몇해입니까
오온의옷　모두벗어　던져버리고
본래공에　돌아가니　상쾌하기가
순한바람　만남과도　같으오리다

사대잠시　화합하여　형상이루니
선과악을　구별하는　알음알이는
본래부터　그형상이　없는것임에
거짓경계　말미암아　생긴것이요

이와같은　눈앞경계　없애버리면
알음알이　함께같이　없어지나니
죄와복도　이와같이　허깨비같아
모든생각　꿈결처럼　사라집니다

이법연에　동참하신　영가들이여
마음속의　망연들을　모두여의고
극락세계　왕생하여　더할바없는
수승하온　법열락을　누리오소서

이생명이　다하도록　딴생각없이
아미타불　따르기만　발원하고서
생각마다　옥호광명　높이받들어
아미타불　연화대에　탄생하소서

지난생과　살아생전　지은죄업은
염불하는　공덕으로　소멸되옵고
살아생전　못다하온　기도정진은
염불하는　복덕으로　갖추옵소서

이와같이　염불하며　수행한공덕
한량없는　수승한복　회향하시고
부처님의　묘한법문　고루닦아서
고해중의　모든중생　왕생하소서

겹겹쌓인　푸른산은　부처님도량
맑은하늘　흰구름은　부처님자취
뭇생명의　노랫소리　부처님설법
대자연의　장엄함은　부처님마음

불심으로　바라보면　모두가정토
범부같은　마음에는　모두가예토
애착하던　사바일생　하룻밤의꿈
나다너다　모든분별　본래부터공

저희들의　일심염불　독송따라서
지옥세계　무너지고　원결풀리며
지극하온　정성으로　고해벗어나
극락정토　연화대에　왕생하소서

파지옥진언　『옴 가라지야 사바하』(세 번)

해원결진언　『옴 삼다라 가닥 사바하』(세 번)

상품상생진언　『옴 마니다니 훔훔 바탁 사바하』(세 번)

광명진언　『옴 아모가 바이로차나 마하 무드라 마니
파드마 즈바라 프라바를타야 훔』(세 번)

5.

극락세계	스승이신	아미타불과
관세음과	대세지의	양대보살과
접인망령	하옵시는	대성인로왕
보살님께	정성다해	귀의합니다

돌고도는	생사의길	어둡다해도
부처님의	광명으로	밝힐수있고
고통바다	소용돌이	험난하여도
반야용선	의지하여	건너갑니다

사생육도	중생들이	미혹하여서
쳇바퀴를	돌고돌아	헤매어돌듯
옛적부터	지금까지	이어왔으니
마음근본	못밝히면	언제면하리

대자대비	부처님의	가피력으로
극락세계	왕생하는	공덕닦고자
청정하온	법자리를	마련하옵고
법계모든	영가님을	청하옵니다

정성다한	공양구를	마련하여서
인로왕님	청하여서	모시겠나니
본래서원	잊지말고	강림하셔서
저희공덕	굽어살펴	감응하소서

인로왕님 영가앞길 인도하시어
묵은업장 지난빚은 소멸시키고
깨달음의 바른법을 깨닫게하여
무생법인 얻어가게 이끄옵소서

이자리에 불러들인 인연영가와
다생다겁 인연맺은 모든이들과
알든말든 법의세계 뭇중생들의
천혼위해 엎드려서 비옵나이다

본마음은 고요하여 고금없으며
오묘하온 그본체는 밝고둥그니
나고죽음 본래없어 모두비었고
참모습은 길이길이 영원합니다

세존께서 마가다국 계시올적에
문을닫고 계실때의 그소식이며
달마대사 소림사에 계시올적에
벽을향해 앉으시던 경지입니다

세존께서 니련선하 강가에누워
관밖으로 두발내어 보이시었고
달마대사 총령으로 가시올적에
짚신한짝 메어들고 가셨습니다

이향단에 함께모인 영가들이여
이법공양 참소식을 아시옵니까
맑디맑고 고요해서 뚜렷이밝은
말을여읜 이소식을 아시옵니까

고개들고 수그리는 그사이마다
현묘하여 보고들음 확연하오니
영가님이 이도리를 분명히알면
한순간에 청정법신 증득하리라

이도리를 아시오면 굶주림벗고
원만구족 자재해탈 얻을것이나
아니거든 부처님의 위신력입고
법력빌어 이향단에 내려오소서

이도량의 이향단에 오신영가여
청정하온 법공양을 받으시옵고
저희들이 염송하는 이공덕으로
무생법인 큰도리를 증득하소서

요령울려 모든영가 널리청하니
저승세계 영가들이 모두듣고서
삼보님의 위신력을 의지하여서
이도량의 이자리에 강림하소서

영가시여　자비광명　비치는곳에
연꽃피고　지옥또한　사라지나니
부처님의　대위신력　받드시오면
성불또한　한순간에　이뤄집니다

과거현재　미래모든　시방세계에
두루하신　부처님을　알고자하면
법의성품　관하여서　일체모두가
이마음이　지었음을　알게되오리

시방세계　항상계신　제불보살과
삼보님께　지성으로　귀의하오니
대자비로　고통에서　구제하시고
극락세계　왕생토록　하여주소서

인을닦고　연을맺은　모든중생들
함께같이　염송하여　업장소멸해
일체모든　성현들이　친히맞으니
어서빨리　지혜배에　오르옵소서

미묘하온　보리좌의　수승한장엄
삼세제불　거기앉아　성불했어라
영가님도　이와같이　앉으시어서
모든중생　함께같이　성불하소서

본마음은 이름조차 모두여의고
부처님의 근원또한 자취없어서
인연따라 나고감이 그림자같이
신통변화 헤아릴수 없사옵니다

앞서가신 인연있는 모든영가와
법계안에 헤매도는 무주고혼들
대자대비 부처님의 위신력으로
이자리에 강림하여 공양드소서

세상인연 다하여서 자유롭나니
번개같은 인생살이 한낱꿈이라
의지하던 육신의옷 훌훌벗고서
헛된생각 아주멀리 떠나보내리

이도량의 이향단에 모신영가와
법연따라 함께오신 영가님들은
부처님의 가피력과 위신력으로
자재함을 얻었으니 자리하소서

저희들의 정성어린 청함을받고
정결하온 이향단에 이르렀으니
온갖인연 훌훌털어 놓아버리고
정성담은 이공양을 받으옵소서

영가시여　　이향단에　　차린공양은
하늘이나　　땅속에서　　온것아니요
재자들이　　정성다해　　차린것이니
다시한번　　굽어살펴　　감응하소서

피어오른　　한줄기의　　맑은향불은
영가님의　　진실하온　　본면목이며
밝은촛불　　춤을추듯　　환히빛나니
영가께선　　밝은눈을　　얻게되오리

온갖초목　　그가운데　　한맛새롭고
조주스님　　맑은청다　　전함과같이
맑은물에　　정성다해　　다려올리니
영가님은　　생사윤회　　벗어지이다

향적세계　　묘한공양　　또한올리니
영가님은　　이공덕을　　흠향하시고
삼보님을　　의지하여　　자재함얻어
업의불씨　　다스려서　　해탈하소서

일체모든　　영가님은　　탐심버리고
법의공덕　　원만하게　　구족하여서
못난모습　　다여의고　　원만상호와
허공같은　　자유의몸　　얻어지이다

두려움을 　 벗어나서 　 열반을얻고
감미로운 　 이공양을 　 들게하나니
이법공양 　 시방가득 　 두루하여서
영가모두 　 극락세계 　 왕생하오리

이제이미 　 향기로운 　 공양받았고
더위없이 　 묘한법문 　 받아지니니
정성으로 　 합장하고 　 마음을모아
일심으로 　 부처님께 　 예경하소서

모든법은 　 본래부터 　 적멸하나니
영가님이 　 이와같이 　 알고행하면
더위없이 　 높고깊은 　 부처의경계
틀림없이 　 오는생에 　 이루어지리

모든행은 　 오고가며 　 무상하여서
나고죽고 　 피고지며 　 생멸하나니
생멸하는 　 행떠나서 　 고요해지면
적멸하온 　 즐거움을 　 얻게되오리

부처님의 　 위신력과 　 대법력으로
해탈하는 　 법공양도 　 받았사옵고
사십팔원 　 성취하고 　 아미타불의
극락세계 　 어서빨리 　 가시옵소서

한세상을　살아가며　못다한일과
정과한의　찌꺼기를　훌훌털고서
극락세계　구품연대　가서나시고
위없는법　즐거움을　누리옵소서

지난시절　모든고통　덜으시옵고
모든장애　모든시련　뛰어넘으며
모든상처　쓰린아픔　씻으시옵고
맺은원결　남김없이　풀고가소서

나고죽고　늙고병든　무상한몸과
피고지고　돌고도는　자연의이치
모였다가　사라지는　인연의법칙
확연하게　사무치게　깨달으소서

공양올린　제자들에　감응하셔서
건강하고　하는일에　음덕베풀고
바른신심　견고하여　정각을얻게
복된삶을　누리도록　보살피소서

이세상의　모든일은　꿈과환이니
한생각도　집착하여　머물지말고
오직오직　극락세계　부처님뵈어
크신안락　무생법인　이루옵소서

떠나가는   천리길이   허공닿을제
가시다가   정버리면   그곳이정토
신구의를   기울여서   삼보받들고
일체모두   법왕궁에   가서만나리

이도량의   이법연에   동참한영가
마음속의   모든망연   여의셨다면
마음대로   천당이나   극락세계에
왕생하여   좋은법락   누리옵소서

사대각각   흩어지니   간밤꿈이요
육진육식   얽힘또한   본래공하네
불조께서   깨달으신   경지알려면
해와달이   뜨고짐을   바로보소서

극락세계   어서가서   아미타불을
친견하고   수기받기   발원하오며
미타회상   어서가서   향과꽃으로
정성다해   공양하기   원하옵니다

화장세계   어서가서   일체모두가
너나없이   성불하길   발원하오니
불보살님   도우셔서   인도하오면
찰나간에   옮겨가서   뵙게되오리

이세상의 　모든일은 　꿈결과같고
진흙탕에 　고운연꽃 　피어오르듯
청정해진 　마음으로 　고해벗어나
저세계에 　어서빨리 　도달하소서

온천지가 　무너질듯 　요란하여도
번뇌쉬니 　구름사이 　길이열렸네
한소리에 　굳은성벽 　깨뜨리나니
부처계신 　칠보산을 　향하옵니다

해와달은 　차별없이 　평등하오나
높은산의 　봉우리를 　먼저비추듯
성인자비 　가림없이 　두루하오나
간절하게 　믿는이가 　빛을봅니다

머리숙여 　삼보님께 　귀의하오니
복덕지혜 　구족하신 　부처님품과
욕심떠난 　가르침에 　귀의하옵고
수승하온 　스님들께 　귀의합니다

부처님의 　넓은품에 　귀의하옵고
가르침의 　바른진리 　귀의하오며
선지식의 　행을따라 　귀의하오니
영가앞길 　광명으로 　이끄옵소서

파지옥진언 『옴 가라지야 사바하』 (세 번)

해원결진언 『옴 삼다라 가닥 사바하』 (세 번)

상품상생진언 『옴 마니다니 훔훔 바탁 사바하』 (세 번)

광명진언 『옴 아모가 바이로차나 마하 무드라 마니 파드마 즈바라 프라바를타야 훔』 (세 번)

천혼법어(薦魂法語)

상용천도의식(常用遷度儀式) / 작자, 연대 미상

옛 부처님도 이렇게 가셨고 현세의 부처님도 이렇게 가시며, 오늘 ○○영가님도 이렇게 가고 또한 이 자리에 모인 우리들도 언젠가는 이와 같이 갈 것입니다.

○○영가여, 이 세상에 태어날 때 어느 곳에서 왔으며 이 세상을 하직하고서는 이제 어느 곳을 향해 가십니까? 우리가 태어나는 것은 허공에 한 조각 구름이 일어나는 것 같고 죽는 것은 한 조각 구름이 사라지는 것과 같습니다. 구름 자체는 실체가 없는 것, 생사거래(生死去來)도 또한 이와 같습니다.

생사거래에 상관이 없는 한 물건이 있어 온갖 이름이나 모양에서 벗어났으므로, 밝고 고요하고 청정하여 뚜렷이 드러나 생사(生死)에 구애받지 않습니다.

○○영가여, 이러한 도리를 분명히 아십시요!

이러한 도리를 알고자 한다면 허공처럼 마음을 텅 비

워서 청정하게 하십시요. 번뇌와 망상을 떨쳐 버리면 마음 내키는 일마다 거리낌이 없을 것입니다.

○○영가여, 지금 대중이 하는 이 말을 보고 들으십니까? 분명히 보고 듣는다면 보고 들을 줄 아는 그것이 무엇인지 한번 살펴보십시요.

참 법신불(法身佛)은 신령스런 지혜가 갖추어져 둥근 보름달 같고 일천 해가 눈부시게 빛을 발하는 것과 같습니다. 이제 허망하고 덧없는 꺼풀을 벗어 버리고 금강석처럼 견고해서 무너지지 않을 참 몸을 얻었습니다. 청정한 법신(法身)은 안과 밖이 없으니 육신의 생사 또한 지난 밤 꿈과 같은 것입니다.

○○영가여, 이러한 이치를 알아듣겠습니까! 서산(西山)으로 지는 해는 반드시 동쪽에 다시 솟아오르고 동쪽에서 솟은 달은 반드시 서산으로 기웁니다.

○○영가여, 이다음 생에는 부디 금강석처럼 튼튼한 몸을 받아 금생에 못다 이룬 뜻을 원만히 이루소서.

서방정토(西方淨土) 아미타 부처님께서 오늘 영가를 맞이하시니 열반의 기쁨을 누리소서!

대자대비하신 아미타 부처님께 발원하옵니다.

오늘 이 자리에 모인 모든 대중은 영가의 극락왕생을 빌고자 부처님의 가르침에 따라 사십구재(四十九齋)의 법요를 거행하고 발원하오니 굽어살피옵소서.

아미타 부처님이시여!

오늘의 이 인연 공덕으로 ○○영가의 생전에 못다 한 공덕이 원만해지고 생전에 지은 죄업이 다 소멸되어서 반드시 정토에 왕생하도록 이끌어 주옵소서.

오늘 일로 인하여 이 자리에 모인 대중들 모두가 인생의 덧없음을 깨닫고 하루하루의 생활을 착실히 쌓아 나가도록 이끌어 주시며 오늘 영가로 하여금 금생에 못다 한 일에 대하여 미련을 가지지 않도록 보살펴 주시옵소서.

자비하신 아미타 부처님이시여!

그리고 오늘의 유족들이 영가께서 남기신 삶의 의지를 본받아 부처님 품 안으로 들어와 착실한 믿음에 근거하여 자신들의 생업을 스스로 가꾸어 나갈 수 있도록 해 주시고 유족들의 슬픔을 거두시어 이다음 시절 인연이 오면 다시 만날 수 있는 길이 어디에 있는가를 깨우치도록 해 주옵소서.

그리하여 오늘의 법요 뒤에 이 가문(家門)이 오래도록 화목하고 평안(平安)하며 자손들의 복록이 나날이 늘어나서 금생의 행복과 내생의 은혜를 누리는 어진 불자(佛子)가 되도록 이끌어 주시옵소서.

아울러 일찍이 세상을 떠나신 금일 영가의 조상과 스승·형제·친척되는 영가와 이 절이 창건되어 오늘에 이르기까지 모든 불사(佛事)에 인연 맺은 영가들이 하루빨리 삼계의 고뇌에서 해탈하여 큰 깨달음을 얻게 하소서.

지극한 마음으로 축원하오니, 온 법계(法界)의 모든 불자들이 다 같이 깨달음의 세계에 들어가 화엄회상 불보살님께 광명의 가피를 입고 한량없는 큰 지혜를 이루어 모든 중생을 널리 제도하게 하여 주시옵소서.

나무 서방정토 극락세계 대자대비 아미타불

무상계(無常戒)

상용 천도의식 / 석문가례초(釋門家禮抄)』出典

무상계는 열반(涅槃)에 들어가는 요긴한 문이고 고해 (苦海)를 건너가는 자비의 배이니라. 부처님께서도 이 계를 의지하사 열반을 성취하셨고, 중생도 이 계를 의 지하여야 고해를 벗어날 수 있기 때문이니라.

영가여, 이제 그대는 여섯 가지 감각기관과 여섯 가지 경계를 벗어나서 신령한 알음알이가 뚜렷이 드러났고 부처님의 위대한 계를 받게 되었으니 이 얼마나 다행한 일인가.

영가여, 수미산과 큰 바다도 다 말라 없어지는 것인데 이 작은 몸뚱이가 늙고 병들고 죽고 고뇌하는 생사법 (生死法)을 벗어날 수 있겠는가.

영가여, 그대의 머리털과 손톱·발톱·뼈·이·가죽 ·살·힘줄·해골·때 같은 것은 다 흙[地]으로 돌아가 고, 침·콧물·고름·피·진액·가래·눈물·오줌 같은 것들은 다 물[水]로 변하고, 더운 기운은 불[火]로 돌아가며, 움직이는 기운은 바람[風]으로 변하여 네 가지 요소가 다 각각 흐트러지는 것인데 오늘날 영가의 죽은 몸뚱이가 어디 있겠는가.

이 몸뚱이는 네 가지 요소[四大]로 된 거짓되고 헛된 것이니 아낄 것이 못 되느니라.

그대가 끝없는 옛날부터 오늘날까지 어리석은 무명(無明)으로 말미암아 선악의 행업[行]을 지었고, 이 행업은 세상에 태어나려는 일념인 식(識)을, 이 일념의 의식작용이 태중의 정신과 물질인 명색(名色)을, 명색은 여섯 가지 감각기관인 육입(六入)을, 육입은 감촉[觸]을, 감촉은 지각 작용인 수(受)를, 수는 집착하는 애욕[愛]을, 애욕은 탐취심인 취(取)를, 탐취심은 다시 내세의 과가 되는 여러 가지 업인 유(有)를 짓고, 유는 다시 미래에 태어나는 생(生)의 연이 되니, 태어나면 늙고 병들고 죽고[病老死], 근심하고 걱정하게[憂悲苦惱] 되느니라.

그러므로 무명이 없으면 행이 없어지고, 행이 없으면 식이 없어지고, 식이 없으면 명색이 없어지고, 명색이 없으면 육입이 없어지고, 육입이 없으면 촉이 없어지고, 촉이 없으면 수가 없어지고, 수가 없으면 애가 없어지고, 애가 없으면 취가 없어지고, 취가 없으면 유가 없어지고, 유가 없으면 생이 없으며, 생이 없으면 늙고 병들고 근심하고 걱정하는 것이 없어지느니라.

세상의 모든 것 본래의 그 바탕은
항상 스스로 고요의 모습이니
불자가 닦고 닦아 다해 마치면
내세(來世)에 기어이 부처 이루리.
덧없다 이 세상의 모든 것들
나고 죽는 생멸법이니
났다 없다 이것만 초월(超越)하면
고요의 열반락 그것이어라.

부처님 계에 목숨 바쳐 귀의합니다.
달마 계에 목숨 바쳐 귀의합니다.
승가 계에 목숨 바쳐 귀의합니다.

과거 보승여래(寶勝如來)이시며, 마땅히 공양을 받으실 분이시며, 바르게 다 아시는 분이시며, 지혜와 수행을 완성하신 분이시며, 깨달음에 잘 이르신 분이시며, 세간을 잘 아시는 분이시며, 더 위없이 거룩하신 분이시며, 모든 사람을 잘 다루어 깨달음에 들게 하시는 분이시며, 모든 신들과 인간의 스승이신 분이시며, 부처님 세존님께 목숨 바쳐 귀의합니다.

영가여, 그대는 다섯 쌓임을 벗어 버리고 신령한 알음
알이가 뚜렷이 드러나 부처님의 거룩한 계를 받았으니
이 얼마나 통쾌한 일인가. 영가는 이제 하늘이나 불 세
계나 마음대로 태어날 수 있으니 참으로 통쾌하고 통쾌
하도다.

서역을 떠나오신 달마의 뜻
마음만 거룩하면 성품 밝힌 것
묘한 본체 맑고 맑아 정한 처소 없으니
산이나 들이나 온 천지 광명뿐일세.

영가(靈駕)를 위한 발원문

상용 천도의식 / 작자, 연대 미상

1.

만중생을 건지시고자 48대원을 세우시고 모두 성취하신 아미타 부처님이시여.

(이곳 ○○○사(寺) 수월도량에서)

○○시 ○○구 ○○동 거주 ○○○불자는(부모님) 영가를 위하여 조촐한 법연을 마련하고 엎드려 명복을 비오니 감응하여 주시옵소서.

서원 깊으신 아미타 부처님,

일심으로 축원하옵나니,

부처님의 자비 원력과 영가를 접인(接引)하시어 인도하시는 인로왕보살(引路王菩薩)의 원행으로, 불자의 (부모)○○○영가가 삼계를 윤회하는 온갖 고뇌를 해탈하여 서방 정토 극락세계에 왕생하여지이다.

재고축(再告祝)하오니,

신원적(新圓寂) ○○○영가의 전생 죄업을 행효자(行孝子) ○○○이 엎드려 참회하옵고 널리 공양하오니, 이 공덕으로 ○○○영가 사바의 업장 녹고 고해의 인연 끊어 상품상생(上品上生) 연화대에 왕생하여지이다.

아울러 원하오니,

광겁의 부모님과 원근의 친족들 그리고 시방법계 고혼들도, 이 공덕 나누어 아미타불 원력으로 모두 해탈되어지이다.

무량수 무량광 부처님의 위신력과 가호의 묘력(妙力)으로 기원하나이다.

2.

이 세상의 인연이 다해 유명을 달리하신 ○○○영가시여, 자세히 들으소서.

강을 건너려면 배에 의지해야 하고 어두운 밤을 비추려면 등불에 의지해야 합니다.

당신께서 이승에 계실 때 이런 것들을 의지하셨던 것 같이 저승의 세계에서도 꼭 의지해야 할 것이 있습니다.

○○○영가시여, 당신이 의지해야 할 것이란 바로 삼보(三寶)입니다.

삼보란 부처님과 부처님의 가르침과 부처님을 따르는 승단(僧團)입니다.

이 삼보를 명심하여 의지하소서.

이 세상 모든 것은 의지할 것이 못 됩니다. 모두가 일시적으로 나타났다가 사라지는 눈어림입니다.

눈어림일 뿐 아니라 대부분이 마침내는 우리에게 상처를 주기 쉬운 허깨비입니다.

재산, 명예, 지위, 자손 나아가서는 이 몸까지도 끝내는 우리를 배반합니다.

당신께서 그토록 아끼시던 몸도 굳은 것은 흙으로 돌아갑니다. 묽은 것은 물로 돌아갑니다. 더운 것은 불로 돌아갑니다. 움직임은 바람으로 돌아갑니다.

이 네 가지가 제각기 갈 곳으로 돌아간 뒤인 지금 남은 것은 오직 당신의 영특한 주인공 하나뿐입니다.

삼보는 당신의 주인공을 위해 배가 되고 등불이 되어 드립니다.

끝없이 오랜 세월 동안 도도히 흐르던 애정의 강물은 삼보의 배라야 건널 수 있습니다.

끝없이 황량한 벌판에 짓눌린 어리석음의 어두움은 삼보의 등불만이 밝힐 수 있습니다.

이제 부처님의 위신력(威神力) 빌어 우리 모두 다 같이 당신의 마지막 길에 유일한 선물로서 삼보의 명호를 알려 드리오니 자세히 들으소서.

귀의불, 귀의법, 귀의승.

죽음의 두려움에서 보호를 청하는 기도

『티벳 사자(死者)의 서(書)』出典

내 삶의 주사위가 완전히 던져졌을 때
세상의 가족들은 내게 아무 소용이 없다.
나 혼자 사후세계를 방황할 때
평화의 승리자[神]와 분노의 승리자[神]들이여,
당신들의 자비의 힘으로 무지의 어둠을 걷어내 주소서.

사랑하는 친구들과 헤어져 홀로 방황할 때,
내 자신의 공허한 생각들이 환영이 되어 나타날 때,
부처님들이시여! 당신들의 자비의 힘으로
사후세계의 두려움과 공포를 물리쳐 주소서.

다섯 가지 지혜의 밝은 빛이 비칠 때
두려움과 공포로 달아나지 않고
그것들이 나 자신의 표현임을 깨닫게 하소서.

평화와 분노의 모습을 한 유령들이 내 앞에 나타날 때,
두려움 없이 이 사후세계를 깨닫게 하소서.

악한 업의 힘 때문에 온갖 불행을 경험할 때
평화와 분노의 승리자들이여.
이 불행을 사라지게 하소서.
스스로 존재하는 존재 근원의 소리가
천 개의 천둥처럼 울릴 때
그것들이 위대한 가르침의 소리들로 변하게 하소서.

내가 보호받지 못하고 업(業)의 힘에 끌려다닐 때
평화와 분노의 승리자들이여, 나를 지켜 주소서.
업(業)의 성향 때문에 고통을 당할 때
투명한 빛의 환희에 찬 명상 상태가 내게 밝아오게 하소서.

환생의 길을 찾는 사후세계에서
초자연적인 탄생을 선택받았을 때
나를 유혹하는 마군들이 나타나 방해하지 않게 하소서.
내가 바라는 곳에 도착했을 때
악한 업에서 생겨나는 환영의 공포를
경험하지 않게 하소서.

사나운 짐승들의 울부짖는 소리가 들릴 때
그 소리가 육자진언 '옴 마니 반메 훔'으로
바뀌게 하소서.

눈, 비, 폭풍, 암흑에 쫓겨 다닐 때
빛나는 지혜의 눈[天眼]으로 보게 하소서.

사후세계에 있는 생명 가진 모든 존재들이
조화로운 질서 속에서 서로를 질투하지 않고
보다 높은 차원에 태어나게 하소서.
내가 배고픔과 목마름으로 극도의 고통을 당할 운명이라도
나로 하여금 배고픔과 목마름의 고통[餓鬼苦]과
뜨거움과 차가움의 고통[地獄苦]을 겪지 않게 하소서.

자궁 속에서 들어가기 전 미래의 부모를 보게 될 때
그들을 신성한 부부로 볼 수 있게 하고,
승리자이며 평화와 분노의 아버지와 어머니 신으로
볼 수 있게 하소서.
내가 어느 곳에 태어나든지
다른 이들을 위한 삶이 되게 하시고
가피를 입은 완전한 부처님 몸으로 태어나게 하소서.

보다 좋은 인간의 몸을 얻어
나를 보거나 내 말을 듣는 모든 이들을
대자유의 길로 인도할 수 있게 하소서.
악한 업이 나를 따르지 못하게 하시고
나를 따라 오는 모든 공덕은 더 많아지게 하소서.

어느 곳에 태어나든지 그 자리에서
평화와 분노의 승리자들을 만날 수 있게 하시고
내가 태어나자마자 부처님처럼 걷고 말할 수 있게 하소서.
또한 잊어버리지 않는 기억력을 얻어
과거생을 기억하게 하소서.

모든 크고 작은 지식들에 대해
단지 보거나 듣거나 생각만 해도 다 알 수 있게 하소서.
어느 곳에 태어나든 그곳이 좋은 곳이게 하시고
모든 생명 가진 존재들이 행복을 얻게 하소서.

평화와 분노의 승리자들이여!
나로 하여금 당신들의 육체를 닮고
당신들을 따르는 수많은 이들과,
당신들의 긴 수명과 당신들의 무한한 세계와
끝없이 펼쳐진 나라를 내게도 허락하소서.
그리고 당신들의 성스런 이름을 닮게 하소서.
나와 모든 존재들이
그 모든 것들에서 당신들을 닮게 하소서.

완전한 선을 갖춘
수많은 평화와 분노의 신들의 자비에 의해서
더없이 순수한 존재의 근원에서 나오는

축복의 파장에 의해서
그리고 마음을 다해 헌신하는 구도자들이 보내는
축복의 파장에 의해서
지금 여기서 발원하는 모든 것이 이루어지게 하소서.

죽음의 여행길에 구원을 청하는 기원문

『티벳 사자(死者)의 서(書)』出典

아, 시방에 계신 승리자들과 그의 아들들이여!
아, 평화의 신들과 분노의 신들이며
완전한 선을 갖춘 모든 승리자들이여!
아, 영적 스승들과 천신들과 충실한 어머니 신들이여.
끝없는 사랑과 자비의 마음을 내어 이 기도를 들으소서.
존경하는 영적 스승들과 어머니 신들에게 절하오니
당신들의 더없는 사랑으로 우리를 진리의 길로 인도하소서.

환상에 사로잡혀 나와 다른 이들이 윤회계를 방황할 때
주의 깊게 듣고 사색하고 명상하는 눈부신 빛의 길을 따라
영감을 받은 영적 스승들은 우리를 인도하소서.
어머니 신들께서는 우리를 뒤에서 지켜 주소서.
사후세계의 좁고 무서운 여행길에서 우리를 구하소서.
우리로 하여금 완전한 부처님의 경지에 이르게 하소서.

분노의 마음이 너무 깊어 윤회계를 방황할 때
거울 같은 대지혜로부터 나오는 눈부신 빛의 길을 따라
금강역사(金剛力士)께서는 우리를 인도하소서.
어머니 신께서 우리를 뒤에서 지켜주소서.
사후세계의 좁고 무서운 여행길에서 우리를 구하소서.
우리로 하여금 완전한 부처님의 경지에 이르게 하소서.

자만심이 너무 깊어 윤회계를 방황할 때
평등 지혜로부터 나오는 눈부신 빛의 길을 따라
보생여래(寶生如來)께서는 우리를 인도하소서.
사후세계의 좁고 무서운 여행길에서 우리를 구하소서.
우리로 하여금 완전한 부처님의 경지에 이르게 하소서.

집착하는 마음이 너무 깊어 윤회계를 방황할 때
분별하는 대지혜로부터 나오는 눈부신 빛의 길을 따라
아미타불께서는 우리를 인도하소서.
흰옷을 입은 어머니 신께서 우리를 뒤에서 지켜 주소서.
사후세계의 좁고 무서운 여행길에서 우리를 구하소서.
우리로 하여금 완전한 부처님의 경지에 이르게 하소서.

질투하는 마음이 너무 깊어 윤회계를 방황할 때
모든 것을 성취하는 대지혜로부터 나오는 빛의 길을 따라
불공성취불(不空成就佛)께서는 우리를 인도하소서.

신앙심 깊은 어머니 신께서 우리를 뒤에서 지켜주소서.
사후세계의 좁고 무서운 여행길에서 우리를 구하소서.
우리로 하여금 완전한 부처님의 경지에 이르게 하소서.

무지의 어둠이 너무 깊어 윤회계를 방황할 때
진리 세계의 지혜로부터 나오는 눈부신 빛의 길을 따라
비로자나불께서는 우리를 인도하소서.
무한한 우주 공간의 어머니 신께서
우리를 뒤에서 지켜주소서.
사후세계의 좁고 무서운 여행길에서 우리를 구하소서.
우리로 하여금 완전한 부처님의 경지에 이르게 하소서.

환상이 너무 깊어 윤회계를 방황할 때
환상이 만들어 낸 공포와 두려움으로부터 벗어나게 하는
눈부신 빛의 길 따라
분노의 신들께서는 우리를 인도하소서.
하늘 공간에 가득한 분노의 여신들께서
우리를 뒤에서 지켜주소서.
사후세계의 좁고 무서운 여행길에서 우리를 구하소서.
우리로 하여금 완전한 부처님의 경지에 이르게 하소서.

나쁜 습관과 성향 너무 깊어 윤회계를 방황할 때
우리와 동시에 태어난 지혜의 눈부신 길 따라

지식 가진 신들께서는 우리를 인도하소서.
사후세계의 좁고 무서운 여행길에서 우리를 구하소서.
우리로 하여금 완전한 부처님의 경지에 이르게 하소서.

허공의 원소[靈氣]들이
우리의 적으로 나타나지 않게 하시고
우리가 푸른색 부처님의 세계를 볼 수 있게 하소서.
물 원소[水]가 우리의 적으로 나타나지 않게 하시고
우리가 흰색 부처님의 세계를 볼 수 있게 하소서.
흙원소[地]가 우리의 적으로 나타나지 않게 하시고
우리가 노란색 부처님의 세계를 볼 수 있게 하소서.
불원소[火]가 우리의 적으로 나타나지 않게 하시고
우리가 붉은색 부처님의 세계를 볼 수 있게 하소서.
공기원소[風]가 우리의 적으로 나타나지 않게 하시고
우리가 초록색 부처님의 세계를 볼 수 있게 하소서.
무지개색 원소들이
우리의 적으로 나타나지 않게 하시고
부처님들의 세계를 우리가 볼 수 있게 하소서.
사후세계에서 나는 모든 소리들이
우리 자신의 소리라는 것을 알게 하시고
모든 빛들이 우리 자신의 빛임을 알게 하소서.
사후세계에서 우리가 존재의 근원과 하나가 되게 하소서.

제6장
임종(臨終)을 위한 준비

임종예법 (臨終禮法)

불교의 임종예법은 임종인의 극락왕생을 기원함과 동시에, 동참하는 이들의 종교적 수행의 한 방편이라고 할 수 있다. 따라서 불교의 임종예법을 이해하고 실천하는 일은 불교의 가르침을 이해하고 실천하는 것이다.

불교에서는 임종 시의 마음가짐에 따라서 다음 생이 결정된다고 보기 때문에 임종예법은 불교에서 가장 중요한 의례중의 하나이다. 임종예법은 임종인이 지난 삶을 회고하며 참회하게 하고, 무상(無常)을 깨달아 삶에 대한 애착을 버리며, 내세에 서방 극락세계에 왕생하기 위해서 염불의 수행을 실천하는 중요한 시간이다.

그래서 불가에서는 임종 직전에 스님을 모시거나 식구들이 지극정성으로 아미타불을 염한다. 그리고 상을 당하면 다니는 사찰에 연락하고 스님과 제반 사항을 상의한다.

장례 기간 동안에 식구들은 마음을 경건히 하고 경전

을 독경하면서 영가가 마음을 편안히 가지도록 하고, 상례를 치른 후에 스님과 상의하여 49재를 지낸다. 임종을 맞이하고 장례를 치르기 위해 기본적으로 지켜야 할 내용은 다음과 같다.

1.

임종인의 방은 밝고 깨끗하게 정리하고 조용한 분위기를 만든다. 임종의 순간은 조용하면서도 밝고 편안하게 맞아야 한다. 방에 아미타 삼존불 또는 아미타불의 그림이나 사진 등을 서쪽 벽에 모시고 그 앞에 향을 피운다.

만약 그림이나 사진을 구할 수 없으면 크게 '나무아미타불' 글씨를 써서 모시거나, 그것마저 여의치 않으면 그냥 서쪽을 향해 염불을 한다. 지장신앙에 의거할 경우에는 지장보살의 그림이나 사진도 좋고, '대원본존지장보살'이라고 써도 된다.

2.

임종인은 정념(正念)과 선념(善念)으로 오직 극락왕생만을 발원하며 일심으로 모름지기 염불에만 몰두해야 한다. 이 세상에서 못다한 일이나 집안일에 관한 생각을 모두 내려놓고 오직 극락왕생을 발원하며 일심으로 염불한다. 중병에 시달리고 있을지라도 죽음을 두려워하지 말고 '나무아미타불'을 염해야 한다. 그리고 임종인이 혼자라고 생각하지 않도록 가족들의 체온을 느낄 수 있도록 해야 한다. 임종인의 염불할 때 몸가짐은 몸의 상태에 따라 달리 한다. 기운이 있는 경우에는 서쪽을 향해 앉아서 아미타불의 영접을 받기를 서원하고, 기력이 미치지 못한다면 누운 채 염불을 하면 된다. 아미타불의 명호를 부를 기력조차 없다면 아미타불의 모습을 떠올리는 관상을 한다.

3.

임종인의 가족, 친지들은 임종인이 편안히 마음을 잘 모을 수 있도록 해주어야 한다. 임종인의 곁에서 세속의 잡된 일을 논하지 말고 슬픔과 고통이 될 수 있는 행동과 말은 삼가야 한다.

임종인이 세상에 대한 미련이나 애착에 휩싸이게 하면 안 된다. 임종을 맞이할 때 이 세상의 일에 대해 잘 내려놓지 못하면 무주고혼(無主孤魂)이 될 수 있다. 그러므로 가족, 친지들이 슬픔에 못 이기는 기색을 보이거나 눈물을 보이지 말고, 세속의 잡된 일을 논해서도 안 된다.

4.

임종 중에 흔들거나 소리 내서 울지 말아야 한다. 이러한 행동은 오히려 죽어가는 사람에게 갈애의 집착을 일으키고 덕스러운 행위를 쌓을 좋은 기회를 빼앗아버리는 것이다. 임종인이 편안하게 삶을 정리할 수 있도록 함께 극락왕생을 발원하고 '나무아미타불'을 외울 것을 권해야 한다. 그리고 나무아미타불을 함께 불러주거나 녹음된 염불을 들려주면 좋다. 하지만 소리 높여 염불을 들려주어서는 안 된다. 임종을 맞이한 환자에게 큰 소리는 뇌성벽력과 같아서 고통을 주는 것이 된다. 염불은 임종인의 귀에 들릴 정도의 소리로 환자의 호흡에 맞추어서 한다.

5.

임종인의 의식이 끊어진 것을 확인하고 슬픔에 빠지거나 당황하여 곧바로 통곡을 하거나 자리를 움직이지 말아야 한다. 짧게는 한 시간에서 길게는 여덟 시간가량 그대로 모셔두고 염불을 해야 한다. 임종 중에도 듣는 능력과 생각하는 능력은 계속 유지됨을 인지해야 한다. 적어도 세 시간, 길게는 여덟 시간가량 그대로 모셔두고 염불을 해 드려야 한다.

6.

나무아미타불을 염송하는 것 이외에 임종의 순간에 광명진언(光明眞言)을 염송해도 무방하다.

『옴 아모가 바이로차나 마하무드라 마니 파드마 즈바라 프라바를타야 훔 』

29글자로 이루어진 이 진언은 부처님의 한량없는 자비와 지혜의 힘으로 새로운 태어남을 얻게 하는 신령스러운 힘을 지니고 있다고 한다. 부처님의 광명 속으로 들어가면 지난날 지은 모든 무거운 죄를 멸하고 숙업(宿業)의 일체 고난을 소멸하여 저절로 맑아지게 된다는 것이 이 진언을 외워 영험을 얻는 원리이다.

신라 고승 원효대사(元曉大師)는 『유심안락도(遊心安樂道)』에서 이 진언의 공덕을 크게 강조하였다. 실제로 원효스님은 항상 가지고 다니던 바가지에 강변의 깨끗한 모래를 담아 광명진언을 백팔 번 외운 다음, 그 모래를 묘지나 시신 위에 뿌려 영가를 천도했다고 전한다.

7.

장례는 급하게 하지 말고 이틀이 경과하고 행하여야 한다. 하루가 지나도 신체에 온기가 있는 동안은 장례를 해서는 안 된다. 시신이 차갑게 식은 뒤, 두어 시간 지난 뒤에 목욕을 시켜주고 옷을 입히되, 잘 아는 이나 경험 있는 이를 불러서 행한다. 만일 잘 아는 이가 없다면 가족들이 조심스럽게 다루어야 한다. 장례를 치를 때에도 가족들은 나무아미타불 또는 광명진언을 염하며 지내야 한다. 스님의 독경이나 염불에만 의존하지 말고, 마음속으로라도 망자가 아미타불의 자비광명 속에서 극락에 왕생하는 모습을 그리며 지내고자 노력해야 한다.

8.

장례를 치를 때는 절대로 살생하거나 가축을 죽이지 않아야 한다. 부득이 조문객에게 육류를 대접하는 경우에는 소, 돼지, 닭 등을 잡아서는 안 되고 가게에서 사서 써야 한다. 살생을 하게 되면 중생들의 원한이 망자의 혼에 달라붙어 갈 길을 가로막는다고 보기 때문이다.

그러므로 상중에 육류는 너무 많이 쓰지 않으며 가능하면 채소류, 청량음료를 사용하여 정갈하게 하는 것이 좋다.

9.

장례를 치른 후 유가족들은 49재를 지내주어야 한다. 사람이 죽은 뒤 다음 생의 몸을 받아 날 때까지의 영혼의 상태를 중음(中陰)·중유(中有), 또는 중온(中蘊)이라고도 한다.

사람이 죽은 뒤 49일 동안은 중음의 상태로 있다가 다음 생의 몸을 받게 되므로, 사후 7일마다 독경을 하며 명복을 빌고, 7번째가 되는 49일째에 천도재를 올린다. 그래서 49일 동안 7일 마다 한 번씩 사찰을 찾아가서 일곱 번의 재를 지내주는 것이다.

재를 지낼 때 유족들은 망인의 극락왕생을 발원하며 보시를 올리는데, 이때 삼보 전에 공양을 올리는 재보시(財布施), 불서를 나누어주는 법보시(法布施)를 하게 되며, 불쌍한 이를 돕는 보시에도 동참하면 좋다. 보시를 할 때는 스님과 상의하여 형편에 맞게 정성스럽게 한다.

10.

임종 후 유가족들은 망자를 위하여 유물은 15일 내에 자선행을 하고, 망자를 위한 기도를 해야 한다.

유가족들도 49일 동안 술과 고기를 피하고 채식을 하며 덕행의 공덕을 쌓아야 하는데, 49일 동안 집에서 매일 일정한 시간을 정하여 '나무아미타불'이나 광명진언을 외우며 망인을 천도해 주어야 한다. 염불이나 진언을 외울 때는 그냥 입으로만 외우지 말고 마음속으로 망자가 극락회상에서 아미타불의 광명을 받으며 설법을 듣고 있는 모습을 관(觀)하는 것이 바람직하다.

임종염불 (臨終念佛)

임종염불은 삶을 다하고 다음 세상에서 극락왕생을 발원하기 위해 묵은 업장을 소멸시키는 염불이다. 임종 염불이라고 하여 임종 직전에 하는 것만은 아니며, 연세가 많은 분들이나 불치병의 환자로 하여금 죽음을 인식하고 삶을 정리할 수 있도록 할 때부터가 임종염불의 시작이라 할 수 있다. 이미 죽음을 맞이한 경우라고 할지라도 입관하여 염할 때까지를 임종시(臨終時)로 볼 때, 염하기 이전에는 임종염불을 하여야 한다.

임종염불의 순서와 내용은 다음과 같다.

1. 삼귀의례
거룩한 부처님께 귀의합니다.
거룩한 가르침께 귀의합니다.
거룩한 스님들께 귀의합니다.

서방정토 극락세계 아미타불께 귀의합니다.

대자대비 관세음보살 마하살께 귀의합니다.

대희대사 대세지보살 마하살께 귀의합니다.

2. 반야심경 봉독

마하반야바라밀다심경

관자재보살이 깊은 반야바라밀다를 행할 때,

오온이 공한 것을 비추어 보고

온갖 고통에서 건너느니라.

사리자여!

색이 공과 다르지 않고 공이 색과 다르지 않으며,

색이 곧 공이요 공이 곧 색이니,

수 상 행 식도 그러하니라.

사리자여!

모든 법은 공하여 나지도 멸하지도 않으며,

더럽지도 깨끗하지도 않으며, 늘지도 줄지도 않느니라.

그러므로 공 가운데는 색이 없고

수 · 상 · 행 · 식도 없으며,

안 · 이 · 비 · 설 · 신 · 의도 없고,

색 · 성 · 향 · 미 · 촉 · 법도 없으며,

눈의 경계도 의식의 경계까지도 없고,

무명도 무명이 다함까지도 없으며,

늙고 죽음도 늙고 죽음이 다함까지도 없고,

고 · 집 · 멸 · 도도 없으며, 지혜도 얻음도 없느니라.

얻을 것이 없는 까닭에

보살은 반야바라밀다를 의지하므로

마음에 걸림이 없고 걸림이 없으므로 두려움이 없어서,

뒤바뀐 헛된 생각을 멀리 떠나 완전한 열반에 들어가며,

삼세의 모든 부처님도 반야바라밀다를 의지하므로

최상의 깨달음을 얻느니라.

반야바라밀다는 가장 신비하고 밝은 주문이며

위없는 주문이며

무엇과도 견줄 수 없는 주문이니,

온갖 괴로움을 없애고

진실하여 허망하지 않음을 알지니라.

이제 반야바라밀다주를 말하리라.

『아제아제 바라아제 바라승아제 모지 사바하』(세 번)

3. 수계

거 사바세계 남섬부주 동양 대한민국 000시 000도량

금일 지극지정성 수계 발원제자 000 불자는 삼보님

전에서 생전의 업장을 참회하고 새롭게 참 불자가 되기

위하여 삼귀의계와 오계를 받고자 하오니 이를 허락하

시고 증명하여 주옵소서.

수계 발원자 000불자는

삼보 전에서 생전의 업장을 참회하고 새로운 불제자

가 되기 위하여 삼귀의계와 오계를 받고자 하오니 이를 허락하고 증명하여 주옵소서.

오늘 다생도록 삼보를 비방하고 불법을 멀리했던 죄악을 참회합니다.

신구의(身口意) 삼업(三業)으로 지은 모든 죄를 참회합니다.

몸으로 저지른 살생·투도·사음을 참회합니다.

입으로 저지른 망어·기어·악구·양설을 참회합니다.

생각으로 저지른 탐애·진에·우치를 참회합니다.

평생토록 남에게 베풀지 않고 나만을 생각했음을 진실로 참회합니다.

교만한 마음으로 부모와 가족과 이웃에게 저지른 잘못을 참회합니다.

나의 표독한 말이 칼이 되어 남의 가슴에 꽂혀 있고, 나의 잘못된 행이 짐이 되어 온몸을 누르며, 나의 어리석은 뜻으로 마음의 괴로움을 당한 모든 이에게 진실로 참회합니다.

인생살이가 영원할 줄 알았으나 금생도 다했으니 일생토록 저지른 모든 잘못을 일심으로 참회합니다.

제불보살님이시여!

오늘 000불자의 진실한 이 참회를 거두어 주셔서 다음 생에는 새로운 몸을 받아 불보살을 항상 모시고 깨달음을 얻게 하여 주옵소서.

참회진언

『옴 살바못자 모지 사다야 사바하』(일곱 번)

연비(燃臂)

연비는 계를 받고 팔뚝에 향으로 불을 놓아 떠내는 의식이다. 가능하면 향으로 연비를 해주고, 불가능한 환경이면 생략할 수도 있다.

삼귀의계(三歸依戒)

큰 배 의지하여 물을 건너고
등불 의지하여 길을 밝히듯
삼계 고통바다 건너가는데
삼보 자비광명 으뜸이시라
(수계법사 선창, 대중 후창)
거룩하신 부처님께 귀의합니다.
거룩하신 가르침에 귀의합니다.
거룩하신 스님들께 귀의합니다.
이 법사가 부처님의 위신력을 빌어
000불자에게 불자 삼귀의 설하노니
영원토록 불자됨을 큰 은혜로 생각하소서.

오계(五戒)

000불자님은 이미 삼귀의계를 수지하여 진실한 불자가 되었으니 이제는 오계를 받아 사바의 모든 죄악의 원인이 되는 번뇌를 끊어 버리고 열반의 저 언덕에 오르소서.

부처님의 계는 중생이 의지할 바이며 극락세계 왕생함에 지름길이며 중생으로 하여금 부처가 되도록 하나니 000불자님은 즐거운 마음으로 오계를 수지하소서.

(수계법사 선창. 대중 후창)
오계의 첫째는 불살생이니,
생명을 존중하여 죽이지 말고 자비를 베풀지어다.
오계의 둘째는 불투도이니,
남의 물건 훔치지 말고 보시를 행할지어다.
오계의 셋째는 불사음이니,
외도를 행하지 말고 청정행 지킬지어다.
오계의 넷째는 불망어이니,
타인을 속이지 말고 진실을 말할지어다.
오계의 다섯째는 불음주이니,
술을 먹지 말고 지혜로운 사람이 될지어다.

4. 설법

000불자시여!

그대가 이 세상에 온 것은 다겁생래의 업장과 부모의 인연으로 인하여 생을 받았습니다.

어릴 적에는 부모님의 보살핌으로 자랐으며, 청년이 되어서는 스승과 이웃과 사회의 은혜를 입고 성장하였습니다. 그대는 한 가정을 이루어 다시 (부모가 되어 자식을 기르고 가정을 위하여) 열심히 살았으나 이제는 누구도 거역할 수 없는 길을 가게 되었으니 너무나 슬퍼하지 말고 정신을 가다듬어야 할 때입니다.

평생을 살아오면서 나와 남을 위해 보람된 일도 많았으며, 때로는 욕심 많고 어리석어 후회스러운 일도 많으리라 생각되지만, 그래도 선근 공덕이 있어서 정법을 만나 이제 불법과 인연을 맺게 되었으니 어찌 다행한 일이 아니겠습니까?

000불자시여!

이 사바세계는 모든 것이 한정되어 있으며, 태어난 자는 누구나 반드시 가야 하나니, 너무 슬퍼만 하지 말고 더욱더 아름답고 훌륭한 부처님의 국토로 가도록 큰 발원을 세우소서. 부처님의 국토에는 물질적으로는 풍족하여 그대의 뜻대로 모두 이루어지고, 정신적으로는 항상 부처님의 설법을 들을 수 있으며, 마침내는 성불의 인연을 맺게 될 것입니다.

〈무량수경〉에 의하면, 법장보살의 48원에 의해 이룩된 극락국에는 설사 생전에 많은 잘못을 저질렀고 선한 일을 조금도 행하지 아니하였다고 할지라도 임종 시에 선지식을 만나 지극한 마음으로 열 번만 나무아미타불을 부르게 되면 극락국에 왕생할 수 있다고 하나니 그대는 안심해도 좋을 것입니다. 이생의 모든 미련은 훌훌 떨쳐버리고 아미타부처님과 극락의 성중들을 따라서 서방정토로 왕생하옵소서.

불자의 업으로 보아서는 육도윤회를 면하기 어려우나 법장보살의 수행력과 대비원력으로 이루어진 극락국토에는 아미타불의 본원력에 의해 왕생할 수 있나니 아무런 염려 마옵시고 일심으로 극락왕생을 발원하소서.

000불자시여!

그대는 이제부터 극락국의 대중이 될 수 있으니, 참으로 보람된 삶을 사셨으며, 편안한 마음으로 사바세계를 하직할 수 있게 되었습니다. 그러므로 남아 있는 유족들도 안심하고 그대를 봉송하노니 한량없는 지혜광명과 무량한 자비광명의 법신을 성취하시어 다시 사바세계에 몸을 나투시어 모든 중생을 제도하여 주옵소서.

극락국의 거리가 비록 멀다고는 하지만 여러 성중들과 함께 가시면 찰나 간에 갈 수 있으니 모든 미련을 떨쳐버리고 편안한 마음으로 왕생하옵기를 간절히 이 법사는 발원하옵니다.

5. 임종염불(臨終念佛)

내영접인 임종행자 십이광여래부처님께 귀의합니다.
무량광여래 부처님께 귀의합니다.
무애광여래 부처님께 귀의합니다.
무대광여래 부처님께 귀의합니다.
염왕광여래 부처님께 귀의합니다.
청정광여래 부처님께 귀의합니다.

환희광여래 부처님께 귀의합니다.
지혜광여래 부처님께 귀의합니다.
부단광여래 부처님께 귀의합니다.
난사광여래 부처님께 귀의합니다.
무칭광여래 부처님께 귀의합니다.
초일월광여래 부처님께 귀의합니다.
내영접인 임종행자 이십오보살님께 귀의합니다.
관세음보살님께 귀의합니다.
대세지보살님께 귀의합니다.
약왕보살님께 귀의합니다.
약상보살님께 귀의합니다.
보현보살님께 귀의합니다.
법자재보살님께 귀의합니다.
사자후보살님께 귀의합니다.
다라니보살님께 귀의합니다.
허공장보살님께 귀의합니다.
덕장보살님께 귀의합니다.
보장보살님께 귀의합니다.
금광장보살님께 귀의합니다.
금강장보살님께 귀의합니다.
광명왕보살님께 귀의합니다.
산해혜보살님께 귀의합니다.
화엄왕보살님께 귀의합니다.

중보왕보살님께 귀의합니다.
월광왕보살님께 귀의합니다.
일조왕보살님께 귀의합니다.
삼매왕보살님께 귀의합니다.
정자재왕보살님께 귀의합니다.
대자재왕보살님께 귀의합니다.
백상왕보살님께 귀의합니다.
대위덕왕보살님께 귀의합니다.
무변신왕보살님께 귀의합니다.
나무 서방정토 극락세계 사십팔대원 나무아미타불
나무아미타불 (정근. 시간에 맞게)

아미타불 본심미묘 진언
『다냐타 옴 아리 다라 사바하』(세 번)

서방정토 극락으로 중생 인도 하옵시는
아미타불 부처님께 머리 숙여 절하오며
일심으로 귀의하여 극락왕생 발원하오니
자비하신 원력으로 굽어살펴 주옵소서.
저희들은 일심으로 귀명정례 하옵니다. (목탁)

6. 극락왕생 발원문
극락세계에 계시어 중생을 이끌어 주시는 아미타부처
님께 귀의하옵고, 그 세계에 가서 나기를 염불행자

000는 발원하옵나니 자비하신 원력으로 굽어 살펴 주옵소서.

저희들이 네 가지 은혜 끼친 이와 삼계 중생들을 위하여 부처님의 위없는 도를 이룩하려는 정성으로 아미타불의 거룩하신 명호를 수지하여 극락세계에 가서 나기를 원하나이다.

업장은 두텁고 복과 지혜 부족하여 더러운 마음 물들기 쉽고 깨끗한 공덕 이루기 어렵기에 이제 부처님 앞에서 지극한 정성으로 예배하고 참회하나이다.

저희들이 끝없는 옛적부터 오늘에 이르도록 몸과 입과 마음으로 한량없이 지은 죄와 맺은 원수, 모두 녹여버리옵고 이제부터 서원 세워 나쁜 짓 멀리하여 다시 짓지 아니하고 보살도 항상 닦아 정각을 이루어서 중생을 제도하려 하옵나니,

아미타부처님이시여!

대자대비하신 원력으로 저를 증명하시며, 저를 어여삐 여기시며, 저에게 가피를 내리시어 삼매나 꿈속에서나 아미타불의 거룩하신 상호를 뵈옵고, 아미타불의 장엄하신 국토에 다니면서, 아미타불의 감로로 저에게 뿌려 주시고, 아미타불의 광명으로 저를 비춰주시고, 아마타불의 손으로 저를 만져주시고, 아미타불의 옷으로 저의 허물을 덮어주시어 업장은 소멸되고 선근은 자라나고 번뇌는 없어지고 무명은 사라져서 원각의 묘한 마

음 뚜렷하게 열리옵고 상적광토가 항상 나타나지이다.

또, 이 목숨 마치올 제 갈 시간 미리 알아 여러 가지 병고 액난 이 몸에 없어지고 탐・진・치 온갖 번뇌 마음에 씻은 듯이 육근이 하락하고 한 생각 분명하여 이 몸을 버리옵기 전에 들듯 하옵거든 그때에 아미타부처님께서 12광불과 관음, 세지를 비롯한 25보살과 함께 광명 놓아 저를 맞으시며 아미타불의 손을 들어 저를 인도하여 주옵소서.

그때 높고 넓은 누각들과 아름다운 깃발들과 맑은 향기 고운 풍류 거룩하온 극락세계 눈앞에 분명커든 보는 이, 듣는 이들 기쁘고 감격하여 위없이 깨친 마음 다 같이 발하올 제 이내 몸 고이고이 연화좌에 올라앉아 부처님 뒤를 따라 극락정토로 왕생케 하옵소서.

칠보로 된 연못 속에 상품상생 하온 뒤에 불보살 뵈옵거든 미묘한 법문 듣고 무생법인 깨치오며, 부처님 섬기옵고 수기를 친히 받아 온갖 공덕을 원만하게 이루어지이다.

그러한 후 극락세계를 떠나지 아니하고 사바세계에 다시 돌아와 한량없는 분신으로 시방국토 다니면서 여러 가지 신통력과 여러 가지 방편으로 무량중생 제도하여 탐・진・치를 여의옵고, 깨끗한 마음으로 극락세계 함께 가서 물러나지 않는 자리에 오르게 하려 하옵니다.

세계가 끝이 없고, 중생이 끝이 없고, 번뇌 업장이

모두 끝이 없사오니, 염불 행자 000의 서원도 끝이 없나이다.

저희들이 지금 예배하고 발원하여 닦아 지닌 공덕을 온갖 중생에게 베풀어 주어 삼계 유정들도 모두 제도하여 다 같이 일체 종지를 이루어지이다.

나무아미타불 나무아미타불 나무극락도사 아미타불

7. 사홍서원

중생을 다 건지오리다.
번뇌를 다 끊으오리다.
법문을 다 배우오리다.
불도를 다 이루오리다.

조념염불 (助念念佛)

조념염불은 염불하는 사람이나 염불을 듣는 사람 모두가 극락세계 왕생하는 신행법이다. 불가에서는 옛 부터 임종인을 배웅하는 인사로서 '나무아미타불'을 염송해 주었다. 중국의 선종(禪宗) 사찰인 백장 회해스님(720~814)의 도량에서도 스님들이 원적(圓寂)하셨을 때, '나무아미타불'을 염송하였다고 전한다.

조념염불은 임종인의 귀에다 들려주듯이 '나무아미타불'을 염송하여 주는 것이다. 설령 임종인이 멀리 있어도 가시는 분을 생각하며 '나무아미타불'을 염송하면 된다.

조념염불이 중요한 이유는 편안하게 생을 마감하는 이들도 있지만, 대부분 임종인의 정신세계는 혼란스럽기 때문에 그 정신세계를 정념(正念)으로 이끌기 위한 것이다.

임종인은 이 염불 소리를 듣고 묵은 업장을 벗어나서 극락세계 왕생하게 된다.

조념염불 법요(助念念佛 法要)

나무본사 석가모니불(세 번)
나무접인서방극락세계 아미타불(세 번)
나무대자대비 관세음보살(세 번)
나무대자대력 대세지보살(세 번)

부처님의 광명이 널리 비치어 지금 이곳을 환히 밝혀 주시니, 000 불자님의 몸과 마음이 편안하고, 아무 장애없이 000 불자님이 다음의 간단한 부처님 진리를 명확하게 알아듣도록 하여 주소서.

000 불자님은 귀 기울여 맑고 또렷하게 듣기 바랍니다.
000 불자님은 우리가 사는 사바세계의 모든 일들은 모두 허깨비 같고 환상 같은 것이며, 이루어진 모든 것들은 반드시 소멸하게 되며, 태어난 것은 반드시 죽게 되는 것임을 확실히 아셔야 합니다.
이것은 만고불변의 이치입니다.
지금 000 불자님은 이 세상의 인연이 이미 다하였으니, 지금이야말로 인생의 모든 것들이 오직 괴로움이며, 허공과 같아 실다운 것이 없으며, 항상 변화하여 무상(無常)하며, 내 것이라고 집착할 것이 없다는 것을 깨닫고, 세상의 모든 것에 대하여 조금도 연연하지 말고 지금 바로 모든 인연을 다 내려놓도록 하십시오.

그리고 우리를 구원하시려는 아미타불의 48원과 서방 정토의 존재를 진정으로 믿고, 간절히 서방정토에 왕생하기를 발원하고 아미타불을 염불하십시오.

우리 본사 석가모니여래께서는 일찍이 지극한 정성으로 아미타불의 거룩한 명호를 칭념하면 능히 무량한 죄업을 소멸하고 능히 무량한 복의 과보를 받으며 아미타불의 영접을 받아 서방 극락정토에 왕생하게 된다고 말씀하셨습니다.

극락세계는 열 가지 수승한 장엄이 갖추어진 국토이며, 광명이 널리 비추어 장엄이 매우 아름답고, 그 나라에는 어떠한 고통도 없고 오로지 기쁨만을 누리게 되며, 땅은 황금으로 이루어져 있고, 네 가지 보배로 둘러쳐 있으며, 일곱 가지 보배로 이루어진 연못에는 수레바퀴만 한 연꽃들이 피어 미묘하게 정결하며, 신이한 향과 찬란한 광명을 내뿜고 있습니다.

다시 그 국토에 있는 여러 가지 새들이 내는 우아한 소리와, 잔잔한 바람이 길가에 늘어선 나무에 불어나는 소리는 마치 백천가지 악기가 한꺼번에 연주하는 것과 같이 미묘한 소리를 내니 이를 들은 극락세계의 중생들은 모두 마음이 청정하고 환희스러워지며 자유자재함을 얻게 됩니다.

그러니 OOO 불자님은 지금 바로 세상의 모든 인연을 다 내려놓고 오로지 일심으로 아미타불의 거룩한 명호를 칭념하십시오. 과거에 행하였던 선한 일이든, 악한 일이든 모두 내려놓고, 생각하지 마십시오.

집안의 처자식과 손자 등 가족에 관한 것이든, 재산에 관한 모든 것을 털끝만큼도 모두 마음에 두지 마십시오. 그리고는 오로지 온 정성을 다하여 오로지 아미타불을 생각하고 서방정토에 왕생하기만을 구하십시오.

지금 정토 염불하는 도반들과 OOO 불자님의 가족들이 모두 님을 위하여 정성을 다하여 조념염불을 하오니, OOO 불자님은 아미타불의 거룩한 명호에 철저히 의지하여 서방정토에 왕생하여 서방정토가 눈앞에 나타나기만을 구하십시오.

OOO 불자님은 마음을 한곳으로 집중하여 우리들의 염불 소리를 듣고, 한마음 한뜻으로 우리들과 같이 염불하십시오.

나무아미타불 나무아미타불 나무아미타불…….

---

* 위 조념염불 법요는 대만의 석세료(釋世了) 스님의 저술 『어떻게 염불하여야 서방정토에 왕생하여 불퇴전지에 올라 성불할 것인가』에 수록된 것을 번역한 것입니다.

죽음을 준비하는 마음 ; 유서(遺書)

　우리가 죽음을 생각하거나 죽음을 맞이해야 할 때, 일 반적으로 죽음을 부정하거나 죽음에 대한 분노하는 마음 이 생긴다. 이에 대해서 석가모니부처님은 모든 중생들 의 삶은 예외 없이 "늙음과 죽음[老死]을 맞아 근심하고 [憂], 슬퍼하고[悲], 고통스러우며[苦], 비탄에 빠진다 [惱]."라고 설하셨고, 그래서 부처님은 저마다 내면에 잠 재된 지혜를 관조하여 '노사우비고뇌(老死憂悲苦惱)'라는 괴로움의 덩어리를 타파할 것을 역설하셨다.

　우리는 기정사실화된 죽음을 맞이하면서 허둥대고, 망연 자실하며, 뜻밖이라는 듯이 한이 맺히면서 죽음을 맞이한다. 누구나 언젠가는 죽을 거라고 생각하고 있지만, 오늘 죽지 않을 거라는 어리석은 마음을 죽기 직전까지 갖고 있다.

　죽음에 대해 직시하는 것은 곧 불교의 근본사상인 연기 법(緣起法)의 지혜를 체득하는 것이며, 이것은 무명(無

明)의 뿌리를 뽑고 지극한 종교심을 일으키는 계기가 된다.

티베트 스님들의 경우 매일 아침, 저녁으로 죽음에 관해 명상한다. 해골발우로 공양을 하고 뼈를 깎아서 염주를 만들어 다니거나, 또한 종아리뼈 해골 등을 지니고 다니는데, 그 이유는 죽음을 항상 생각하기 위해서라고 한다.

죽음에 대해 지속적으로 통찰하는 이유는 우리가 반드시 그와 같이 될 것이라고 각성함으로써 삶의 진상을 보기 위함이다. 우리가 죽음을 깊게 관찰하고 그것에 직면했을 때, 명예욕과 재물욕이 없어지고 삶의 진정한 가치에 대한 통찰력이 생긴다.

유서(遺書)는 죽기 전에 자신의 뜻을 밝히는 문서다. 유서를 쓰는 것은 죽음 앞에서 자신의 삶을 아름답게 마무리 할 수 있는 마음의 준비이자, 남은 삶을 어떻게 살 것인가에 대한 성찰이기도 하다.

유서를 쓰면서 죽음에 대해 미리 생각하고 준비한다면, 죽음이라는 것이 생각하는 것만큼 무섭고 두려운 것이 아니라는 것을 알아차릴 수 있게 된다. 더 나아가 삶과 죽음, 행복과 불행, 즐거움과 고통 중 어느 하나에만 애착을 가졌던 그릇된 편견을 버리고 삶과 죽음이 동시에 붙어 있는 것임을 지극히 알아차릴 때, 정토에 태어나기 위한 진정한 발원과 신행이 시작될 것이다.

유서에는 존엄사(尊嚴死)에 관한 의지를 피력하거나 가족들에게 「사전의료 요청서」가 될 수 있는 내용을 포함할 수 있다. 「사전의료 요청서」는 원하지 않는 불필요한 치료를 줄여서 좋은 임종을 맞이하고, 장기기증과 같은 회향을 할 수 있는 기회를 제공하는데, 그 내용은 다음과 같다.

■ 사전의료 요청서 (사례)

내가 불치의 병에 시달리며 죽음에 가까워졌을 때를 대비해서 가족들과 저를 담당하는 의료진에게 다음과 같이 요청합니다.

이 요청서는 저의 정신이 온전한 상태에서 작성한 것입니다. 따라서 제가 온전한 정신으로 이 문서를 파기하거나 철회하지 않는 한 요청서는 계속 유효합니다.

첫째, 현대 의학에서 볼 때, 나의 병이 치료를 할 수 없고 곧 죽음이 임박하다는 진단이 내려진 경우, 인위적으로 죽음의 시간을 미루는 조치는 원하지 않습니다.

둘째, 다만 그런 경우 나의 고통을 덜어주려는 조치는 최대한 취해 주시기 바랍니다. 이때, 마약 등의 부작용으로 나의 죽음이 앞당겨져도 상관하지 않겠습니다.

셋째, 내가 수개월에 걸쳐 이른바 식물인간 상태에 빠졌을 때 나의 생명 유지를 위한 조치를 거절합니다.

이상 내가 요청한 바를 충실히 이행해주신 분들께 깊이 감사드립니다. 여러분의 행위에 대한 모든 책임은 나 자신에게 있다는 것을 여기에 덧붙입니다.

유서는 특별한 양식이 있는 것은 아니다. 다만 주체적인 입장에서 죽음을 맞이하면서의 지난 삶에 대한 소회, 자신의 장례절차나 장례의 방식에 대한 소망, 가족들에게 남기고 싶은 이야기나 당부 등을 기록해 두면 된다.

예를 들어서 이 세상에 남겨진 인연 있는 사람들에게 전에 하지 못한 이야기를 통해 참회와 용서를 구할 수도 있고, 못다한 애정과 이해와 존경을 표할 수도 있다.

그리고 이 세상에서 그런대로 행복하게 잘 살았으니 가족들이 너무 슬퍼하지 않았으면 한다는 당부, 부고를 외부에 알리지 말고 가족끼리 우애를 다지고 소중한 시간을 보냈으면 한다는 제안, 장례를 검소하게 치르고 꼭 필요한 곳에 보시를 당부하는 말, 자신이 죽음을 맞이할 때 가족들이 편안한 마음으로 곁을 지켜줄 수 있기를 희망한다는 부탁 등을 기록해 둘 수 있을 것이다.

죽음은 이생에서 겪는 마지막으로 소중한 경험의 일부이다. 죽음의 순간을 어떻게 맞이하느냐에 따라 자신은 물론 가족과 친지들의 묵은 업장과 애증을 소멸할 수도 있다. 임종인에게는 인생의 깨달음을 얻을 수 있는 기회이며, 생사를 해탈하고 극락세계에 태어나기를 발원하는 시간이다.

각자 이생에서 남은 '존엄한 삶'을 위해서 '존엄한 죽음'의 준비를 하는 성찰의 시간을 가져보자.

법정스님(1932~2010)은 39세 때 글을 써서 죽음에 임하는 스님의 생각을 적었다. 참고가 될까 하여 소개한다.

미리 쓰는 유서 (법정스님)

죽게 되면 말없이 죽을 것이지 무슨 구구한 이유가 따를 것인가. 스스로 목숨을 끊어 지레 죽는 사람이라면 의견서(유서)라도 첨부되어야겠지만, 제 명대로 살 만치 살다가 가는 사람에겐 그 변명이 소용될 것 같지 않다. 그리고 말이란 늘 오해를 동반하게 마련이므로, 유서에도 오해를 불러일으킬 소지가 있다.

그런데 죽음은 어느 때 나를 찾아올는지 알 수 없는 일이다. 그 많은 교통사고와 가스 중독과 그리고 원한의 눈길이 전생의 갚음으로라도 나를 쏠는지 알 수 없다. 우리가 살아가고 있다는 것이 죽음 쪽에서 보면 한 걸음 한 걸음 죽어 오고 있다는 것임을 상기할 때, 사는 일은 곧 죽는 일이며, 생과 사는 결코 절연된 것이 아니다. 죽음이 언제 어디서 내 이름을 부를지라도 "네" 하고 선뜻 일어설 준비만은 되어 있어야 할 것이다.

그러므로 나의 유서는 남기는 글이기보다 지금 살고 있는 '생의 백서(白書)'가 되어야 한다. 그리고 이 육신으로는 일회적일 수밖에 없는 죽음을 당해서도 실제로는 유서 같은 걸 남길 만한 처지가 못 되기 때문에 편집자의 청탁에 산책하는 기분으로 따라나선 것이다. 누구를 부를까. 유서에는 흔히 누구를 부르던데?

아무도 없다. 철저하게 혼자였으니까. 설사 지금껏 귀

의해 섬겨 온 부처님이라 할지라도 그는 결국 타인이다. 이 세상에 올 때도 혼자서 왔고 갈 때도 나 혼자서 갈 수밖에 없다. 내 그림자만을 이끌고 휘적휘적 삶의 지평을 걸어왔고 또 그렇게 걸어갈 테니 부를 만한 이웃이 있을 리 없다.

물론 오늘까지도 나는 멀고 가까운 이웃들과 서로 왕래를 하며 살고 있다. 또한 앞으로도 그렇게 살아갈 것이다. 하지만 생명 자체는 어디까지나 개별적인 것이므로 인간은 저마다 혼자일 수밖에 없다. 그것은 보랏빛 노을 같은 감상이 아니라 인간의 당당하고 본질적인 실존이다.

고뇌를 뚫고 환희의 세계로 지향한 베토벤의 음성을 빌리지 않더라도, 나는 인간의 선의지(善意志) 이것밖에는 인간의 우월성을 인정하고 싶지 않다. 온갖 모순과 갈등과 증오와 살육으로 뒤범벅이 된 이 어두운 인간의 촌락에 오늘도 해가 떠오르는 것은 오로지 그 선의지 때문이 아니겠는가.

그러므로 세상을 하직하기 전에 내가 할 일은 먼저 인간의 선의지를 저버린 일에 대한 참회다. 이웃의 선의지에 대해서 내가 어리석은 탓으로 저지른 허물을 참회하지 않고는 눈을 감을 수 없을 것이다.

때로는 큰 허물보다 작은 허물이 우리를 괴롭힐 때가 있다. 허물이란 너무 크면 그 무게에 짓눌려 참괴(慚

愧)의 눈이 멀고 작을 때에만 기억에 남는 것인가. 어쩌면 그것은 지독한 위선일지도 모르겠다. 그러나 나는 평생을 두고 그 한 가지 일로 해서 돌이킬 수 없는 후회와 자책을 느끼고 있다. 그것은 그림자처럼 따라다니면서 문득문득 나를 부끄럽고 괴롭게 채찍질했다.

중학교 1학년 때, 같은 반 동무들과 어울려 집으로 돌아오던 길에서였다. 엿장수가 엿판을 내려놓고 땀을 들이고 있었다. 그 엿장수는 교문 밖에서도 가끔 볼 수 있으리만큼 낯익은 사람인데 그는 팔 하나가 없고 말을 더듬는 불구자였다. 대여섯 된 우리는 그 엿장수를 둘러싸고 엿가락을 고르는 체하면서 적지 않은 엿을 슬쩍슬쩍 빼돌렸다. 돈은 서너 가락치 밖에 내지 않았다. 불구인 그는 그런 영문을 전혀 모르고 있었다.

이 일이, 돌이킬 수 없는 이 일이 나를 괴롭히고 있다. 그가 만약 넉살 좋고 건장한 엿장수였더라면 나는 벌써 그런 일을 잊어버리고 말았을 것이다. 그런데 그가 장애인이라는 점에서 지워지지 않은 채 자책은 더욱 생생하다.

내가 이 세상에 살면서 지은 허물은 헤아릴 수 없이 많다. 그중에는 용서받기 어려운 허물도 적지 않을 것이다. 그런데 무슨 까닭인지 그때 저지른 그 허물이 줄곧 그림자처럼 나를 쫓고 있다.

이 다음 세상에서는 다시는 더 이런 후회스런 일이 되풀이되지 않기를 진심으로 빌며 참회하지 않을 수 없다. 내가 살아생전에 받았던 배신이나 모함도 그때 한 인간의 순박한 선의지를 저버린 과보라 생각하면 능히 견딜 만한 것이다.

"날카로운 면도날은 밟고 가기 어렵나니, 현자가 이르기를 구원을 얻는 길 또한 이같이 어려우니라."

〈우파니샤드〉의 이 말씀을 충분히 이해할 것 같다.

내가 죽을 때에는 가진 것이 없을 것이므로 무엇을 누구에게 전한다는 번거로운 일도 없을 것이다. 본래무일물(本來無一物)은 우리들 사문의 소유 관념이다. 그래도 혹시 평생에 즐겨 읽던 책이 내 머리맡에 몇 권 남는다면, 아침저녁으로 "신문이오" 하고 나를 찾아 주는 그 꼬마에게 주고 싶다.

장례식이나 제사 같은 것은 아예 소용없는 일. 요즘은 중들이 세상 사람들보다 한술 더 떠 거창한 장례를 치르고 있는데, 그토록 번거롭고 부질없는 검은 의식이 만약 내 이름으로 행해진다면 나를 위로하기는커녕 몹시 화나게 할 것이다. 평소의 식탁처럼 나는 간단명료한 것을 따르고자 한다. 내게 무덤이라도 있게 된다면 그 차가운 빗돌 대신 어느 여름날 아침에 좋아하게 된 양귀비꽃이나 모란을 심어 달라 하겠지만, 무덤도 없을 테니 그런 수고는 끼치지 않을 것이다.

생명의 기능이 나가 버린 육신은 보기 흉하고 이웃에게 짐이 될 것이므로 조금도 지체할 것 없이 없애주면 고맙겠다. 그것은 내가 벗어 버린 헌 옷이니까. 물론 옮기기 편리하고 이웃에게 방해되지 않을 곳이라면 아무데서나 다비(茶毘, 화장)해도 무방하다. 사리 같은 걸 남겨 이웃을 귀찮게 하는 일을 나는 절대로 절대로 하고 싶지 않다.

육신을 버린 후에는 훨훨 날아서 가고 싶은 곳이 있다. '어린 왕자'가 사는 별나라 같은 곳이다. 의자의 위치만 옮겨 놓으면 하루에도 해지는 광경을 몇 번이고 볼 수 있다는 아주 조그만 그런 별나라. 가장 중요한 것은 마음으로 봐야 한다는 것을 안 왕자는 지금쯤 장미와 사이좋게 지내고 있을까. 그런 나라에는 귀찮은 입국 사증 같은 것도 필요 없을 것이므로 한번 가보고 싶다.

그리고 내생에도 다시 한반도에 태어나고 싶다. 누가 뭐라 한대도 모국어에 대한 애착 때문에 나는 이 나라를 버릴 수가 없다. 다시 출가 수행자가 되어 금생에 못다 한 일들을 하고 싶다. (1971)

---

* 본문의 '사전의료 요청서'는 동국대 석사학위논문 「불교의 임종지도」 (정순태, 2009)에 수록된 내용을 발췌하였고, '미리쓰는 유서'는 법정스님의 『무소유』 (1976)에 실린 내용입니다.

영가천도와 사십구재

　불교에서는 불·법·승 삼보(三寶)에 공양을 올리고 그 공덕의 회향을 기원하는 의례를 재(齋)라고 한다. 한자어를 번역한 재(齋)의 의미는 본래 신(身)·구(口)·의(意) 삼업(三業)을 맑게 하고 악업을 짓지 않는다는 뜻이다. 그러나 세월이 흐름에 따라 재는 부처님께 정성을 바치고 경건하게 귀의하는 신행을 표현하는 의식을 뜻하는 말이 되었다.

　재(齋)는 부처님께 정성을 올린다는 점에서 불공(佛供)과 혼동되어 쓰인 시기도 있었으나 세월이 흐를수록 '재'만이 갖는 고유한 특징이 분명해졌다. 대개의 불공이 살아있는 사람의 마음닦음을 통해 행복을 기원하는 소망인 데 반해 재는 죽은 이의 명복을 비는 천도(薦度)의 뜻이 두드러지게 되었다.

　특히 망자를 위해 올리는 재를 천도재(薦度齋)라고 한

다. 천도(薦度)의 '천(薦)'은 '천거하다'라는 의미이고, '도(度)'는 '법도', 혹은 '방법'이라는 뜻을 가지고 있다. 그래서 글자 자체의 뜻으로 보더라도 천도재는 불보살님의 힘으로 영가를 극락정토와 같은 좋은 세계에 태어나도록 천거하기 위해 발원하는 법식이라고 할 수 있다. 장례를 마친 후에 망혼에게 지내는 불교의식은 모두 천도재에 해당한다.

기일이나 명절에 사찰에 와서 지내는 제사도 '재'로 수용되면서 '천도'의 의미를 가지게 되었는데, 특히 임종후에 망자가 중유에 머무는 기간에 지내는 사십구재는 천도재의 핵심을 이룬다. 사십구일 동안 천도재를 지내면 망자를 좋은 곳에 태어날 수 있게 하기 때문이다.

1. 중음신(中陰神)의 존재와 윤회설

대승불교에서는 의식(意識)이라고 하는 종합적인 인식활동의 내면에 잠재되어 있는 심층의식이 있다고 본다. 다시 말해서 보고, 듣고, 냄새 맡고, 맛보고, 감촉하는 오감을 종합하는 의식의 내면에 자아의식인 제7 말라식(末那識 ; manas, 영어 man의 어원)이 있고, 또 그 안에는 모든 행위의 업(業)을 빠짐없이 저장하는 무의식인 제8 아뢰야식(阿賴耶識 ; alaya, 저장한다는 의미)이 있다는 것이다.

사람이 살아있을 때, 표면적으로는 이성적인 의식으로

생각하고 행동하는 것으로 보이지만, 그 내면에는 나와 남을 끊임없이 분별하는 자의식이 작용할 뿐만 아니라, 현재의 생각과 행동을 과거의 업력으로 속박하고 있는 무의식이 끊임없이 작용하고 있다.

불교 교리에 의해 이 자아의식(말라식)과 무의식(아뢰야식)을 빙산에 비교하면, 물 위 표면에 나와 있는 일부가 의식(意識)이고 자아의식과 무의식은 물속에 잠겨진 대부분이라고 할 정도로 삶에 지대한 영향을 주고 있다는 관점이다. 즉 우리가 살아가는 동안의 모든 행동과 행위의 업(業)은 오감인 전오식(前五識 ; 보는 지각[眼識] · 듣는 지각[耳識] · 냄새 맡는 지각[鼻識] · 맛보는 지각[舌識] · 감촉하는 지각[身識])과 이를 개념적으로 판별 · 종합하는 여섯 번째 의식(意識)의 작용과정에서 생기는데, 이런 업의 형성과정을 찰나찰나 끊임없이 자아(自我)라고 인지하는 것이 바로 말나식(末那識)이다. 그런데 업을 형성하는 이런 과정은 소멸되는 것이 아니라 마음속 깊은 내면인 아뢰야식(阿賴耶識)에 한순간도 놓치지 않고 무의식적인 저장이 지속된다. 그래서 사람의 인격은 이런 과정을 통해서 형성되어 향후의 업(業)에 영향을 끼친다.

이것은 분수에 비유될 수 있다. 마치 분수가 계속 새로운 물줄기를 뿜어내는 것처럼 보이지만 자신이 뿜어내었던 물줄기를 다시 빨아들여 뿜어내듯이, 우리가 계속 새로운 세상만사를 체험하는 것 같지만 사실은 자신이 지었던 업의 종자[業種子]가 성숙하여 발현하고 그것을 체험하는 것이다.

불교에서는 이를 '자업자득'이라고 한다. 그래서 경전에서 "작은 악업이라도 가벼이 여기지 말라."라고 강조하는 것이다. 작은 업(業)이라도 무의식적으로 저장하는 아뢰야식은 살아 생전의 모든 업을 드러나지 않게 기억하고 있으면서, 다음 생을 받게 하는 원인이 된다는 것이다.

사람이 죽으면 과거로부터 이어져 온 무수한 생의 모든 업과 금생에 살면서 지은 업이 조합되어 아뢰야식에 저장되고, 이것이 49일 동안 일종의 영령과 같이 다음 생을 받기 위해 떠도는데, 이를 중음신(中陰神)이라고 한다. 이 중음신은 지속적으로 업(業)에 의해 영향을 받아 꾸준히 형성되는 인식의 흐름이라고 할 수 있다.

이와 같은 인식의 흐름으로서의 중음신, 즉 상속(相續)으로서의 중음신이 그 업에 맞는 모태의 수정란을 만나면, 그것이 결합되어 자궁 속에서 태아로서 자라나게 된다. 이런 과정은 불교의 근본 교리인 십이연기설(十二緣起說)에서 밝히고 있다. 〈아함경(阿含經)〉에는 식(識, 중음신·아뢰야식)과 명색(名色, 정신과 물질의 종합)의 관계를 중음신(識)의 입태와 수정란의 관계로 설명하는 경문(經文)을 볼 수 있다.

그래서 다음 생을 받기 전, 49일 동안에 중음신으로 떠도는 식(識)의 모든 기억과 업력(業力)을 청정하게 하려고 49재를 지내는 것이다. 그래서 49재를 지낼 때 현생과 전생에 지은 모든 업을 청정하게 하기 위해 관욕을 한뒤에, 스님들이 영가(靈駕)를 불전 앞에 모셔놓고 매주 법회를 열어 영가에게 무상법문을 들려준다.

이 의식을 부처님 당시의 인도어로 '시타림'이라고 한다. 49재를 절에서 지내는 이유는 이 기간 동안 우주 법계 안의 무주·유주 인연 있는 영가들이 수없이 몰려오기 때문이다. 그래서 법력이 높은 스님들이 온갖 법문과 염불 주력으로 49재를 지내는 영가의 지혜를 밝혀 장애 없이 좋은 곳으로 천도(薦度)를 하는 것이다.

2. 천도재(薦度齋)의 의미와 중요성

본래 불교에서는 석가모니부처님의 뜻을 따라 제식주의(祭式主義)에는 부정적이었다. 그러나 고대 인도문화에서는 죽은 사람의 영혼을 모시고 조령제(祖靈祭, saddha)라는 제사를 지내왔고, 이런 제사의식은 인간의 본래 심성을 담은 것이어서 초기불교 당시부터 불가에서는 영가에 대한 제사를 수용하였다.

당시 인도에서는 사람이 죽어 다음 생을 받을 때까지의 중유(中有)의 상태를 쁘레따(preta, 가버린 사람)라 하였고, 쁘레따의 단계를 거쳐 조상신으로 자리하려면 조령제를 지내야 한다고 여겼다. 이 쁘레따가 '아귀'로 한역(漢譯)되면서 초기경전에는 영가를 위한 의식을 '시아귀회(施餓鬼會)'라고 기록하였다.

제사에 해당하는 시아귀회는, 팥을 뿌리거나 흐르는 물에 음식을 던지거나 음식을 담은 그릇을 들고 염불을 외우는 등의 방식이었다. 이후 중국불교에 와서 조상은 후손의 공물(供物)이 필요한 존재라고 생각하여 불교식 제사에 해당하는 재(齋)의례가 정착되었다.

사람이 죽어 자신의 업력(業力)에 따라서 다른 몸을 받기 전에 중음신(中陰身)의 상태에 머물러 있게 되는데, 이때의 영가는 몸이 없기 때문에 만질 수 없고, 눈이 없기 때문에 볼 수 없고, 코가 없기 때문에 냄새 맡을 수 없고, 혀가 없기 때문에 맛볼 수 없고, 귀가 없기 때문에 법문을 들을 수 없다.

그래서 법사 스님이 의식 법문으로써 재사 음식을 법식(法食)으로 바꾸어 주고, 그 법식을 여러 고혼들에게 영가의 이름으로 보시하여 영가에게 공이 가도록 하는 것이다. 그리고 이러한 의식과 법문은 법사스님과 인연 있는 가족들의 염(念)을 통해 영가에게 전달되어 생전에 육근(六根)을 인연해서 작용한 육식(六識)의 업연(業緣)을 청정하게 정화한다.

그러므로 재를 지낼 때는 정성스런 마음은 물론이고 그

절차를 잘 지키는 것이 중요하다. 재를 지내기 전에 깨끗이 목욕재계를 한 뒤에 음식을 장만하고, 재를 지내기 전까지는 절대 먼저 음식을 입에 대서는 안 된다. 또한 음식을 만들고 차리면서 쌀이나 나물 등을 함부로 땅에 버려서도 안 된다. 음식을 먼저 입에 대거나 음식을 장만할 때 정성을 다하지 않으면 큰 공덕이 되지 않기 때문이다. 지극한 정성으로 음식을 장만하여 부처님과 스님들께 먼저 공양을 올리는 것이 재의 기본이 되는 의식이다. 그러므로 재의 모든 과정에서 영가의 공덕을 위해 올바른 신심을 내어야 할 것이다.

3. 집에서 지내는 제사와 절에서 지내는 제사

우리나라에 불교가 전래된 지 1600여 년이 넘었다. 그 기간에 불교는 민속문화의 많은 부분을 불교의식으로 받아들였다. 그래서 어떤 경우는 전통민속과 불교 행사가 서로 구별되지 않는 경우도 많다. 그래서 불교에서는 민속 명절을 불교의례로 정리하여 '세시불공'이라 하여 '정월불공', '입춘불공', '칠월칠석', '추석제사', '동지' 등을 지켜가고 있다.

그런데 일반적으로 우리가 추석이나 설날에 집에서 올리는 차례나 기제사는 유교적인 의식으로, 죽은 조상에게 경의를 표하는 미풍양속이다. 인간의 죽음은 생(生)의 끝이 아니라 이승의 삶에서 저승의 삶으로 넘어가는 것이라는 생각은 이미 불교의 전래와 더불어 우리의 토속 신앙, 그리고 유교와 혼합되어 이어져 내려왔다.

특히 유교의 제사의식은 나의 근본은 조상이며, 저승에서의 조상들의 삶이 후손들의 삶으로 거듭 이어질 뿐만 아니라, 저승에서 안온한 삶을 살아가는 조상들은 반드시 후손들을 호위한다는 관념으로 뿌리내렸다. 그래서 정성스레 차린 차례상에는 조상에 대한 공경의 마음이 가득 담겨 있으며, 조상을 돌보는 효성이 고스란히 묻어나는 우리문화의 격조와 더불어 인간의 근본을 귀중히 여기는 아름다운 풍습을 보여준다.

이런 유교적인 제사양식이 있기 훨씬 이전부터 이미 불교에서는 전통민속을 아우르며 '조상천도재'라는 형식으로 불교식의 조상차례를 지내왔다. 오늘날 사찰마다 명절에 조상제사와 영가천도재를 봉행하는 의식은 매우 오래전부터 이어져 내려온 조상숭배 사상과 불교의 효(孝) 사상이 결합된 전통이다. 특히 절에서 지내는 제사는 '재(齋)'라고 하여 죽은 조상에 경의를 표하고 기리는 의식만이 아니라 심신을 청정하게 하고 죽은 영가의 극락왕생을 천도(薦度)하는 의미를 가지고 있다.

영가에게 부처님의 가르침과 인연을 맺게 하고 대자연의 이치를 일깨워 생사에 대한 그릇된 집착을 버리게 함으로써 영가를 정토(淨土)로 인도하는 것이 절에서 지내는 재의 목적이다. 또한 절에서의 재(齋)는 해당 영가만이 아니라 천도가 되지 못한 채 떠도는 모든 유주 무주 고혼(孤魂)과 지옥 중생을 함께 의례의 대상으로 삼는데, 그 이유는 자신의 공덕을 중생을 위해 돌리는 불교의 회향 정신을 실천하기 위함이다.

이렇듯 사찰의 재의식은 영가뿐만 아니라 제사에 참석한 이들에게도 생사(生死)의 본질을 일깨우고 마음이 정화되는 공덕을 얻는 의식이기도 하다.

우리나라 사찰에서는 명절과 매년 조상님이 돌아가신 기일(忌日)에 불교 의식으로 제사를 지내기를 희망하거나 여러 가지 사정으로 직접 제사를 지내지 못하는 경우 합동으로 사찰제사를 지낸다. 예전에는 아들이나 후손 없는 사람들이 주로 사찰에서 제사를 지내왔으나, 근래에는 제사 준비의 어려움을 해결하고 불교적 추모 방식의 경건함 등을 이유로 사찰에서 제사를 지내는 이들이 증가하고 있다.

그리고 매년 음력 9월 9일은 중양절(重陽節)이라고 하는데, 이날 사찰에서는 기일을 알지 못하는 조상들을 위해 제사를 지낸다.

중양절은 날짜와 달의 숫자가 같은 중일(重日) 명절의 하나로 중양 때가 되어야 햇곡을 마련할 수 있었으므로 첫 수확물을 조상에게 드린다는 의미로 고려시대부터 국가에서는 물론 민간에서도 이날을 경로(敬老)의 날로 인식하고 조상을 위하는 날의 의미를 더해갔다.

4. 여러가지 천도재·사십구재를 지내는 이유

근대의 독립운동가로서 불교 개혁을 실천하고 불경 번역의 선구자인 백용성(白龍城, 1864~1940) 스님은 한글로 쓰인 최초의 불교 교리서인 〈각해일륜(覺海日輪)〉에서 천도재의 연유를 다음과 같이 밝히셨다.

"사람이 죽은 뒤에 귀신의 보를 받는 자가 수없이 많으므로 그들을 관리하는 자가 있어 통치하는 것이니, 인간사와 다르지 아니할 것이다. 혹 사후에 자손이 삼단보시를 베풀어서 선법을 지어 죽은 영혼을 도와주면, 그 음덕으로 천도되는 것은 분명한 것이다.

천도가 되는 원인이 네 가지가 있으니, 하나는 시방 일체 성현의 위력이요, 하나는 법을 가진 집사자의 법력과 관력이며, 하나는 시방의 유주·무주 고혼에게 법식(法式)을 보시하는 것이요, 또 하나는 법으로 유주. 무주 고혼에게 보시하는 것이다. 이와 같은 재물과 법으로 보시하는 음덕으로 천도가 되는 것이니, 이것이 다 사람마다의 효순심(孝順心)에 따라 차이가 있을 것이므로 나는 힘써 설명할 필요가 없다. 이를 미신이라 함은 참으로 어리석은 일이다."

우리나라에서 천도재는 그 의례의 목적에 따라 사십구재·수륙재·영산재·생전예수재 등으로 구분할 수 있다. 사십구재는 죽은 뒤 다음 생을 받기까지 중유로 머무는 49일 동안 치르는 천도재이며, 수륙재는 인간만이 아니라 모든 생명체를 위한 천도재이다. 그리고 영산재는 석가모니부처님께서 영취산(靈鷲山)에서 설법하던 당시 법회를 재현하여 지내는 천도재이며, 생전예수재는 내세를 위해 명부세계의 심판관인 십대왕(十大王)을 모시고 생전에 미리 천도재를 올려 공덕을 쌓는 의례이다. 이 밖에 백중(百中)이자 하안거(夏安居)가 끝나는 날인 음력 7월 보름에 스님들에게 공양하면서 망자의 극락왕생을 기원하는 우란분재(盂蘭盆齋)의 경우는 특정한 날에 치르는 천도재에 해당한다. 이들 천도재는 대부분 고려시대부터 성행했던 오랜 전통을 지니고 있다.

① 사십구재(四十九齋)

사십구재는 망인이 죽음을 맞이한 뒤에 다음 생을 받기까지 중유(中有)로 머무는 49일 동안 치르는 의식으로 여러 가지 천도재 중에서 가장 중요한 재의식이다.

죽은 이의 명복과 극락왕생(極樂往生)을 기원하기 위하여 7일마다 불전에 공물(供物)을 차려 놓고 지내는 의식이며 칠칠재(七七齋)라고도 한다.

사람이 죽은 후, 살아생전에 선업(善業)을 많이 지어 곧바로 극락세계로 왕생하는 사람과 악업(惡業)을 많이 지어 곧바로 지옥에 떨어지는 사람을 제외하고는 모두 중음신(中陰神)으로 49일 동안 중유(中有, 또는 중음中陰)에 머물러 있다가 전에 지은 업(業)에 따라 다시 생(生)을 받는다. 또 억울하게 죽은 사람과 원한에 맺혀 죽

은 사람은 이승에도 머물지 못하고 저승에도 가지 못하
는 무주고혼(無主孤魂)이 되어 허공을 떠돌아 다니면서
가까운 사람에게 매달려 천도를 바라게 된다.

그러므로 유족이나 친지들이 49일 동안 영가를 위하여
지극 정성으로 49재를 잘 지내면 지극히 무거운 오역죄
(五逆罪)를 지은 경우를 제외하고는 지옥에 떨어지지 않
고 좋은 곳으로 갈 수 있다고 한다.

49재는 7일을 한 주기로 하여 일곱 번을 지내는데, 7일
마다 몸을 바꾸어 한 가지씩 죄업(罪業)을 벗고 49일이
되는 막재 때는 그 죄업을 벗게 된다.

명부시왕(冥府十王) 신앙에 의하면, 사람이 죽으면 유
명계(幽冥界)의 명부시왕(冥府十王)이 죽은 날로부터
7일마다 죽은 자를 심판한다. 사람이 죽은 지 49일까지
는 7일마다 제1 진광대왕으로부터 제7 태산대왕까지 십
대왕에게 살아 있을 때까지의 행위에 대한 조사를 받는
다. 그리고 그 후 영가의 업보(業報)에 따라 윤회를 하게
되는데, 명부시왕 중에서 그 우두머리인 염라대왕이 다
섯 번째 7일에 영가를 심판하면서 49일까지 심판을 관장
한다고 하여 사십구재를 중요하게 여기게 되었다.

특히 살면서 죄업을 많이 지은 사람은 49일 이후 3명
의 대왕에게 다시 심판을 받는데, 죽은 후 100일이 되는
날은 제8 평등대왕, 그리고 1년이 되는 날에는 제9 도시
대왕, 3년째에는 제10 오도전륜대왕의 심판을 받아 총

3년의 기간 동안 명부시왕의 심판을 받는다. 그래서 49재를 지낸 뒤에도 100일 만에 지내는 100재(제8 평등대왕)와 1년이 되는 날에 지내는 소상(小祥, 제9 도시대왕)과 3년이 되는 날에 지내는 대상(大祥, 제10 오도전륜대왕)이 있다. 이처럼 열 명의 대왕들의 조사를 받고 재판이 끝나면 육도를 윤회하여 환생하게 된다고 한다.

시왕은 원래 대승불교의 수호신으로 신중신앙(神衆信仰)에 들어 있었으나, 나중에 시왕이 지니고 있던 본래의 모습인 명부 심판관의 성격이 강하게 부각됨에 따라 독립된 신앙으로서 오늘날 사찰의 명부전(冥府殿)에 자리 잡았다. 즉 명부전은 불교의 지옥 세계를 상징적으로 나타낸 것이다. 명부전 신앙은 지장신앙과 반드시 결부되어 있다. 명부전 시왕의 심판 결과 지옥에 떨어진 중생들의 곁에는 반드시 지옥 중생을 구제하려는 지옥의 자비 화신인 지장보살님이 서 있다.

〈지장보살본원경〉에서는 죽은 이를 위하여 7일 동안 지장보살님께 공양을 올리고 기도하며, 49일 동안 일곱 번 재를 올리고 선행을 베풀어야만 영가가 해탈할 수 있다고 설하고 있다. 또한 〈장수멸죄경〉이나 〈약사여래본원경〉에서도 7일마다 천도재를 지내면 영가가 이고득락(離苦得樂) 한다고 가르치고 있다.

49재는 영가를 천도하여 부처님 세계로 인도하고 나아가 무명(無明)을 벗고 해탈(解脫)하도록 하는데 의미가 있다. 또한, 49재를 지냄으로써 살아있는 이들에게도 부처님의 법음(法音)을 전달하게 되고 정법을 바로 깨쳐 생사의 고륜(苦輪)을 벗어나도록 하는 의미가 있다. 그러므로 유족들은 망인에게 마지막 효순을 다한다는 뜻으로 49재를 지내야 하며, 몸과 마음을 깨끗이 하고 부처님 경전을 읽으며 영가를 천도하여 서방 극락세계로 인도해야 한다.

꼭 알아야 할 것은 유족들이 재를 지낼 때 영가를 위하여 보시하는 마음이 가장 중요하며, 형편에 맞게 재를 지내야 한다는 것이다. 예를 들어 형편이 넉넉한데 재물이 아까워서 초라하게 재를 지낸다거나, 형편이 어려운데 분수에 넘치게 재를 지내는 것은 재를 지내는 이치에 합당하지 않다. 오직 정성을 다하여 재를 올리는 것이 영가가 업(業)의 굴레를 벗어나 해탈하는 길이다.

② 영산재(靈山齋)

영산재는 일반 대중에게 보다 깊은 신심을 불러일으키기 위한 법화경(法華經) 신앙에 바탕을 둔 재(齋)이다.

영산재 역시 죽은 이의 명복을 빌고 고인(故人)의 극락왕생을 바라며 올리는 재이지만, 이 의식에는 여러 의미가 복합적으로 함축되어 있다. 영산(靈山)이란 영취산(靈鷲山)의 준말이며 이 산에서 법화경을 설한 것으로 전해오고 있어 석가모니부처님이 설법을 하시던 영산회상(靈山會上)을 재현한다는 상징적인 뜻이 담겨 있다. 또한 영산재는 모든 불교 경전 중 가장 넓은 지역과 많은 민족들에게 수지(受持) 애호된 대승경전 중의 꽃이라고 불리는 〈법화경〉의 사상과 철학, 지혜와 용맹, 방편과 교화, 극락과 지옥 등 부처님의 일대사 인연을 묘사하고 재현하는 재의식이라는 의미가 있다.

③ 수륙재(水陸齋)

수륙재는 극락왕생하지 못하고 허공(虛空) 중에 흩어져 있는 모든 망령을 천도하는 재(齋)이다. 수륙회(水陸會)라고도 하며, 물이나 육지에 있는 모든 고혼(孤魂)과 아귀(餓鬼)에게 음식을 공양하는 의식이다. 양나라 무제의 꿈에 신승(神僧)이 나타나서 말하기를, "육도 사생의 중생들이 한없는 고통을 받고 있거늘, 어찌하여 수륙재를 베풀어 그들을 제도하지 않는가? 그들을 제도하는 것이 공덕 중의 으뜸이 되느니라."고 해서 양무제는 지공에게 명하여 수륙의문(水陸儀文)을 짓게 하고 금산사에서 재를 지낸 것이 그 시초이다.

④ 예수재(豫修齋)

위와 같은 재(齋)들이 모두 죽은 이들을 위한 의식인데 반해 예수재는 특이하게 살아있는 사람들을 위한 재이다. 즉, 살아있는 사람이 현세(現世) 복락과 내세(來世) 극락의 정토왕생을 위하여 절에서 지내는 특별한 의식으로 죽은 후 극락에 태어나기를 기원하며 살아있을 때 미리 닦는 재이다.

사람은 누구나 살아있는 동안에 저마다 지게 되는 빚이

있는데 예수재를 지냄으로써 그 빚을 미리 갚는다는 뜻
이기도 하다. 여기에서 말한 빚은 두 가지가 있는데 하나
는 불교 경전을 읽어야 할 빚이고 다른 하나는 돈빚이다.

경전을 읽어야 하는 빚은 예수재를 올리는 것으로서 갚
게 되고, 돈빚은 종이로 만든 지전을 시왕전(十王殿)에
올리는 것으로 갚게 된다. 생전 예수재는 생전에 선업을
많이 지으면 사후에 나쁜 곳에 떨어지지 않는다는 인과
사상에 근거하고 있다.

⑤ 우란분재(盂蘭盆齋)

우란분재는 사후에 고통 받고 있는 사람을 위해서 음력
7월 15일에 음식을 공양하는 의식이다. 우란분은 '심한
고통'이란 뜻을 가진 범어 '울람바나(ullmbana)'라고 하
는데, 그 음(音)이 변하여 '우람'은 '우란'이 되고, '파나'
는 '분'으로 되었다. 한자로 '구도현(救倒懸)' 또는 '해도
현(救倒懸)'이라고 번역되었는데, 그 의미는 죄를 짓고
지옥에서 거꾸로 매달려 고통받는 조상들의 혼백을 구해
주고 풀어낸다는 뜻이다. 인도 사람들은 이생에 악한 일
을 한 사람이 죽어 저승에 가서 고통을 받고 사는 것은
마치 거꾸로 매달려 사는 것처럼 생각했던 까닭에 그를
구하기 위하여 7월 15일 삼보(三寶)에 정성껏 공양을 올
려 영가의 고통을 벗어나기를 기원하였다. 이후 우란분
재는 불교도들이 조상의 영혼을 달래기 위해 공양하는
법회의식으로 자리잡혔다.

〈우란분경(盂蘭盆經)〉에 의하면, 부처님의 십대 제자 중에 신통력이 뛰어난 제자인 목건련존자의 모친이 살아서 악행을 많이 저질렀기 때문에 아귀도 떨어져 고생하는 것을 알게 되었다. 목건련존자가 음식을 가져다주었으나 입에 들어가기도 전에 새까맣게 타서 먹을 수가 없었는데, 이를 비통해한 존자가 그 원인을 부처님께 여쭈니, 부처님은 죄업의 뿌리가 너무 깊어 그렇게 된 것이므로 시방의 여러 스님들의 위신력(威神力)만이 구제할 수 있다고 하셨다. 그래서 그 방법으로 모든 스님들이 스스로의 잘못을 점검하는 자자(自恣)를 행하여 공덕을 올리는 7월 15일에, 과거의 부모와 현세의 부모 중에 재앙에 빠진 자가 있으면 스님들에게 공양하도록 하였다.

수행하는 대중 스님이 안거(安居)에서 해제(解制)하는 자자일에 공양을 올리면, 현재의 부모가 무병장수하며 복락을 누리고, 돌아가신 조상은 고통에서 벗어나 하늘에 태어나 끝없는 복락을 누린다고 하였다. 우란분재는 여기에서 유래되었다.

오늘날 절에서는 우란분절에 여러 가지 음식과 공양물을 마련하여, 신도들의 돌아가신 부모와 제사 지낼 사람이 없는 유주무주 고혼(有主無主 孤魂) 앞에 바치고 아귀에게 시주하면서, 혼백의 극락왕생을 기원한다.

부 록

정토삼부경 해제 및 염불수행

정토삼부경(淨土三部經) 해제(解題)

염불(念佛)의 의미와 방법

정토삼부경(淨土三部經) 해제(解題)

〈정토삼부경〉은 정토사상의 근본 소의경전으로 〈아미타경(阿彌陀經)〉과 〈관무량수경(觀無量壽經)〉, 그리고 〈무량수경(無量壽經)〉을 말한다. 이들 경전에서는 서방 극락정토의 주불인 아미타부처님을 지극히 염불(念佛)하고 관(觀)함으로써 극락세계에 태어나는 방법을 교설하고 있다.

아미타불과 극락세계에 관한 불경은 약 650여 부의 대승경전 중 200여 부나 된다. 이것은 서방정토와 아미타불에 관한 정토사상이 대승불교에서 얼마나 큰 비중을 차지하고 있는지를 말해준다.

인도에서 태동한 정토사상은 중국에 와서 더욱 발전되어 정토종(淨土宗)으로까지 성립되었고, 신라에 이르러서는 원효(元曉)스님에 의하여 정토사상이 전개되었다. 그리고 티베트나 일본 등으로도 널리 유통(流通)되었고, 민중들 사이에서 널리 신행된 불교신행의 표본이 되어왔다.

1. 불설 아미타경(佛說阿彌陀經)

〈아미타경〉은 산스크리트명 〈스카바티뷰하(극락의 장엄)〉이다. 〈대무량수경〉의 산스크리트명도 같은 이름이기 때문에 구별해서 〈소(小) 스카바티뷰하〉라고 한다. 그래서 약칭 〈소경(小經)〉이라고도 한다.

1세기경, 북인도에서 성립되었다고 추정되며, 산스크리트본, 티베트본, 한역본 2종이 현존한다. 한역본은 402년경에 구마라습(鳩摩羅什)이 번역한 〈불설 아미타경〉이 널리 독송되었다.

〈아미타경〉은 석존께서 사위국의 기수급고독원에서 사리불존자를 상대로 설하신 법문이다. 이 경전은 〈무량수경〉에 담긴 경전의 뜻을 간략히 요약했다고 할 수 있으며, 극락세계의 찬란한 공덕 장엄과 그 극락에 왕생하는 길을 밝힌 경전이다. 대부분의 경전이 제자들의 간청에 의하여 부처님이 설법한 것인데 비하여, 부처님이 자진해서 설하신 무문자설경(無問自說經)이라는 특징을 가지고 있다.

경전의 주요 내용은 아미타불과 극락정토(極樂淨土)의 장엄을 설하고, 극락세계의 찬란한 공덕 장엄과 그 극락에 왕생하는 길을 밝히고 있다. 그리고 극락정토에 왕생하기 위해 아미타불의 명호를 지니고 칭명염불(稱名念佛)할 것을 설하고 있다.

경전에서는 먼저 극락세계의 위치와 그 이름을 말씀하시고, 극락세계의 칠보나무와 칠보연못과 칠보누각의 찬란한 장엄과 허공에서 연주되는 미묘한 음악을 찬탄하신 뒤에, 극락세계에는 아미타불께서 설법하고 계신다고 설하셨다.

극락세계는 광명이 무량하고 수명이 무한하므로 그곳의 부처님을 아미타불(阿彌陀佛 ; 無量壽·無量光)이라 이름하며, 극락세계에 왕생하는 중생도 또한 무량한 광명과 무한한 수명을 얻는다고 하셨다.

무엇보다도 극락세계에 왕생하기 위해서는 적은 선근(善根)이나 적은 복덕으로는 불가능하니, 깊은 선근과 많은 복덕이 되는 염불수행으로 극락에 왕생하라고 설하신다.

석가모니부처님께서 이 경전을 설하실 때, 육방(六方, 동·남·서·북·상·하)의 모든 부처님들이 아미타부처님의 공덕이 위대하다는 것을 찬탄하고 증명하였다. 그래서 이처럼 모든 부처님들께서 깊이 기억하시고 옹호하시는, 수승한 공덕이 있는 칭념염불을 할 것을 간곡히 가르치고 있다.

이 경전은 간결하고 유려한 문장으로 인해서 독송경전의 첫째로 꼽힌다. 우리나라의 경우 〈아미타경〉에 관한 연구는 신라시대 스님들에 의해 활발히 이루어져서 많은 주석서를 남겼지만, 고려시대 이후에는 교학적인 연구보다는 경전 자체를 그대로 수용하여 독송하고 신행하는 것으로 자리 잡았으며, 이 경전에 근거하여 많은 염불회(念佛會)가 개최되었다.

2. 불설 관무량수경(佛說 觀無量壽經)

관무량수경은 〈관무량수불경(觀無量壽佛經)〉·〈십육관경(十六觀經)〉·〈관경觀經)〉이라고도 한다. 433년에 서역(西域) 출신의 강량야사(畺良耶舍)가 한역한 것이 전하고 있으며, 〈아미타경〉, 〈무량수경〉과 함께 우리나라 정토신앙의 중심 경전으로 유통되고 있다.

이 경전의 내용은 석가모니부처님께서 만년에 기사굴산에 계실 때, 왕사성에서 큰 비극이 일어난 것을 배경으로 하고 있다. 당시 마가다국의 아사세태자가 부왕인 빔비사라를 가두고 왕위를 찬탈하였다. 이에 모후인 위제희부인이 몰래 왕에게 음식을 가져다주어 목숨을 연명하게 하였고, 이에 아사세는 자기 어머니인 위제희부인마저 가두어 버렸다. 이에 위제희부인은 슬퍼하여 석가모니부처님이 계신 곳을 향해 지성으로 예배하고 교화해 주기를 청했다. 그래서 부처님께서는 아난다존자와 목건련존자를 데리고 신통력으로 부인의 처소에 나투셨다. 그리고 자신의 광명 속에서 시방세계의 정토(淨土)를 나타내시어 부인에게 보였는데, 부인은 그중에서 모든 괴로움이 없고 안락만이 충만한 극락세계에 왕생할 것을 바라고 극락세계에 태어날 방법을 가르쳐 주시기를 석존께 애원하였다.

이윽고 석존께서는 부인을 위하여 십육관법(十六觀法)을 일러주어 왕비와 시녀들을 깨닫게 하고 빔비사라왕을 구제하였다. 마지막으로 석가모니부처님은 아미타불 염불을 찬탄하며 염불이 수승한 극락왕생의 길이니, 지성으로 믿고 간직할 것을 당부하셨다. 설법이 끝나자 왕비는 진리의 실상인 무생법인(無生法忍)을 훤히 깨닫게 되었고, 500인의 시녀들은 극락에 왕생하고자 하는 마음을 일으켰다.

이 경전의 중심내용을 이루고 있는 16관이란 정선(定善) 13관과 산선(散善) 3관이다. 정선은 산란한 생각을 쉬고 마음을 고요히 하여 극락세계와 아미타불, 관세음보살, 대세지보살 등을 관조(觀照)하는 관법이다. 또 산선은 산란한 마음이 끊어지지 않은 채 악을 범하지 않고 선을 닦는 것을 말한다. 산선 3관은 다시 중생들의 근기에 따라 9품으로 구분된다. 상배관(上輩觀)의 상품상생(上品上生)·상품중생(上品中生)·상품하생(上品下生) 3품과 중배관의 중품상생·중품중생·중품하생 3품 그리고 하배관의 하품하생·하품중생·하품하생 3품이 그것이다. 각각 대승·소승·세간의 근기로써 선을 닦아 극락에 왕생함을 설하신 것이다.

우리나라에서는 통일신라 시대에 정토신앙이 성행하면서부터 널리 행하여졌던 관법이다. 특히, 광덕(廣德)이 이 관법을 닦아서 달빛을 타고 극락에 왕생했다는 설화가 〈삼국유사〉에 기록되어 있다. 이 십육관법은 극락세계를 보는 눈을 가지게 하는 관법이다. 즉, 아미타불이 있는 극락이 그리 멀지 않은 곳에 있지만 눈에 보이지 않는다는 이유만으로 포기하는 중생에게 용기의 눈, 관조의 눈을 길러주는 관법이라고 할 수 있다.

3. 불설 무량수경(佛說 無量壽經)

〈무량수경〉은 산스크리트명 〈스카바티뷰하(극락의장엄)〉으로 〈아미타경〉과 동일하므로 〈아미타경〉과 구별해서 〈대(大) 스카바티뷰하〉라고 한다. 그래서 〈대무량수경(大無量壽經)〉, 〈대경(大經)〉, 또는 2권으로 이루어져 있다고 하여 〈쌍권경(雙卷經)〉이라고도 한다. 현재 산스크리트 원전, 티베트어역 및 5종의 한역이 현존한다.

〈무량수경〉은 중국에서 열두 번이나 번역되었다고 하여 오존칠결(五存七缺)이라 한다. 하지만 현재는 5역(譯)만 남아 있고 7역은 산실(散失)되었다. 현존하는 다섯 가지는 지겸(支謙)의 2권, 강승개(康僧鎧)의 2권, 백연(白聯)의 4권, 보리류지의 2권, 법현(法賢)의 3권이다. 널리 독송되는 경전은 252년에 인도 출신 삼장법사 강승개가 위(魏)나라 낙양(洛陽)의 백마사(白馬寺)에서 번역한 내용이다.

이 경전은 석가모니부처님께서 기사굴산에 계실 때, 아난다존자와 수많은 제자들을 상대로 하여 광명이 무량하고 수명이 무한하신 아미타불의 극락세계에 관한 한량없는 공덕과 거룩한 장엄을 설하신 경전이다. 아미타불이 극락세계를 건설하게 된 원인과 아미타불 염불을 통한 극락왕생을 주요 내용으로 삼고 있다. 이 경전의 요점은 아미타불의 48대 서원, 극락정토의 장엄함, 극락세계에 왕생하는 사람의 모습이다.

상권(上卷, 본문 1~4)에서는 아미타부처님이 극락정토를 건설하게 된 원인과 그 과보(果報)에 대한 설법이 먼저 이루어진다.

아미타불이 일찍이 법장보살(法藏菩薩, 법장비구)이라 불릴 때, 모든 중생을 구제하기 위하여 세자재왕불(世自在王佛)의 처소에서 2백 10억의 불국토(佛國土)를 보고, 거기에서 가장 훌륭한 공덕만을 선택하여 이상적인 나라를 건설고자 사십팔대원(四十八大願)을 세웠다.

사십팔대원의 핵심적인 내용은 "선인(善人)도 악인(惡人)도 현명한 이도 어리석은 이도 나의 원력(願力)을 믿고 따르는 이는 모두 다 반드시 극락세계에 태어나게 하리라. 만약 이 일이 성취되지 않는다면 나는 차라리 부처가 되지 않겠다."라는 서원이다.

법장비구는 이 서원을 성취하기 위하여 영겁(永劫)의 오랜 세월을 두고 온갖 수행을 거듭하였다. 법장보살은 서원을 성취하여 아미타불(阿彌陀佛)이 되시고 공덕과 장엄이 원만히 갖추어진 서방(西方)에 정토(淨土) 극락세계를 세우셨다. 그래서 누구나 '나무(南無)아미타불'이라는 6자 명호(名號)를 진심으로 열심히 부르면 서방정토 극락세계에 태어난다는 것을 설하고 있다.

하권(下卷, 본문 5~11)에서는 중생이 극락세계에 왕생하는 원인과 그 과보(果報)를 설법하셨는데, 중생이 극락에 왕생하는 원인에는 염불해서 왕생하는 이도 있고, 또는 다른 모든 선행(善行)을 닦아서 왕생하는 이도 있다고 하시며, 이러한 공덕들은 모든 부처님들께서도 칭찬하시고 권장하신다고 말씀하셨다.

또 중생이 극락세계에 왕생한 과보(果報)를 설하시며 관세음보살과 대세지보살이 극락세계에 왕생한 맨 처음이라고 밝히고 있다. 또한 극락에 왕생한 이는 누구나 부처님과 전륜성왕의 상호(相好)인 삼십이상(三十二相)을 갖추고 지혜가 원만하며 신통력이 자재하여 순식간에 시방세계를 다니면서 모든 부처님들께 공양을 올릴 수 있는 능력을 갖춘다고 설하셨다.

그리고 극락세계에 왕생하는 이들은 나[我]와 나의 소유[我所有]라고 집착하는 상(相)이 없고, 항상 남의 행복만을 바라며 마음이 평정(平靜)하여 감정의 동요가 없으며, 일체중생을 제도하고자 하는 자비심이 충만함을 말씀하셨다.

극락세계에 태어나기 위해서는 부처님의 부사의하고 무한한 지혜와 공덕을 신행(信行)하지 않고는 불가능하므로, 부처님에 대한 깊은 신심(信心)을 가지고 삼독(三毒)과 오악(五惡)을 경계하고 오선(五善)을 닦을 것을 당부하셨다.

마지막으로 석가모니부처님은 미륵보살에게 "만약 아미타불의 이름을 듣고 크게 기뻐하여 이 부처님을 한 번만이라도 염(念)한다면, 이 사람은 커다란 이익을 얻을 것이고, 설사 큰불이 삼천대천세계에 가득하다 할지라도 이

경의 법문을 듣고 설해진 그대로 수행해야 한다."라고 설하셨는데, 그 이유는 〈무량수경〉은 과거의 큰 공덕이 없으면 들을 수 없는 귀중한 진리이기 때문이며, 이 법문을 오직 한마음으로 믿고 지니고 독송하며 가르침대로 행한다면, 위없는 도에서 끝내 물러나지 않을 것이라고 말씀하셨다.

〈무량수경〉에서는 모든 중생들이 아미타불이 세웠던 서원의 힘에 의지하여 염불만으로도 극락세계에 왕생(往生)할 수 있으며, 다시는 윤회의 괴로움에 떨어지지 않고 성불(成佛)할 수 있다고 설하고 있다. 그래서 이 경전에 의지하여 강력한 타력신앙(他力信仰)의 흐름이 나타났고, 오랜 기간에 걸쳐 우리나라는 물론 중국이나 일본의 문화 저변에 깊이 뿌리내리게 되었다. 무엇보다도 이 경전은 다른 어떤 경전보다도 정토신앙을 체계적으로 설명한 경전이며, 이 경전을 중심으로 하여 정토사상이 확립되었다는 점에서 더욱 주목되는 경전이라고 할 수 있다.

염불(念佛)의 의미와 방법

1. 염불(念佛)의 의미

염불은 '부처님을 생각한다.'는 말이다. 부처님을 지극히 생각하여 내 마음이 부처님처럼 바뀌게 됨으로써 성불에 이르는 수행법이다.

염불수행의 유래는 석가모니부처님 당시까지 올라간다. 그때에도 공부가 잘 안 되는 수행자들이 있었는데, 그 사람들에게 부처님은 "나를 떠올려서 나를 생각하고 내 가르침을 생각하라."라고 하셨다. 그래서 사람들은 부처님이 정진하는 모습과 자비로운 모습, 가르치는 모습, 그리고 살아가는 모습을 잊지 않고 명상함으로써 본인도 부처님처럼 수행 정진하는 것을 목표로 삼게 되었다.

염불은 소리내어 독송함이 좋다고 알려져 있다. 이 소리는 내면의 소리이며, 진리의 소리이며 지혜를 증장시키는 소리이다.

염불은 쉽게 행할 수 있는 수행법으로서 대중의 호응이 높았다. 어려운 교리를 파고드는 공부를 하지 않아도 극락왕생할 수 있다는 점 때문에 일반 대중이 선호했다. 대승경전에서 삼매에 들어 염불하는 염불삼매를 설하는 것도 같은 맥락이다.

이에 따르면 염불은 죄를 없애고 삼매 중에 부처님을 친견하는 것은 물론, 부처님의 나라에 태어나길 발원하면 반드시 태어난다[念佛往生]고 한다. 그래서 〈아미타경〉에서는 깨달음을 이루지 못한 사람이라도 임종할 때 일념으로 아미타불을 열 번만 부르면 서방정토에 왕생한다고 하였다.

염불은 중국에 와서 그 방법과 내용이 더욱 발전하였다. 모든 부처님을 마음속에 떠올리는 통(通)염불과 특정한 부처님만을 마음에 떠올리는 별(別)염불로 구별하기도 하였다. 그러나 이런 구분보다 어떤 형태로든 부처님의 이름을 부르고 신앙하는 일이 일반인들이 실행하기가 쉬우므로 나중에는 아미타부처님의 이름을 부르는 것만을 염불이라 했던 것이다. 우리나라의 경우도 신라시대의 원효 스님이 무애박을 두드리며 "나무아미타불을 지성으로 부르면 극락에 왕생할 수 있다."라고 가르치신 이래 염불은 지금까지 불교인의 수행법의 대명사가 되었다.

염(念)은 과거도 미래도 아닌 현재의 마음이다. 염염상속(念念相續)하는 마음으로 부처님을 생각함이 염불이다. 염불하는 마음에 집중하여 자신의 소리를 언제나 생생하게 들을 수 있어야 한다. 그렇지 않으면 마음이 산란해져서 입으로는 염불을 하면서도 속으로는 외도와 마군의 잡생각을 하게 된다. 부처님을 부르는 동작 하나에도 정신을 모아 흐트러짐이 없는 상태가 진정한 염불의 시작이다.

염불을 통해 삼매가 깊어지면 조용히 있을 때도 움직일 때도 여일하게 염할 수 있는 동정일여(動靜一如), 침묵할 때나 대화할 때나 한결같이 염할 수 있는 어묵일여(語墨一如), 자나 깨나 한결같이 염불이 이루어지는 오매일여(寤寐一如)의 경지에 이르며, 마침내 육신이 있거나 없거나 온통 아미타불로 가득 채워지는 생사일여(生死一如)의 경지가 된다.

2. 염불의 여러 가지 종류와 방법

① 사종염불(四種念佛)

㉠ 칭명염불(稱名念佛) : 부처님의 명호(名號, 이름)를 외우는 염불이다. 부처님의 이름은 부처님의 공덕을 거기에 간직하고 있으므로 이름만 불러도 중생의 업장이 녹고 부처님의 종자가 심어질 수 있다.

㉡ 관상염불(觀像念佛) : 부처님의 원만한 덕상(德像)을 관찰하면서 하는 염불이다. 부처님의 자비롭고 만덕을 갖춘 원만상호를 관찰하면서 하는 염불로서 일반적으로 절에 찾아가서 법당에서 부처님을 우러러보며 앙모(仰慕)하면서 염불한다.

ⓒ 관상염불(觀想念佛) : 부처님의 무량공덕을 상념(想念)하면서 하는 염불이다. 부처님의 광대무변한 지혜와 자비, 무량한 공덕과 능력을 상상하면서 하는 염불을 말한다.

ⓒ 실상염불(實相念佛) : 실상(實相) 곧, 진리를 관조(觀照)하는 염불이다. 실상은 불생불멸(不生不滅)하고 불구부정(不垢不淨)한 진공묘유(眞空妙有)의 생명 자체를 의미하며, 진여·여래·주인공·본래면목·제일의제(第一義諦)라고도 한다. 실상염불은 마음을 천지우주로 해방시켜서 그 가운데 가득 차 있는 그 무엇을 생각하면서 하는, 즉 마음이 실상에 안주해서 잠시도 떠나지 않는 염불이다. 우선 관념상 '내 몸의 본질도 역시 부처고, 천지만물이 모두가 부처 아님이 없다. 부처뿐이다.'라고 생각하면서 하는 염불이면 실상염불이 되고 동시에 염불선이 된다고 한다.

지금까지 언급한 사종염불은 서로 독립된 것이 아니고 서로 의존하고 서로 관계가 있어서 칭명의 염불을 하면서 실상의 염불을 겸할 수도 있고, 관상의 염불을 하면서 칭명의 염불을 할 수도 있다. 서산대사는 "입으로 외우는 것은 송불(誦佛)이고 마음으로 생각하는 것이 염불(念佛)이다. 입으로만 부르고 마음으로 생각하지 않으면 도를 닦는 데 유익함이 없다."라고 하며 건성으로 염불하는 것을 경계하셨다. 염불은 원을 성취하기 위한 힘찬 음성과 간절한 마음의 염불이어야 한다.

② 그 외의 염불법

㉠ 정업염불(定業念佛) : 좌선할 때처럼 고요히 선정에 들어서 부처님을 염하는 염불을 말한다.

㉡ 산업염불(散業念佛) : 가나 오나 앉으나 누우나 한결같이 하는 염불을 말한다.

㉢ 유상업염불(有相業念佛) : 더러운 세계를 싫어하여 정토에 왕생하기를 구하며 행하는 염불을 말한다.

㉣ 무상업염불(無相業念佛) : 비록 염불하여 정토를 구하기는 하지만 마음속으로는 자기의 몸이 곧 정토라고 생각하며 행하는 염불을 말한다.

㉤ 오회염불법(五會念佛法) : 처음 시작할 때는 낮은 음성으로 나무아미타불 등 불보살님의 명호를 부르다가 제2회에는 약간 음을 높여 느리게 부르며, 제3회에는 느리지도 빠르지도 않게 부른다. 그리고 제4회에는 점점 빠르게 부르다가 제5회에는 앞뒤 사이의 간격 없이 "아미타불아미타불....."의 네 자만을 부른다. 염불하는 사람은 '아미타불'인 줄 알지만 옆의 사람은 무슨 소리인지 알아듣지 못할 정도로 빨리, 그리고 소리가 거의 밖으로 들리지 않을 정도로 불러도 좋다. 들숨 때에도 날숨 때에도 끊임없이 이어 불러야 하며, 숨은 아랫배까지 깊이 들어갔다가 나왔다가 해야 한다, 이때 한숨에 108번 이상을 염할 수 있게 되면 그는 이미 염불로 인한 염력(念力)이 생긴 것으로 본다.

참고한 책

『한글역본 무량수경』, 운허스님 譯, 해인사 천화율원, 1956.

『정토삼부경(淨土三部經)』, 운허스님 譯, 정토문화사, 1958.

『정토삼부경(淨土三部經)』, 법정스님 譯, 보국사, 1971.

『미타정토삼부경(彌陀淨土三部經)』, 안경우 譯, 한국불교교화원, 1994.

『정토삼부경(淨土三部經)』, 청화스님 譯, 민족사, 1994.

『한글대장경』, 동국역경원, 1965~2001.

『한국정토사상연구』, 불교문화연구원, 동국대학교출판부, 1986.

『정토사상』, 홍윤식, 경서원, 2000.

『영가전에 / 무상법문집』, 지범스님 外 편저, 한영출판사, 2006.

『불교가사 원전연구』, 임기중, 동국대학교출판부, 2000.

『불교가사연구』, 임기중, 동국대학교출판부, 2001.

『무소유』, 법정스님, 범우사, 2002.

『티벳 사자의 서 』, 파드마삼바바, 류시화 옮김, 정신세계사, 1995.

『불교상식백과』, 범철스님 편저, 한영출판사, 2017.

「정토사상의 이해와 실천 수행」, 성본스님, 불교평론, 2009.

「불교의 임종지도」, 정순태, 동국대학교 석사학위논문, 2009.

「존엄사 혹은 무의미한 연명치료 중단 논의와 종교의 위상」,
                                        정순태, 2015, 불교평론.

『불교사전』, 운허스님, 동국역경원, 1995.

『불교대사전』, 김길상, 홍법원, 2008.

이 책을 엮은 **범철스님**은 1977년 지리산 청송사에서 출가하여 1983년 비구계를 받고 1984년 범어사 승가대학을 졸업한 뒤, 국립 결핵요양원내 관해사·정신박약원·나환자촌에서 봉사활동을 하였다. 현재까지 독거인과 소년소녀 가장 돕기, 복지원 나눔행사를 진행하고 있다.

2004년 계간지〈자비동산〉을 발행하고, 2006년 부산 붓다중창단을 창립하였다. 2010년 대한불교조계종 통화불교 전강원을 졸업하였고, 현재 세계최대 木와불 몸속법당을 모신 대한불교조계종 기장 금산사 주지를 역임하고 있다.

2016년〈알기쉽게 풀어놓은 불교고전〉, 2017년〈불교상식백과〉를 엮어 펴냈고, 현재 팔만대장경 석경대전 최대가람(사찰) 불사 프로젝트를 총괄하고 있다.

존엄한 죽음을 위한 존엄한 삶

판 권
본사소유

『정토삼부경』독송 | 정토로 가는 신행

1판 1쇄 발행 2019년 5월 7일

엮은이 / 무유 범철스님(부산 기장 금산사 주지, 범어사 승가대학)
편　역 / 무유 범철스님 外 공역
발행인 / 최진혁
발행처 / 한영출판사
조판 및 편집 / 김우인·유의선
교열 / 이덕기(경북대 국문학 박사수료, 동대학 글쓰기 강의교수)

등록 / 1975-000003호
주소 / 대구광역시 중구 태평로 1가 187 태평라이프 330호
전화 / (053)423-6690, 423-7790
팩스 / (053)423-7790

정가 : 17,000원
ISBN 978-89-88670-87-3 03220

이 도서의 국립중앙도서관 출판예정도서목록(CIP)은 서지정보유통지원시스템 홈페이지(http://seoji.nl.go.kr)와 국가자료종합목록시스템(http://www.nl.go.kr/kolisnet)에서 이용하실 수 있습니다.(CIP제어번호 : CIP2019014281)